PERLE DE CHINE

DU MÊME AUTEUR

Impératrice Orchidée

La Concubine (t. 1)

La Souveraine (t. 2)

ANCHEE MIN

PERLE DE CHINE

roman

Traduit de l'anglais (États-Unis)
par Jacques Guiod

Pygmalion

Titre original :
PEARL OF CHINA

Ce roman est le fruit de l'imagination, même si les personnages et les événements principaux sont bien réels.

Sur simple demande adressée à
Pygmalion, 87 quai Panhard et Levassor 75647 Paris Cedex 13,
vous recevrez gratuitement notre catalogue
qui vous tiendra au courant de nos dernières publications.

ISBN 978-2-7564-0349-6

Pour Pearl S. Buck

J'appartiens à la Chine car j'y ai vécu de l'enfance à l'âge adulte... Ce fut pour moi un bonheur parce que, au lieu de la vie étroite et conventionnelle de l'homme blanc en Asie, j'ai partagé celle du peuple chinois et parlé sa langue avant de connaître la mienne, et ses enfants ont été mes premiers amis.

Pearl S. Buck
Les Mondes que j'ai connus

Derrière le regard calme et résolu d'une femme chinoise, je sens une puissante chaleur. Nous aurions pu être amies, elle et moi, à moins qu'elle décidât que j'étais son ennemie. Elle seule aurait pris cette décision, pas moi. Je ne me suis jamais laissé abuser par les Chinoises, pas même par ces jeunes filles pareilles à des fleurs. Ce sont les femmes les plus fortes au monde. Elles semblent toujours céder, mais ne cèdent jamais. Leurs hommes sont faibles à côté d'elles. D'où leur vient donc cette force, à ces femmes ? C'est la force que les siècles leur ont accordée, la force de celles que l'on rejette.

Pearl S. Buck
La Lettre de Pékin

Note de l'auteur

J'ai reçu l'ordre de protester contre la venue de Pearl Buck en Chine. C'était en 1971, j'étais adolescente et je fréquentais le Collège 51 de Shanghai. Désireuse de bénéficier d'un large soutien pour refuser un visa d'entrée en Chine à Pearl Buck (laquelle devait accompagner le président Nixon), madame Mao lança une grande campagne nationale destinée à la vilipender, elle et son « impérialisme culturel américain ».

J'ai suivi les ordres et n'ai pas douté un seul instant de la sincérité de madame Mao. Je subissais un véritable lavage de cerveau à l'époque, même si je me rappelle avoir eu du mal à rédiger des critiques. J'aurais aimé avoir la chance de lire *La Terre chinoise*. On nous disait que ce livre était si « toxique » que même le traduire était dangereux. On m'avait demandé de recopier des formules parues dans la presse : « Pearl Buck a insulté les paysans chinois, donc la Chine », ou encore : « Elle nous hait, par conséquent elle est notre ennemie. » J'étais fière de pouvoir défendre mon pays et mon peuple.

Après avoir émigré en Amérique, j'entendis à nouveau parler de Pearl Buck. On était en 1996 et je faisais une causerie dans une librairie de Chicago après la sortie de mes mémoires, *L'Azalée rouge*. À la fin, une dame vint me voir pour me demander si je connaissais Pearl Buck. Je n'eus pas le temps de lui répondre. La voix vibrante d'émotion, elle me confia que Pearl Buck lui avait appris à aimer le peuple chinois. Elle déposa un livre de poche dans ma main en précisant que c'était un cadeau. Il avait pour titre *La Terre chinoise*.

Je finis de lire *La Terre chinoise* dans l'avion qui me ramenait à Los Angeles. Soudain j'éclatai en sanglots. Je ne pus m'arrêter parce que je repensais à la façon dont j'avais mis publiquement l'auteur en accusation. Je me rappelais comment madame Mao avait convaincu la nation tout entière de haïr Pearl Buck. Comme nous avions tort ! Je n'avais jamais rencontré aucun auteur, même parmi les écrivains chinois les plus respectés, capable de parler de nos paysans avec tant d'admiration, d'affection et d'humanité.

Voilà comment, à cet instant même, *Perle de Chine* fut conçu.

Première partie

1

AVANT D'ÊTRE « SAULE », je m'appelais « Mauvaise Herbe ». Ma grand-mère, NaiNai, trouvait que Mauvaise Herbe était bien mieux parce qu'elle croyait que les dieux auraient du mal à me « rabaisser » si j'étais déjà « tout en bas ». Papa n'était pas de son avis. « Les hommes veulent épouser des fleurs, pas des mauvaises herbes. » Ils discutèrent longuement pour s'accorder enfin sur « Saule », qu'ils considéraient « assez tendre pour pleurer mais assez robuste pour faire des outils de jardin ». Je me suis toujours demandé ce que ma mère en aurait pensé si elle avait vécu.

Il me mentait à propos de ma mère. NaiNai et lui me racontaient qu'elle était morte en couches, mais je savais déjà par des commérages que ce n'était pas vrai. Il avait « loué » sa femme aux « bambous solitaires » pour payer ses dettes. Un des célibataires en question avait mis ma mère enceinte. J'avais deux ans à l'époque. Pour chasser la « graine bâtarde », il a acheté de la « poudre de racine magique » à un herboriste et l'a mélangée à du thé. Maman l'a bu mais elle est morte avec sa « graine ». Il en a eu le cœur brisé parce qu'il avait l'intention de tuer le fœtus, pas sa femme. Il n'avait pas assez d'argent pour s'acheter une autre femme. Il était furieux contre l'herboriste, mais il ne pouvait rien faire : il l'avait mis au courant pour le poison.

NaiNai craignait d'être punie par les dieux pour la mort de maman. Elle croyait que, dans une prochaine vie, elle serait un « oiseau malade » et son fils, un « chien sans pattes ». Elle faisait brûler de l'encens et implorait les dieux de se montrer cléments. Quand elle n'avait plus d'argent pour en acheter, elle en volait. Elle m'emmenait au marché, au temple et au cimetière. Nous ne passions à l'action qu'à la tombée de la nuit. NaiNai marchait à quatre pattes, comme un animal. Elle apparaissait et disparaissait dans les bambouseraies, les couloirs de brique, derrière les collines et autour des étangs. À la lueur de la lune, elle étirait son long cou. Sa tête semblait rapetisser, ses pommettes s'affirmaient. Ses yeux bridés étincelaient quand elle observait les temples. Elle apparaissait, disparaissait et réapparaissait comme un fantôme. Une nuit, pourtant, elle s'arrêta. En fait, elle s'était écroulée. Je compris qu'elle était malade. Des touffes de cheveux tombaient de sa tête. Son souffle avait des relents de pourri. « Va chercher ton père, m'ordonna-t-elle. Dis-lui que la fin est proche. »

Papa était un bel homme d'une petite trentaine d'années. Il avait ce qu'une diseuse de bonne aventure appellerait « l'allure d'un roi d'antan » ou encore « l'énergie harmonieuse du ciel et de la terre », ce qui signifiait qu'il avait le front carré et le menton large. Il avait des yeux de mouton, un nez en forme de gousse d'ail posé sur son visage comme une douce colline et une bouche toujours prête à sourire. Sa chevelure épaisse était noire et soyeuse. Chaque matin, il la coiffait et la tressait avec de l'eau pour rendre sa natte lisse et brillante. Il marchait le dos bien droit et la tête haute. Il parlait le mandarin avec un accent impérial et portait sa voix comme un costume, mais quand il perdait son calme, sa voix déraillait. Les gens étaient abasourdis quand monsieur Yee adoptait soudain une voix étrange. Il se moquait bien de l'avis de NaiNai, à savoir qu'il ne réaliserait jamais ses ambitions, et rêvait de travailler un jour pour le gouverneur et d'en devenir le conseiller. Il fréquentait les maisons de thé où il étalait sa connaissance de la poésie classique chinoise. « Je dois garder l'esprit en éveil et cultiver mon talent littéraire », me disait-il souvent. Quand on le voyait ainsi, on n'aurait jamais dit qu'il n'était qu'un travailleur saisonnier.

Nous vivions à Chinkiang, petite ville bien éloignée de la capitale, Pékin, au sud du Yangtsé, dans la province du Jiangsu. Notre famille était originaire de la province de l'Anhui, région rude où la survie dépendait d'efforts physiques pénibles et incessants. Pendant des générations, ma famille a travaillé le sol maigre et stérile. Elle a aussi lutté contre la famine, les inondations, les bandits et les huissiers. NaiNai se vantait d'avoir apporté la « chance » à la famille Yee. Elle avait été achetée par mon grand-père alors qu'il avait quarante ans, mais personne n'avait le droit de préciser que la transaction avait eu lieu dans une taverne. Dans sa jeunesse, elle avait la silhouette mince, un cou de cygne et des yeux rusés relevés aux coins. Elle se maquillait chaque jour et sa coiffure rappelait celle de l'impératrice. On raconte que le sang des hommes s'échauffait quand elle leur souriait.

À l'époque où la famille franchit le Yangtsé et migra vers le sud, NaiNai avait déjà donné trois fils à la famille Yee. Papa était l'aîné, donc le seul à être envoyé à l'école. Grand-père espérait être payé en retour et souhaitait que papa soit comptable pour que sa famille affronte mieux les agents des impôts du gouvernement. Les choses ne tournèrent pas comme il l'avait voulu et grand-père se vit voler son fils par « l'éducation ».

Papa se jugeait trop bien pour travailler comme coolie. À seize ans, il affichait les habitudes et les extravagances coûteuses des nantis. Il lisait des livres sur la réforme politique de la Chine et mâchait des feuilles de thé pour adoucir son haleine de paysan qui embaumait l'ail. Son idéal, expliquait-il, serait de « composer des poèmes sous un prunier en fleur », loin de « la concupiscence du monde matériel ». Au lieu de rentrer chez lui, il sillonnait le pays et ses parents réglaient ses dettes. Un jour, il reçut un message de sa mère : son père et ses frères étaient très malades, près de mourir, à cause d'une maladie infectieuse qui s'était répandue en ville.

Il se hâta de revenir mais les funérailles avaient déjà eu lieu. Peu après, la maison se retrouva dans les mains des huissiers. NaiNai et papa retombèrent dans la pauvreté et se firent journaliers. Elle s'était juré de recouvrer sa prospérité perdue, mais elle n'était plus en bonne santé. Quand je suis née, elle souffrait d'une maladie intestinale incurable.

Papa luttait pour conserver sa « dignité intellectuelle ». Il continuait d'écrire des poèmes. Il composa même une pièce intitulée *La Douce Senteur des livres* à l'occasion de l'enterrement de ma mère. Fort d'une spiritualité retrouvée, il déclarait que ses mots accompagneraient mieux sa femme dans l'autre monde que des monceaux de bijoux et de diamants. Il n'avait rien de plus à lui qu'un mendiant, mais il s'efforçait toujours de n'avoir pas de poux. Il préservait sa belle allure en taillant sa barbe et ne laissait jamais passer l'occasion de faire état de son « honorable passé ».

Le passé honorable de papa, cela ne voulait pas dire grand-chose pour moi. Pendant les premières années de ma jeune existence, manger fut la seule chose à laquelle je pensais. Je m'éveillais affamée chaque matin et me couchais affamée chaque soir. Parfois, les tenaillements de mon estomac m'empêchaient de dormir. Sans cesse obligée de fouiner pour trouver quelque chose, je vivais une sorte de délire. Un coup de chance ou une bonne récolte pouvait me rassasier pendant quelque temps, mais la faim était toujours de retour.

Lorsque j'eus sept ans, en 1899, les choses avaient encore empiré. La santé de NaiNai continuait de se détériorer, mais elle était déterminée à améliorer notre sort. Pour ce faire, elle reprit son ancienne profession et commença à recevoir des hommes dans la pièce du fond de notre cabane. Quand on me tendait une poignée de graines de soja rôties, je comprenais qu'il était temps de m'éclipser. Je courais dans les rizières, les champs de coton, je courais dans les collines et me cachais dans les bambouseraies. Et je pleurais parce que je ne supportais pas l'idée de perdre ma grand-mère comme j'avais perdu maman.

*

À peu près au même moment, papa et moi nous sommes engagés comme saisonniers. Il plantait du riz, du blé et du coton et transportait du fumier. Mon travail consistait à planter des graines de soja au bord des champs. Chaque jour, lui et moi nous levions avant l'aube pour aller travailler. En tant qu'enfant, j'étais moins payée qu'un adulte, mais j'étais heureuse de gagner de l'argent. Il y avait de la rivalité avec les autres enfants, surtout les garçons, parce que je me montrais toujours plus rapide qu'eux quand il fallait planter du soja. Avec un bâton, je creusais un petit trou et je jetais dedans une graine de soja. Ensuite, je le comblais de terre et je le rebouchais avec mon gros orteil.

Le marché aux coolies où nous nous présentions a fermé après la saison des semailles. Papa et moi ne trouvions plus de travail. Il passait sa journée à errer dans la rue en quête d'un emploi. Personne ne l'engageait même si on le recevait très poliment. Je le suivais en ville. Quand je l'ai vu errer dans les collines, j'ai sérieusement douté de son envie de retrouver du travail.

— Quelle vue superbe ! s'est-il émerveillé en contemplant la campagne à ses pieds. Saule, viens admirer la beauté de la nature !

J'ai regardé. Le large Yangtsé donnait naissance à une série de canaux qui venaient abreuver les terres alentour.

— Par-delà ces vallées, il y a des temples secrets qui se cachent depuis des siècles, reprit-il d'une voix plus forte. Nous habitons le plus bel endroit du monde.

Je secouai la tête et lui dis que le démon qui vivait dans mon ventre avait dévoré tout mon bon sens.

Papa secoua la tête.

— Que t'ai-je donc enseigné ?

Alors je plissai les yeux et récitai :

— « La vertu l'emportera et sera toujours ton meilleur soutien. »

*

Un jour, pourtant, la vertu ne le soutint plus. Les démons qui vivaient dans son ventre étaient vainqueurs. Il avait été pris à voler et les voisins ne voulurent plus avoir affaire à lui. Malheureusement pour lui, il n'avait jamais été un bon voleur, il était trop maladroit. Plus d'une fois, je l'ai vu se faire battre par les gens qu'il avait volés. Ils le jetaient dans la fosse à purin. Lui, disait à ses amis qu'il avait « trébuché contre une souche » et, en riant, ils lui demandaient : « La même que la dernière fois ? » Un jour, il revint à la maison en se tenant le bras. Il était déboîté. « Je l'ai mérité, dit-il en se maudissant. Je n'aurais pas dû voler dans la bouche d'un bébé. »

À neuf ans, j'étais déjà une voleuse expérimentée. J'ai commencé par voler de l'encens pour NaiNai. Papa me le reprochait, mais il savait bien que la famille mourrait de faim si j'arrêtais. Il vendait ce que je volais.

J'ai commencé par de petites choses, des légumes, des fruits, des oiseaux et des chiots, par exemple. Je suis ensuite passée aux outils de jardinage. Après avoir vendu ce que je volais, il allait à la taverne boire de l'alcool de riz. Il buvait à petites gorgées et fermait les yeux comme pour se concentrer sur le goût. Quand ses joues se mettaient à rosir, il récitait son poème favori. Ses amis l'avaient depuis longtemps quitté, mais cela ne l'empêchait pas de les imaginer rassemblés devant lui.

Le puissant Yangtsé roule vers l'océan,

Mais jamais il ne revient, tels les jours glorieux de la Dynastie.
Quand reviendra-t-il, le temps des héros ?
Pourtant, la musique retentit toujours, vive et triomphale.
Réformes avortées, réformateurs pendus,
Troupes étrangères dans tout le pays
Et Sa Majesté emprisonnée dans l'île de Yintai[1].
Où est la réponse des dieux ?
Pleure, ô sage, avec ton désespoir et ton cœur brisé…

Un homme a applaudi. Il était assis dans un coin et il se leva pour féliciter papa. Il était grand, un vrai géant aux yeux des Chinois. C'était l'étranger aux cheveux bruns et aux yeux bleus, le missionnaire américain. Il était seul avec un gros livre et une tasse de thé devant lui. Il sourit à papa et le félicita d'avoir écrit un si beau poème.

*

Il s'appelait Absalom Sydenstricker, mais les gens du cru le surnommaient « le long nez au regard fou ». D'aussi loin qu'il m'en souvienne, je l'avais toujours vu en ville. Il était non seulement grand à toucher le plafond, il avait aussi des poils qui poussaient comme de mauvaises herbes sur ses avant-bras et le dos de ses mains. Tout au long de l'année, il portait une robe chinoise grise. Il avait aussi une petite tresse mais tout le monde savait qu'elle était fausse. Son costume lui donnait l'air ridicule mais il avait l'air de s'en moquer. Il passait son temps à courir après les gens dans la rue et essayait de les arrêter pour leur parler. Il voulait nous faire croire à son Dieu. Quand nous étions enfants, on nous demandait de

1. Allusion à Guangxu, mis sur le trône par sa tante Tseu-hi en 1875, à l'âge de trois ans. Il fut victime d'un coup d'État de celle-ci en 1898 et condamné à passer le restant de sa vie sur une île, au sein de son propre palais. (Toutes les notes sont du traducteur.)

l'éviter. Nous n'avions pas le droit de dire des choses qui pourraient heurter ses sentiments comme « Fichez le camp ».

Papa avait l'habitude d'Absalom Sydenstricker puisque lui aussi passait son temps dans la rue et en avait conclu qu'il cherchait à se racheter pour que son Dieu le laisse entrer au ciel quand il mourrait.

— Sinon pourquoi est-ce qu'il quitterait son pays pour vivre chez des étrangers ? disait-il.

Papa soupçonnait Absalom d'être un criminel dans son propre pays. Un jour, par curiosité, il écouta ce que l'étranger avait à dire. Ensuite, il l'invita à la maison pour « poursuivre la discussion ».

Fou de joie, il est venu. La saleté de notre cabane ne le dérangeait pas. Il s'assit et ouvrit son livre.

— Aimeriez-vous entendre un récit tiré de la Bible ? proposa-t-il.

Papa ne s'intéressait pas aux histoires. Il voulait savoir quel genre de dieu était Jésus.

— Vû qu'il a été torturé, frappé, attaché et cloué à un poteau, ce devait être un malfaiteur de statut royal. En Chine, une torture publique aussi élaborée n'est réservée qu'aux criminels d'importance comme l'ancien Premier ministre impérial, Su Shun[1].

La voix vibrante de passion, Absalom se lança dans des explications, mais son chinois était difficile à comprendre.

Papa perdit patience et prit la parole.

— Comment Jésus peut-il protéger les autres, lui qui n'a pas réussi à se protéger lui-même ?

Absalom leva la main, un doigt en l'air, avant de lire dans sa Bible.

Papa décida qu'il était temps de venir en aide à l'étranger.

---

1. Su Shun fut l'un des huit ministres nommés par l'empereur Xianfeng avant sa mort pour assister son fils, Tongzhi, lui-même empereur à l'âge de cinq ans. L'impératrice douairière Tseu-hi l'en empêcha en le faisant exécuter.

— Les dieux chinois sont plus logiques, lui dit-il. Ils sont plus doux avec ceux qui les adorent…

— Non, non, non, dit Absalom en secouant la tête avec force. Vous ne me comprenez pas…

— Écoutez, l'étranger, mes suggestions vont peut-être vous aider. Mettez des vêtements à Jésus et donnez-lui une arme. Regardez notre Dieu de la Guerre, Guandi[1]. Il porte une cuirasse de général et brandit une hallebarde redoutable.

— Vous êtes un homme intelligent, mais votre plus grande erreur est d'être reconnaissant envers tous les dieux à l'exception du Dieu véritable.

*

Je trouvais que le visage d'Absalom ressemblait à un grand lit à opium et son nez, à une table posée au milieu. Ses sourcils étaient deux nids d'oiseau qui abritaient des yeux bleu clair. Après sa discussion avec papa, il repartit dans la rue et je le suivis.

— Dieu est toute votre fortune ! lançait-il aux personnes arrêtées devant lui.

Personne ne lui prêtait attention. Certains laçaient leurs souliers, d'autres débarrassaient leurs enfants de leur morve et s'éloignaient. Il brandissait ses bras longs comme des balais. Quand il revit papa, il sourit, et papa lui sourit en retour. Il lui fallut un certain temps pour arriver à comprendre ce qu'il disait.

— Nous avons répandu le sang illicitement, déclara-t-il en brandissant sa Bible. Peut-être était-ce en toute innocence, mais la souillure est encore sur nous. L'humanité ne pourra l'effacer que par la prière et les bonnes actions.

Je découvris où il vivait. Sa maison était un bungalow de

1. Au IIIe siècle, à la fin de la dynastie Han, le général Guan Yu était admiré de tous pour son courage et sa loyauté. Fait prisonnier et exécuté pour avoir refusé de trahir, il fut officiellement déifié au VIe siècle.

la partie la plus basse de la ville. Ses voisins étaient des coolies et des paysans. Je me demandais pourquoi il avait choisi un tel endroit. Chinkiang était peut-être la plus petite ville du Jiangsu, mais c'était depuis toujours un port important. Du bord de l'eau, des rues pavées menaient aux échoppes puis au centre-ville où se situait l'ambassade de Grande-Bretagne. Elle occupait le point le plus élevé de la ville avec une vue imprenable sur le Yangtsé.

Absalom n'était pas le premier missionnaire américain à venir en Chine, mais il prétendait être le premier arrivé à Chinkiang à la fin du XIXe siècle. Selon les anciens, il acheta très vite un lopin de terre derrière le cimetière et y bâtit une église. Son intention était d'éviter de « déranger les vivants », mais pour les Chinois, déranger les morts était le pire crime qu'on pût commettre. La grande ombre de l'église s'étalait sur le cimetière. Les gens protestèrent et il dut abandonner son église. Il descendit la colline et loua une échoppe pour en installer une nouvelle. La pièce était basse de plafond avec des poutres tordues, des clous qui s'arrachaient et des fenêtres cassées.

La plupart des gens le prenaient pour un fou inoffensif. Les enfants aimaient le suivre. Ses pieds constituaient la principale attraction parce qu'ils étaient immenses. Quand il commanda au cordonnier une paire de souliers chinois, tout le monde fut au courant. On venait dans son atelier rien que pour voir combien de cuir il faudrait et si le cordonnier augmenterait ses prix.

Quand on lui demandait la raison de sa venue en Chine, il répondait qu'il était là pour sauver nos âmes.

— Nos âmes ou nos ânes ? questionnaient les gens en riant.

Il nous fit savoir que la fin du monde était proche et que nous mourrions tous si nous refusions de suivre Dieu.

— Qu'est-ce qui vous le prouve ? lui demanda papa.

— Voilà à quoi sert la Bible, répondit-il avec un clin d'œil. Le Seigneur explique la vérité une et unique.

Papa dit qu'il était assez déçu par sa description de l'Enfer des Occidentaux. L'Enfer chinois était bien plus terrifiant. Il aimait le défier dans les maisons de thé et les tavernes. La foule qui se réunissait autour de lui et sa popularité croissante le réjouissaient. Dans le dos d'Absalom, il reconnaissait qu'il le suivait pour manger, surtout les gâteaux que préparait sa femme, Carie.

Comparée à NaiNai, c'était une forte femme. Elle avait des yeux brun clair et un visage blanc rond et ridé, très doux. Elle était coiffée d'un drôle de chapeau, un « bonnet », comme elle disait. À l'intérieur de celui-ci, elle rangeait ses cheveux bruns et bouclés. Elle portait la même robe sombre tout au long de l'année. Elle avait la couleur des vagues. Sa jupe était si longue qu'elle balayait le sol.

Elle avait prévenu son mari à propos de papa. Elle ne lui faisait pas confiance ; pourtant, il continuait à le traiter comme un bon ami, même s'il refusait d'aller à l'église le dimanche.

En véritable artiste, papa le bernait en lui faisant croire qu'il était intéressé. Cela me donnait l'occasion de voler. Le lendemain du jour où je pris le paillasson de l'église, j'entendis Carie crier : « Pourquoi faire le ménage puisque tout disparaît ? »

2

QUAND ABSALOM MONTRAIT LES DESSINS de sa Bible, je l'interrogeais sur ces hommes barbus avec des anneaux d'or au-dessus de leurs têtes.

— Pourquoi est-ce qu'ils se promènent dans le désert, entourés d'un drap ?

Il ignorait que mes questions ne servaient qu'à détourner son attention et me permettre de continuer à voler.

Il avait du mal à se concentrer et était interrompu par les cris des gens.

— Quand est-ce qu'on aura à manger, maître Absalom ? Vous pouvez demander à Dieu de nous apporter quelque chose ?

Il continua de parler mais les enfants le tiraient par le bras ou tournaient autour de lui.

— Vous la connaissez, la Vierge ? Et Marie ?

— Et la Madone ? demandai-je d'une voix forte, accrochée à lui comme une sangsue.

Mes mains étaient déjà dans ses poches. Quand il me bénit d'un « Jésus t'aime », j'avais déjà pris son porte-monnaie.

Je glissai le porte-monnaie dans ma poche, dévalai une rue latérale et quittai la ville. J'avais l'impression d'être suivie et je pris un chemin de traverse. Je sentais malgré tout une paire d'yeux bleus dans mon dos, ceux d'une fille blanche à la peau laiteuse, coiffée d'un bonnet noir tricoté. Elle avait à peu près mon âge. Elle était toujours assise dans un coin de l'église, un livre relié en cuir noir à la main. Ses yeux semblaient dire : « Je t'ai vue. »

Je reconnus la fille d'Absalom et de Carie. La servante de sa famille l'avait appelée « Perle ». Elle lui parlait dans le dialecte de Chinkiang. Son père et sa mère semblaient ne jamais avoir besoin d'elle. Elle était toujours seule et toujours en train de lire.

Pour m'en débarrasser, je courus aussi vite que je pus en direction des collines. Après quelques kilomètres, je m'arrêtai, regardai autour de moi et me réjouis qu'elle ne fût pas en vue. Je repris mon souffle et m'assis. J'étais tout excitée par ma récolte.

Au moment d'ouvrir le porte-monnaie, j'entendis un bruit. Quelqu'un approchait. Je m'immobilisai et retins mon souffle. Lentement, je tournai la tête.

Derrière moi, dans les buissons, il y avait cette paire d'yeux bleus.

— Tu as volé le porte-monnaie de mon père ! cria Perle.

— Non, ce n'est pas vrai.

J'imaginais tout ce qu'on pourrait acheter avec l'argent de ce porte-monnaie.

— Si, tu l'as volé.

— Prouve-le !

— Il est dans ta poche.

Elle posa son livre et tendit la main vers moi.

Je la repoussai d'un coup de coude.

Elle tomba à terre.

Je tenais serré le porte-monnaie.

Elle se releva. La colère faisait frémir ses lèvres roses.

Nous étions face à face. Je voyais son front se couvrir de sueur. Sa peau était toute blanche, comme si on l'avait passée à la chaux. Le bout de son nez était pointu. Comme la fausse tresse de son père, son bonnet noir tricoté dissimulait ses cheveux blonds et bouclés. Elle portait une tunique chinoise brodée de fleurs indigo.

— Je te donne encore une chance de rendre ce porte-monnaie, après je te tape, me menaça-t-elle.

Je rassemblai ma salive et crachai.

Quand elle leva les mains pour se protéger la figure, je me mis à courir.

Elle me suivit dans les champs et dans la colline. Lorsqu'elle me rattrapa, j'avais caché le porte-monnaie. Je levai les deux mains.

— Viens le chercher, lui dis-je.

Elle s'approcha et ne le trouva pas.

Je souris.

Elle soupira et ôta son bonnet noir tricoté. Des boucles dorées retombèrent sur son visage.

*

À partir de ce jour, elle me suivit partout de sorte que j'étais incapable de voler. Jour et nuit, je me demandais comment me débarrasser d'elle. J'appris qu'elle avait une sœur cadette, Grâce. La servante chinoise qui s'occupait des filles, Wang Ah-ma, était dans la famille depuis longtemps.

— Perle et Grâce veulent tant ressembler à des Chinoises, disait-elle aux amies avec qui elle cousait.

Elles étaient assises au soleil, devant la maison. Wang Ah-ma leur confectionnait de nouveaux bonnets qui dissimuleraient leurs cheveux blonds pour qu'elles aient l'air de Chinoises. Elle précisa qu'elle devait faire vite parce que leurs bonnets commençaient à s'user.

— Cette pauvre Perle me supplie tous les jours de trouver le moyen d'avoir les cheveux bruns.

— Et qu'est-ce que tu lui as répondu ? demandèrent les femmes en riant.

— Je lui ai dit de manger des graines de sésame noir et elle s'en est goinfrée. Sa mère croyait qu'elle avalait des fourmis.

Au printemps, avant les semailles, les paysans venaient en ville où ils acquéraient des provisions pour l'année. Pendant que les hommes achetaient du fumier ou faisaient réparer et affûter leurs outils, les femmes examinaient de près le bétail. J'allais dans les boutiques et les magasins d'alimentation dans l'espoir de voler quelque chose. Depuis une semaine, je n'avais pas mangé un vrai repas.

Papa avait pratiquement mis tous nos meubles en gage. La table, les bancs et mon propre lit étaient partis. Je dormais maintenant sur un matelas de paille à même le sol de terre battue. La nuit, les mille-pattes me couraient sur la figure. NaiNai souffrait d'une infection qu'on ne réussissait pas à guérir et pouvait à peine sortir de l'unique lit qui nous restait. Papa passait de plus en plus de temps avec Absalom en essayant de se faire embaucher.

— Il a besoin de moi, répétait-il chaque jour. Il ne sait pas parler et donne envie de dormir. Je raconterais mieux ses histoires de la Bible. Je pourrais prendre en main ses affaires.

Pour sa part, Absalom ne s'intéressait qu'à une chose, sauver l'âme de papa.

Une nuit, je l'entendis parler à voix basse à NaiNai.

— La dot serait conséquente…

Il me fallut un moment pour comprendre de quoi il s'agissait. Un de ses amis lui avait fait une offre pour me prendre comme concubine.

— Tu ne vendras pas Saule ! dit ma grand-mère en se frappant la poitrine du poing.

— Il faut de l'argent pour en gagner, insista-t-il. Et puis tu as besoin de médicaments. Le docteur dit que ton état empire.

— Tant que je respirerai, ce n'est même pas la peine d'y penser ! dit-elle avant de fondre en larmes.

Et si NaiNai mourait ? J'ai eu peur. Pour la première fois, j'attendais dimanche et de pouvoir aller à l'église, où Absalom parlerait du Ciel et où Carie servirait à manger. Papa et NaiNai auraient voulu se joindre à moi, mais ils avaient honte de montrer leur désespoir à des étrangers.

*

L'église d'Absalom consistait en une pièce avec des bancs. Les murs étaient de couleur ocre. Il disait que son Dieu était un dieu humble et qu'il s'intéressait plus à ses adeptes qu'à l'aspect de son temple. Il disait qu'il était en train de lever des fonds pour construire une vraie église.

J'aurais voulu lui faire comprendre que les gens n'étaient intéressés ni par son Dieu ni par son église et qu'ils venaient là pour manger. Nous attendions qu'il ait fini de prêcher. Il fallait supporter son discours. Et je poussais des cris de joie quand il était temps d'applaudir et de dire « Ah-men ! ».

Après le repas, on se sentait mieux. Nous chantions des chansons pour remercier le Dieu d'Absalom. Carie nous apprenait des « hymnes » et des « oratorios ». La première chanson qu'elle nous a chantée s'appelait *Amazing Grace*[1]. Aussi grave qu'un gong chinois, sa voix a surpris tout le monde. Cela faisait vibrer la pièce. On aurait dit une cascade de montagne au printemps. Elle ne faisait pas d'effort pour lancer ses notes vers le plafond.

Je suis tombée amoureuse d'*Amazing Grace*. Cette chanson m'émouvait d'une étrange façon. J'avais grandi avec les opéras

1. *Amazing Grace* (*Grâce infinie*, en français) est l'un des chants protestants les plus connus dans le monde anglo-saxon. Les paroles furent composées en 1760 par John Newton, capitaine d'un navire négrier qui, pour avoir survécu à une tempête, devint pasteur et partisan de l'abolitionnisme. *Amazing Grace* est très souvent joué dans les enterrements, à la cornemuse principalement.

chinois, mais c'était la chanson de Carie qui me faisait penser à ma mère. Avant, je n'avais jamais réussi à imaginer à quoi elle ressemblait mais, avec cet air, je la voyais très distinctement. Elle était aussi belle qu'une déesse chinoise et j'arrivais presque à sentir son parfum. Elle avait un visage ovale, des yeux doux et brillants. Elle était de petite taille mais bien proportionnée. Et je l'entendais me dire : « Viens, mon enfant, j'ai envie de te voir depuis si longtemps. »

Les larmes me venaient aux yeux. Je remarquais que je n'étais pas la seule à être tombée amoureuse d'*Amazing Grace*. NaiNai voulait que je l'apprenne pour le chanter à son enterrement.

Carie avait un instrument de musique monstrueux qu'elle appelait un « piano ». Elle en jouait souvent pour s'accompagner quand elle chantait. Ses doigts dansaient sur les touches quand elle était assise sur son tabouret et que le bas de sa robe balayait par terre. Nous avons passé ensemble beaucoup de dimanches après-midi. Mot après mot, elle m'a appris *Amazing Grace*. Je rentrais à la maison et je m'entraînais devant NaiNai et papa.

Amazing Grace, how sweet the sound,
That saved a wretch like me.
Grâce infinie, qu'elle est douce, la parole qui a sauvé le misérable que je suis…

Je chantais cela comme j'aurais chanté un opéra chinois. Ma voix était forte, pleine d'émotion.

I once was lost but now am found,
Was blind, but now, I see.
J'étais perdu mais l'on m'a trouvé, j'étais aveugle et maintenant je vois.

Ils aimaient beaucoup cette chanson et attendaient la suite. Il a fallu que je leur dise que je n'avais pas réussi à en apprendre plus.

Papa est resté un moment silencieux.

— Même si *Amazing Grace* est une mélodie étrangère,

finit-il par dire, elle parle de nous parce qu'on est perdus, on ne sait plus où on en est et on a peur.

NaiNai était de son avis.

— Saule, dit-elle en se tournant vers moi, il faut que Carie te l'apprenne jusqu'au bout parce que je peux m'en aller à tout moment.

Je lui demandai si elle irait au Ciel et si ma mère et elle se rencontreraient. Elle hocha la tête.

— Ta mère aimerait t'entendre chanter *Amazing Grace.*

Je suis allée trouver Carie et je l'ai suppliée de m'apprendre le reste des paroles. Radieuse, elle s'installa à côté de moi au piano et elle a commencé.

The Lord has promised good to me
His word my hope secures
Yeah, when his flesh and heart shall fail...
Le Seigneur s'est montré bon envers moi, sa parole nourrit mon espoir. Quand la chair et le cœur faibliront...

Sa voix changea. Elle devint plus tendre et cela m'a fait penser à un ruisseau qui coule dans une prairie.

... And mortal life shall cease
I shall possess within the veil
A life of joy and peace.
... Et que toute vie mortelle cessera, je connaîtrai dans mon linceul une vie de paix et d'allégresse.

Par Wang Ah-ma, nous avons appris que Carie avait perdu quatre de ses enfants après son arrivée en Chine.

— Je ne connais pas de femme qui ait connu pire chose, quatre enfants mâles, soupira-elle en levant quatre doigts.

Selon elle, elle avait fait graver leurs noms sur le bois de son lit.

— La maîtresse parle à leurs esprits chaque soir avant de s'endormir.

Les gens cherchaient à savoir quel genre de nourriture mangeait la famille d'Absalom et quel goût elle pouvait avoir.

— Du fromage et du beurre, dit-elle en s'enfonçant un doigt dans la gorge et en faisant semblant de vomir. On croirait du tofu pourri[1].

— Et Perle ? lui demandai-je.

— Elle est différente. Elle a un estomac de Chinoise, expliqua Wang Ah-ma avec un sourire d'approbation. Elle mange comme moi et elle est forte comme un bœuf.

— Tu veux dire qu'elle ne mourra pas comme ses frères ?

Elle baissa la voix pour finir par murmurer :

— Je ne comprends pas pourquoi les quatre enfants de Carie sont morts. C'était la même maladie. Je veux dire que ses garçons ont eu la même chose que les enfants chinois. Pourquoi est-ce que les enfants chinois ont survécu ? Le corps de Perle a appris à combattre la maladie comme une vraie Chinoise. Et par l'amour de Bouddha, elle a réussi !

Tous ceux qui l'écoutaient hochèrent la tête d'admiration.

— Tu es très bonne avec ta maîtresse, Wang Ah-ma !

Son visage était épanoui comme une fleur de lotus.

— Elle fait des doubles repas, un dans la cuisine avec les serviteurs et l'autre avec ses parents. Cette enfant a un appétit incroyable. Elle aime les pousses de soja, les graines de lotus et les algues rôties, mais ce qu'elle préfère, ce sont les crêpes à l'échalote ; toutes les semaines, j'en achète spécialement pour elle.

*

J'aurais dû voir venir quand Perle m'a attrapée. J'avais la bouche pleine de crêpes que j'avais volées. Elle a attendu le bon moment parce qu'elle voulait être sûre d'avoir un témoin. J'avais la main dans le panier de Wang Ah-ma mais elle ne s'était rendu compte de rien.

Elle m'a traînée vers Carie qui était assise au piano.

---

1. Le tofu est une pâte blanche peu odorante, issue du caillage du lait de soja. Il peut être neutre, épicé, « puant » ou encore raffermi.

J'avais l'impression que toute la ville me suivait.

Papa et NaiNai furent convoqués.

— *La souris est petite, mais elle a les moustaches du rat!* lançaient les enfants. À quoi on peut s'attendre quand le père donne l'exemple ?

— Je l'ai vue, annonça Perle.

Carie ne regarda pas sa fille mais se tourna vers moi.

— Ce n'est pas vrai, n'est-ce pas, Saule ? me demanda-t-elle en refermant son piano.

Je craignais que papa et ma grand-mère perdent la face devant tout le monde et je mentis effrontément.

— Non.

Carie se leva pour les saluer.

— Je suis désolée, leur dit-elle d'une voix douce. Ma fille s'est trompée.

— Mère ! s'écria Perle. J'ai pris Saule sur le fait. Ah-ma, je t'en prie, dis-lui la vérité...

— Maîtresse, dit la servante, Perle ne s'est pas trompée.

D'un geste, elle lui fit signe de s'arrêter.

— Ah-ma, la soupe bout sur le poêle.

— Elle ne bout pas, maîtresse. Je viens de vérifier.

— Eh bien, retournes-y.

— Oui, maîtresse, je vais y aller, mais Perle avait raison pour la crêpe. Saule l'a volée.

— Non, elle n'a rien fait de tel, répéta-t-elle sans regarder qui que ce soit.

NaiNai et papa échangèrent des regards de soulagement.

— Mère ! dit Perle, les joues ruisselantes de larmes. Vous n'avez qu'à faire souffler Saule, elle sent l'échalote !

— C'en est assez, ma fille.

— Je le jure devant Dieu, reprit-elle en continuant de pleurer.

— Va aider à mettre la table pour dîner, lui ordonna Carie. Ton père va bientôt arriver.

— Mère, ce n'est pas moi la menteuse !

— Je n'ai pas dit que tu avais menti. Cela suffit, rentrons.

L'après-midi a été difficile. J'avais la nuque raide comme si elle était coincée sous une meule. Je suis allée sur la colline et je n'en ai pas bougé avant le coucher du soleil et le retour des pêcheurs. La brume se levait sur l'eau. Je sentais l'humidité dans mes poumons. Je dormis mal cette nuit-là. J'avais trop honte. Le visage baigné de larmes de Perle m'a hantée toute la nuit. Je me suis relevée et j'ai avoué à papa et à NaiNai que j'avais volé les crêpes.

Ils n'ont pas été étonnés.

3

Les maisons de thé honoraient le printemps en organisant de petites fêtes. Les « hommes du verbe » se réunissaient autour des camélias, pêchers et pruniers en fleurs, et composaient des poèmes. Papa aimait ces fêtes et moi, j'aimais les fleurs de pêcher écloses semblables à des nuages roses. Puis vint le pluvieux mois d'avril. En Chine du sud, la pluie ne se manifestait pas sous forme d'averses mais se répandait plutôt comme un brouillard épais. Quand je tendais la main, je ne sentais aucune goutte mais il me suffisait de sortir pour que l'humidité m'enveloppe. Au bout d'une dizaine de minutes passées dehors, elle imprégnait mes vêtements. De l'eau apparaissait quand je me passais la main sur la figure. Très lentement, mes cheveux se décoiffaient et des mèches collaient à mon crâne.

En un mois, la rivière montait de plusieurs centimètres. L'eau et le ciel se fondaient en un gris uniforme. En tout lieu, on trouvait des crapauds et des anguilles, des vers de terre et des sangsues. Les chemins de terre s'enfonçaient. Les bambous poussaient à toute allure et, quand l'été arrivait, ils recouvraient les pentes des collines exposées au sud.

J'avais les dents vertes à force de mâchonner du laiteron. J'avais aussi de plus en plus de mal à résister au besoin de voler. Je repensais à un garçon venu nous rendre visite à l'occasion du Nouvel An chinois. Ce parent éloigné avait dix-sept ans. Il s'appelait San-bao et travaillait comme apprenti chez le forgeron du village. En réalité, je pensais surtout aux graines de soja que San-bao m'avait promises. Je me demandais quand il me les donnerait.

Mes jambes m'entraînèrent vers l'atelier de San-bao. J'aurais voulu avoir de plus beaux habits. San-bao fut surpris de me voir. Il portait un tablier sale et avait les épaules nues. C'était un jeune homme fort et jovial, doté d'une mâchoire de cheval. Je voyais ses veines courir sous sa peau comme de gros vers. Il reposa son marteau et voulut savoir ce qui m'amenait.

Je ne pouvais lui dire la vérité, lui avouer que je ne venais que pour les graines de soja. Je dis donc que je passais par là et il me sourit.

— Tu as mangé ? demanda-t-il au bout d'un moment.

— Non, fis-je, embarrassée d'avoir répondu si vite.

— Qu'est-ce que tu aimerais ?

Ma langue fut plus rapide que moi.

— Je voudrais bien des graines de soja.

— Ah, oui, des graines de soja !

Il se rappela sa promesse et rentra dans l'échoppe.

— Nous allons faire un tour, dit-il en ressortant, et je t'en donnerai.

Dès que San-bao eut payé les graines, je tendis la main vers le sac.

— Non, pas encore, me lança-t-il en l'éloignant de moi. Je ne veux pas que les petits mendiants accourent vers toi. On va trouver un endroit tranquille.

Je le suivis jusqu'au cimetière, derrière l'ancienne église, là où les mauvaises herbes vous arrivaient à la taille. Des corbeaux noirs croassaient dans le ciel et des campagnols couraient dans les mûriers sauvages. Nous nous sommes assis.

San-bao m'a regardée manger mes graines de soja. J'avais à peine fini qu'il me prit par le cou.

— Je suis gentil avec toi, non ? me demanda-t-il.

Je hochai la tête, un peu mal à l'aise.

— Fais-moi plaisir, dit-il en me saisissant la main pour la poser sur son entrejambe.

J'étais choquée.

— Allons, ne prends pas un air aussi sérieux, ajouta-t-il en souriant.

— Je veux rentrer, San-bao.

— Saule, voyons...

— Non, San-bao.

Il cessa de sourire et sa voix devint glaciale.

— Tu me le dois bien.

J'ai pris peur. Je me suis relevée et je suis partie en courant, mais il m'a rattrapée.

— Tu crois vraiment que je vais laisser l'oiseau s'envoler ?

Il m'a jetée à terre.

Je me débattais mais il m'a agrippé le cou et m'a obligée à tourner la tête.

— Je les ai payées, tes graines de soja.

— Je te rendrai ton argent !

— Tu n'en as pas.

— J'en trouverai.

— Je veux que tu me rembourses tout de suite !

— Je n'ai rien.

— Mais si, tu as quelque chose. Quelque chose que j'aime bien. Tu n'as rien à faire, laisse-moi seulement te toucher...

Il a glissé sa main sous mes vêtements.

— San-bao, s'il te plaît !

— Ne fais pas d'histoires.

— Je veux m'en aller !

— Ne m'oblige pas à te faire du mal.

— Non !

— Petite garce !

— Non !

Il m'a écrasé la bouche contre terre pour m'empêcher de crier.

Je me suis débattue et je lui ai donné des coups de pied, mais il était trop fort.

Mes vêtements étaient tout déchirés. Je l'ai supplié d'arrêter. Il n'en a rien fait et s'est couché sur moi.

Je n'avais plus assez de force et je cédai. Je n'avais aucun moyen de lui échapper. Je m'en voulais d'avoir été si bête. Il me fit tourner la tête et je vis une ombre. Quelqu'un était caché derrière une stèle. Un bonnet noir tricoté me fit comprendre de qui il s'agissait.

— Au secours ! hurlai-je.

Avant même que San-bao puisse réagir, Perle bondit et le frappa avec une grosse pierre. Il s'écroula aussitôt et ne bougea plus.

— Oh, mon Dieu, dit-elle en se reculant. Est-ce que je l'ai tué ?

Je me relevai péniblement.

Elle se pencha pour poser un doigt sous le nez de San-bao.

— Il n'est pas mort, dit-elle. Tu veux que je le tape encore ?

— Non, arrête, supplia San-bao qui essayait de se relever.

— Tu mérites de mourir ! lui criai-je.

Elle reprit la grosse pierre.

— Non !

Et San-bao s'enfuit en courant.

Elle lui courut après jusqu'à ce qu'il disparaisse.

Je débordais de gratitude.

Elle revint et épousseta mes vêtements pleins de terre.

— Merci de m'avoir sauvée, mon amie, murmurai-je.

— Tu dis que je suis ton amie ? fit-elle en se détournant. Menteuse !

— Perle, pardonne-moi, je t'en prie. Je ferais n'importe quoi pour me rattraper.

— Et tu crois que je vais te faire confiance ? me dit-elle d'un air dégoûté. Tu as pris la bourse de mon père et tu as dépensé son argent. Tu as volé les crêpes de Wang Ah-ma et tu as menti à ma mère... Petite idiote !

Elle redescendit la colline en balançant son panier.

J'essayais de refouler mes larmes.

Elle chantait une chanson chinoise que je connaissais bien. Les collines lui faisaient écho. Dans son panier, les fleurs sauvages multicolores dansaient au soleil.

Fleur de jasmin, douce fleur de jasmin,
Ta beauté et ton parfum font la joie du printemps.
Je voudrais te cueillir et te mettre à mes cheveux,
Mais j'ai peur que tu te fâches
Et ne reviennes au printemps prochain.

*

Dans l'église, régnait un véritable brouhaha. Les hommes donnaient leur avis sur le temps et les méthodes pour éliminer les nuisibles. Les femmes tricotaient, cousaient, brodaient et caquetaient. Les enfants se lançaient des pignes. Les mères berçaient leurs bébés et criaient après les plus grands. Absalom était incapable d'imposer le silence jusqu'à ce que papa agite une cloche de marchand.

— Mes amis, déclara-t-il, le moine venu d'Occident a besoin de notre aide. À mon avis, Absalom ne nous propose pas une solution de rechange mais plutôt une bonne affaire. Regardez, nous avons nourri nos dieux et ils sont maintenant gros et heureux, mais qu'ont-ils fait pour nous ? Rien. Voilà pourquoi j'aimerais bien que vous observiez son dieu, Jésus-Christ. Voyez son allure. Quiconque n'est pas aveugle comprendra qu'il travaille plus dur que les dieux chinois. Alors écoutez-le, mes amis.

Absalom sauta sur l'occasion.

— Aujourd'hui, nous allons parler du baptême du Christ.

Il brandit une image en couleur et posa le doigt dessus.

— Ces deux hommes sont le Christ Notre Seigneur et Jean.

Je vis au milieu d'une rivière deux personnages debout occupés à quelque cérémonie. Jean et le Christ avaient des traits quasi orientaux avec leurs petits yeux légèrement en amande. Absalom avait fini par suivre les conseils de papa. Il avait étiré leurs yeux d'Occidentaux et aplati leurs nez pointus, de sorte que le Christ avait maintenant des lobes d'oreille plus longs, comme Bouddha.

Papa me dit qu'Absalom avait d'abord tenu à montrer un Christ barbu. Il avait fallu qu'il lui démontre qu'aucun Chinois n'adorerait un Dieu ressemblant à un singe pour qu'il accepte de lui supprimer la barbe.

— Le visage de Bouddha a changé quand il a quitté l'Inde pour la Chine.

Papa avait expliqué à Absalom les différences entre le Bouddha indien, celui des débuts, et le Bouddha chinois. Ses yeux avaient rétréci quand il était arrivé en Chine, sa peau était devenue plus pâle et plus lisse. Les sculpteurs chinois s'assuraient toujours que Bouddha ait l'air bien nourri. Avec ses yeux mi-clos, Bouddha avait l'air de faire un somme après un bon repas.

*

Quand Absalom baptisa papa, ce fut un grand jour pour toute la ville. Tout le monde voulait le voir plonger dans la rivière comme une baguette dans de la sauce de soja. C'était la première fois que Perle et moi étions assises ensemble. Toutes les deux, nous avions aidé nos pères à faire venir tout le monde.

Les deux hommes se faisaient face dans la rivière, de l'eau jusqu'à la taille. Absalom portait sa tunique gris foncé et papa la sienne, en coton blanc délavé. Il avait le visage rouge et semblait nerveux alors que le prédicateur était sérieux et solennel.

Son accent chinois n'était pas très bon, mais il expliqua :

— Se plonger dans l'eau implique que l'on confesse ses péchés et que l'on demande le pardon.

Papa répéta à haute voix les paroles d'Absalom.

— Que ce soit un nouveau commencement ! s'écria ce dernier. Viens à la lumière de la Croix !

Papa essayait de se tenir tranquille mais il n'y arrivait pas.

— Quand est-ce que je dois prendre mon souffle ? demanda-t-il.

Mais Absalom l'ignora et entonna :

— « Prenez-moi, jetez-moi dans la mer », dit Jésus.

— Dites-moi quand.

— Attendez encore.

— J'ai peur de me noyer, c'est vrai, je ne mens pas.

— Ayez confiance en Dieu.

Doucement, Absalom lui enfonça la tête sous l'eau.

La foule retint son souffle.

— Le Seigneur bénit le Juste ! lança Absalom.

La foule l'acclama.

Papa avait l'air complètement gelé. Il sortit de l'eau pour s'y plonger à nouveau.

— Papa, qu'est-ce que tu fais ? lui criai-je.

— Il accepte la mort du Christ, me dit doucement Perle.

— Pour quoi faire ?

— Pour ses péchés et ceux de l'humanité.

Papa réapparut et s'ébroua. Il ne toussait pas. J'étais soulagée. Dans la foule, je vis NaiNai sécher ses larmes. La nuit précédente, elle nous avait avoué qu'elle aimait bien l'idée que son fils aille se laver.

— Et Dieu dit : « Tu es mon fils bien-aimé ! » lança Absalom. Telle est l'anticipation de sa mort sur la Croix et sa Résurrection !

Ainsi guidé, papa sortit de la rivière.

— Je sens en moi Dieu et sa Volonté ! dit-il à la foule. Jésus m'a fait abandonner une vie d'errance, et j'en entame une nouvelle !

J'étais certaine qu'il se comportait ainsi pour qu'Absalom le remercie.

Comme touché par la transformation de papa, Absalom leva ses deux bras vers le ciel.

— Béni soit le Seigneur !

*

Comme s'ils chantaient en duo, papa et Absalom se tenaient à côté l'un de l'autre dans l'église, le dimanche. Les gens étaient curieux quand ils entendaient parler de la chance que papa avait d'être béni par le Dieu étranger. Ils venaient voir s'ils ne pourraient pas bénéficier de la même protection.

Papa donna une représentation éblouissante.

— Nous vivons dans un monde obscur empli de démons, commença-t-il avec le même enthousiasme que lorsqu'il récitait des poèmes chinois. Condamnés par le destin, nous sommes possédés par des esprits malins qui nous subjuguent. Nous tous, que nous soyons brûleurs d'encens, coolies, vagabonds, joueurs, ivrognes, voleurs, sourds ou aveugles, n'ayons plus peur, car Jésus est là pour nous aider. Il vous suffit de prendre un nouveau départ en vous engageant aux côtés d'Absalom.

Il se tourna vers Lilas, une veuve de dix-sept ans qui vendait des œufs.

— Je me trompe en disant que Bouddha n'a pas répondu à tes prières ?

— Non, il ne m'a pas écoutée, répondit-elle.

— Est-ce que tu perds la foi que tu avais mise en lui ?

— Oui.

— Tu es déçue.

— Je ne veux pas offenser Bouddha, mais…

— Lilas, tu te rends au temple depuis ta naissance. Avec tout l'encens que tu as fait brûler, on pourrait dresser une colline. Ta vie a-t-elle changé en bien ? Tu as été achetée et vendue par deux fois. Tu as été mariée à un mourant et tu as dû coucher avec lui pour équilibrer son *yin* et son *yang*. Tu as échappé de justesse à ta belle-famille. Tu es arrivée à Chinkiang sans ami et sans famille et tu continues à être seule. As-tu déjà interrogé le dieu que tu adores ?

Lilas secoua la tête et se mit à pleurer.

— Eh bien, dis-toi que ta déception est un investissement !

— Un investissement ? fit-elle en ouvrant tout grand les yeux.

Absalom fronça les sourcils.

Papa ne semblait plus pouvoir contrôler ses paroles.

— Cet investissement est là pour te prévenir de ne plus jamais faire de mauvais choix, à moins de vouloir être à tout jamais captive des esprits malins !

— Mais j'ai fait brûler de l'encens ! protesta Lilas. Je ne mérite pas une malchance éternelle.

— T'es-tu jamais demandé pourquoi cette malchance te suit toujours ? lui demanda papa.

Elle secoua la tête.

— Pourquoi toi et personne d'autre ?

— Pourquoi ?

Pour bien faire comprendre son argument, papa se frappa la paume gauche du poing droit.

— Parce que tu as adoré le mauvais dieu !

Elle était abasourdie.

— Le dieu chrétien te dit : Lilas, tu mérites de mener une vie meilleure. Oui, Lilas, toi ! s'écria papa, qui occupait la scène comme un chanteur d'opéra. Dieu me dit que Lilas est aussi méritante que Son fils bien-aimé, Notre Seigneur Jésus-Christ ! À présent, songe à ce que tu désires, et proclame-le !

— Je veux bien y songer, fit-elle d'une toute petite voix, mais je souhaite surtout que tous mes œufs éclosent pour donner des poussins.

*

J'admirais Lilas parce qu'elle ne se plaignait jamais de ses malheurs. Elle était toujours joyeuse et aimable. Son commerce d'œufs était florissant. Cette année, elle pensait que j'étais assez grande pour l'aider à trier les bons œufs et les mauvais et elle m'a engagée. Ce qui m'a étonnée, c'était que Perle était là, elle aussi. J'appris qu'elle rendait visite à Lilas depuis qu'elle était petite fille. L'écloserie était son terrain de jeux. Lilas l'adorait parce qu'elle pouvait toujours compter sur elle. Carie avait expliqué à la jeune femme que sa fille lui rendait visite pour acquérir de l'expérience. Elle s'amusait tellement qu'elle oubliait parfois de rentrer et Wang Ah-ma devait venir la chercher en fin de journée.

À la demande de Lilas, Perle me montra comment m'y prendre. J'appris qu'il fallait près d'un mois et demi pour que les œufs éclosent. Elle m'a montré comment les trier dans le panier. Nous ôtions ceux qui étaient trop petits ou dont la coquille était trop mince, ceux dont le jaune était cassé ou qui étaient là depuis trop longtemps.

Elle me confia qu'elle aimait surtout mirer les œufs. Lilas refermait l'écloserie en ne laissant qu'un petit trou dans la porte. Chacune à notre tour, nous les placions devant le trou par lequel passait le soleil. Le « premier regard », comme elle disait, servait à voir si le jaune renfermait une perle. S'il y en avait une, la poule avait été visitée par un coq et un poussin naîtrait bientôt.

Après l'examen, nous replacions les œufs sélectionnés dans des paniers chauds rembourrés de coton. Lilas prenait les paniers et les rangeait sous son grand lit de brique, derrière le poêle. Il fallait attendre quatre jours pour donner le « deuxième regard » permettant de savoir si la perle avait grossi. Lilas nous apprenait à tenir l'œuf dans le creux de la main et nous le tournions devant le soleil pour rechercher une ombre. Ce n'était pas facile et il fallait avoir l'œil. Ensuite, nous ôtions les œufs qui n'avaient pas gonflé, puis nous remettions les autres dans les paniers tapissés de coton et ils retrouvaient leur place sous le lit de Lilas.

On recommençait tous les quatre jours. Elle parlait alors de « troisième regard » et de « quatrième regard ». Quand l'ombre était bien évidente, nous sortions tous les paniers à œufs de dessous le grand lit pour les transférer dans des pots en céramique. À l'intérieur de ceux-ci, il y avait un mélange de terre et de paille. Cela faisait comme une petite grotte toute tiède. Un minuscule feu était allumé dessous pour les garder au chaud. Selon Lilas, cette étape était la plus délicate. Trop chauds, les œufs cuisaient, pas assez, la perle ne se changeait pas en poussin.

On saurait dans quelques jours si elle avait réussi ou échoué pour cette année. Elle afficha l'image de tous ses dieux, alluma de l'encens et tint des cérémonies de bénédiction. Cette année-là, elle accrocha au mur le portrait de Jésus-Christ.

J'étais tentée de jeter un coup d'œil dans les pots mais Perle refusait de m'accompagner. Elle suivait à la lettre les instructions de Lilas. Comme une mère poule, elle ne voulait pas abandonner ses œufs. Jour et nuit, elle surveillait les pots, ajoutant ou retirant de la paille du feu. Elle ne parlait plus et se contentait de murmurer parce qu'elle avait peur de les déranger.

*

Je regardais Perle faire le portrait de Lilas qui dormait la bouche grande ouverte. Avant de s'endormir, elle avait dit que ses œufs lui rapporteraient beaucoup d'argent. Elle avait maigri au cours de ces deux dernières semaines parce qu'elle n'avait le temps ni de manger ni de dormir. Elle craignait que la température varie et ruine sa couvée. Ses yeux étaient rouges et ses joues, creusées. Nous évitions de lui parler parce qu'était devenue irritable.

Quand elle a éteint le feu, nous avons su que l'hiver était terminé. En quelques jours, l'air se réchauffa. Le printemps s'accompagna d'une humidité malsaine qu'il fallut combattre.

Toutes les trois, nous avons sorti les œufs des gros pots en céramique pour les aérer. Nous les avons ensuite posés sur le lit de brique recouvert de morceaux de coton et elle nous envoya annoncer aux fermiers qu'ils pouvaient venir chercher leurs poussins.

Nous étions tout excitées de voir les petits becs apparaître quand les poussins déchiraient la coquille. Quand tous furent sortis, Perle dit que c'était beau comme une fête d'anniversaire.

— Comme ils sont mignons ! s'écria-t-elle tandis que les poussins couraient dans ses mains.

Lilas était trop fatiguée pour fêter l'événement. Elle ronflait déjà, appuyée au mur, tandis que nous comptions les petits. Nous les avons ensuite mis dans des paniers pour que les fermiers les emportent. Lilas riait et pleurait dans son sommeil. Son visage était rouge de plaisir.

— On ne fait pas au printemps ce qu'on doit faire en été, murmura-t-elle. J'ai raison, non ?

— Tu as parfaitement raison, répondîmes-nous en chœur.

Et nous l'avons aidée à gagner son lit où elle a dormi pendant plusieurs jours d'affilée.

4

C'ÉTAIT LE DÉBUT DU MOIS DE SEPTEMBRE. Un air tiède et doux emplissait mes poumons. Perle et moi dévalions les collines. Nous sommes passées à côté de petits enfants occupés à jouer avec des vers de terre puis devant le doyen de la ville qui somnolait à l'ombre d'un arbre. J'étais tout excitée parce qu'elle m'avait invitée chez elle.

— Ma mère ne sait pas que je t'ai dit de venir, dit-elle sur un ton animé.

— Est-ce qu'elle… sera d'accord ? demandai-je, un peu inquiète. J'ai menti, après tout.

— Oh, elle l'a oublié depuis longtemps.

— Tu crois ?

— Mère dit que les gens ne sont pas responsables de leurs actes parce qu'ils ne connaissent pas Dieu.

Je m'arrêtai de courir.

— Et si elle n'avait pas oublié ? Si elle me disait : « Je ne veux pas d'une menteuse chez moi » ?

— Mais non, elle te connaît et elle t'aimera toujours.

— Comment tu le sais ?

— Saule, ma mère ne peut que t'adorer.

— Et pourquoi ?

— Parce que tu sais chanter.

Je la regardai sans comprendre.

— Saule, ma mère a essayé de monter une chorale d'enfants, mais elle n'en trouve aucun capable de bien chanter ou désireux de la rejoindre.

— Elle sait que je veux bien, mais j'ignore si elle pense que je chante assez bien.

— Ne t'inquiète pas.

— Ma voix n'arrive pas aux notes les plus hautes. Elle me lâche.

— Mère t'apprendra à chanter dans les aigus. Et puis les chants d'église ne sont pas des airs d'opéra chinois, ils sont bien plus faciles.

— Tu viendras aussi, Perle ?

— Oui, cela me plaît beaucoup même si je n'ai pas beaucoup de voix. Ce n'est pas grave, je pourrais ne jamais m'arrêter de chanter *Jasmin, doux jasmin*.

Elle commença et je me joignis à elle. Quand nous eûmes terminé, elle recommença en prenant l'accent de Yangzhou, et je la suivis. Nous chantâmes encore une fois avec l'accent de Suzhou et de Nankin.

— Tu as un opéra chinois préféré ? lui demandai-je après que nous eûmes épuisé notre lot d'accents.

— *La Légende des amants papillons* !

— Moi aussi !

— La version de la dynastie Ming ou celle de la dynastie Qing ?

Sa connaissance m'étonna.

— La version Qing, naturellement.

Elle acquiesça et nous nous mîmes à chanter.

Je vis au bord du Yangtsé, près de sa source,
Et toi bien loin en aval.
Toi et moi buvons l'eau du même courant.
Je ne t'ai pas vue, mais chaque jour je rêve de toi.

Quand cette eau cessera-t-elle de couler ?
Quand ne t'aimerai-je plus comme je le fais aujourd'hui ?
Je souhaite seulement que les battements de nos cœurs ne fassent qu'un
Et que ne te déçoive pas l'amour que je te porte.

Main dans la main, nous marchions au bord de l'eau. Je voulus savoir si elle avait le droit de chanter de l'opéra chinois à la maison.

— Tu te fiches de moi ? dit-elle en riant. Absalom n'autorise aucun son qui ne vienne de Dieu !

Je lui demandai alors si elle s'entendait bien avec ses parents.

— Ils mangent avec un couteau et une fourchette et moi, je prends des baguettes.

*

Absalom et Carie étaient absents quand nous arrivâmes et Perle en profita pour me faire visiter sa maison, un bungalow de trois pièces en brique et en planches de bois. Celle du milieu servait de séjour et de salle à manger. Les chambres étaient disposées de part et d'autre. Perle partageait la sienne avec sa petite sœur, Grâce. Celle de ses parents était meublée d'un grand lit en bois. Les draps d'un blanc délavé étaient d'une étoffe grossière et les taches sur les murs révélaient que le toit avait fui. L'endroit était cependant d'une extrême propreté. Même les vieux meubles resplendissaient. Elle m'indiqua les rideaux roses.

— Mère les a cousus avec du tissu venu d'Amérique.

Deux grosses jarres en céramique contenant de l'eau de la rivière étaient posées d'un côté de la maison. Je fus surprise de voir que cette famille vivait exactement comme nous.

— Mère laisse notre porte ouverte toute l'année, expliqua-t-elle.

— Elle reçoit tous ceux qui viennent frapper ?

— Mes parents ne laissent jamais passer une occasion de faire connaître Jésus-Christ.

— Je me vois mal avoir tout le temps notre porte ouverte. Des mendiants pourraient entrer et ce ne serait pas facile de les chasser.

— Ceux qui viennent sont si pauvres qu'ils n'ont même pas de quoi se payer une corde pour se pendre, comme dit mère. « Maîtresse étrangère, Carie *TaiTai* », font-ils, et ils lui demandent à manger.

— Ta mère a de la patience.

— Ce n'est rien à côté de ce qu'elle a dû supporter avec son mari.

Perle me raconta qu'elle avait tenté de convaincre Absalom de quitter la Chine pour empêcher ses enfants d'y mourir.

— Ta mère veut toujours s'en aller ? lui demandai-je.

— Non, elle a abandonné. Les visiteurs que mère apprécie le plus, dit-elle après un instant d'hésitation, sont les marins américains. Elle leur prépare de petits gâteaux et ils sont aux anges. Après avoir bu et mangé, mère et les marins chantent ensemble *Afar from Home*. Tous, ils rient et pleurent en même temps.

*

Comme Perle l'avait prédit, Carie fut enchantée d'apprendre que je voulais entrer dans la chorale d'enfants. Elle me mena au piano et je me lançai dans *Amazing Grace*.

Elle me montra comment reprendre mon souffle en arrivant dans les aigus. J'appris à ne pas fatiguer ma voix. Pour m'instruire, elle chanta d'autres chansons. J'aimais bien sa voix mais je n'avais aucune idée de ce qu'elle disait. Je lui promis de revenir prendre des leçons. Elle croyait que je ferais des progrès car je n'avais que onze ans. Après quelques mois, je m'améliorai, effectivement. Je pouvais atteindre sans effort des notes élevées. Je pouvais aussi imiter sa voix et il me suffisait d'entendre un air pour être capable de le reprendre à mon tour. Carie ne tarda pas à m'inviter à venir chanter au service dominical. J'y mettais beaucoup d'émotion comme si je comprenais les paroles.

Perle était fière et son visage s'illuminait quand sa mère disait : « Je remercie Dieu de m'avoir envoyé Saule ! »

Absalom était tout aussi impressionné.

— Tournons nos efforts vers le Seigneur, ajoutait-il en guise d'encouragement.

*

Je savais au fond de moi que papa ne s'intéressait pas autant à Dieu qu'il voulait bien le dire. Moi aussi, j'aurais pu faire comme lui. J'aimais m'asseoir à côté de Carie quand elle jouait du piano. Elle ne m'interrogeait jamais sur ma connaissance de Dieu. Je restais tranquillement assise et cela ne la dérangeait pas. Elle disait qu'un enfant ne devait pas passer à côté du plaisir d'entendre de la musique et chantait les airs qui lui venaient à l'esprit. J'entendais les saisons dans sa voix. Son printemps me rappelait les flots du Yangtsé gonflés par la fonte des neiges. Son été ressemblait à la caresse du soleil. L'automne, c'étaient des couleurs qui vibraient et aiguisaient mes sens. Et l'hiver, la neige qui tombait dru.

Je rêvais à ma mère pendant que je chantais avec elle. Je connaissais le bonheur mais parfois les mots emplissaient mon cœur de tristesse. Alors je hoquetais et sanglotais, et elle me prenait dans ses bras.

— Arrêtons-nous un instant, proposait-elle, je vais te jouer mon air favori.

Sa musique me redonnait toujours courage. Quand elle était de bonne humeur, elle faisait un duo avec moi. J'aimais les sons que nous produisions ensemble et cela commençait à me donner une petite idée du Ciel.

*

— Saule, comme j'aimerais pouvoir t'emmener voir l'Amérique, me dit-elle un jour.

Carie me parla de son pays natal. Elle disait qu'elle n'avait pas l'intention de vivre en Chine à tout jamais. Il avait été de son devoir d'épouse chrétienne d'y suivre Absalom et d'y planter sa tente dans la petite ville de Chinkiang, mais ce n'était pas son choix.

Je demandai à Perle si elle partageait les sentiments de sa mère.

— La Chine, c'est plus chez moi que l'Amérique, me répondit-elle sans hésiter.

Elle avait quitté ce continent à l'âge de trois mois.

— C'est le vrai pays de ma mère, le mien également, précisa-t-elle. Elle en vient et elle voudrait y retourner.

— Mais toi ? insistai-je.

— Je n'ai aucune idée de là où je finirai mes jours.

Je lui demandai si l'Amérique lui manquait, et elle éclata de rire.

— Comment une chose peut vous manquer quand on ne la connaît pas ?

Que savait-elle de sa famille restée là-bas ?

— Je connais leur nom, mais pas eux personnellement. Mes parents me parlent de mes oncles et de mes tantes, de mes cousins. Ce sont des étrangers pour moi. Les seules personnes que je connaisse en dehors de mes parents et de ma petite sœur, sont les gens de chez toi. J'ai peur qu'un jour mon père décide de rentrer en Amérique. Je ne m'imagine pas quitter la Chine.

Je la regardai et m'efforçai d'imaginer l'instant d'un tel départ.

— D'une certaine façon, je trouve dommage que mère ne soit pas comme son mari, reprit-elle. La demeure d'Absalom est là où Dieu l'exige. Il se moque bien de savoir où il vit, que ce soit en Chine ou en Amérique. Ma mère a le cœur brisé. Pour elle, sa vie est un exil. Elle s'accroche à son piano parce qu'il vient de son pays.

J'avais remarqué la façon dont elle veillait sur son instrument. Ses pieds étaient glissés dans des sortes de mules et elle évitait de le mettre en contact avec la terre pour empêcher la moisissure. À Chinkiang, l'eau entrait dans les pièces à la fin de la saison des pluies. Les meubles en bois devaient être posés sur des briques et nous jetions des planches d'une pièce à l'autre quand le niveau était trop haut. La plus grosse inquiétude de Carie était que la moisissure vienne abîmer son piano.

Nous répétions pour Noël. Carie avait traduit les paroles d'anglais en chinois. Je ne savais ni lire ni écrire ces deux langues mais la version anglaise me plaisait mieux. Je lui dis que *Douce nuit, sainte nuit* n'était pas aussi beau en chinois qu'en anglais.

— La beauté d'un cantique importe moins que son message, me répondit-elle.

Absalom n'avait jamais eu autant d'auditeurs : la chorale d'enfants avait arraché les gens aux rues pour la veillée de Noël. Pour la première fois, je vis un grand sourire s'afficher sur son visage. Il s'était débarrassé de sa fausse tresse et avait laissé ses cheveux bruns lui retomber sur les épaules. Tout le monde mit un certain temps à s'habituer à son air d'Occidental. Papa dit à NaiNai qu'il avait besoin de connaître un tel succès. Il était récemment revenu d'une tournée assez difficile. Il prêchait dans un village voisin quand des gens l'avaient frappé : ils n'avaient jamais vu d'étranger de leur vie et croyaient qu'il était là pour leur faire du mal. Ils avaient même lâché les chiens.

*

Perle me montra la cour de Carie.

— Mère est bien décidée à créer un jardin américain. Elle a fait venir des plantes d'Amérique. Regarde, il y a un cornouiller et là, une Lincoln, une rose-thé hybride, la préférée de mère.

— On dirait une herbe aux perruches, dis-je en tendant un doigt vers le cornouiller. Et cette rose est certainement une cousine de la pivoine.

— Je suis sûre qu'elles sont de la même famille. Mère dit que Dieu a créé la nature comme il l'a fait pour les hommes : ce que nous voyons exprime la générosité de Dieu.

— Tu crois vraiment en Dieu ? lui demandai-je.

— Oui, mais tu me connais, je suis aussi chinoise, et une partie de moi-même ne peut pas parler à mes parents.

— Tu ne sais pas trop quoi penser ? demandai-je prudemment. À propos de Dieu, je veux dire.

Elle donna un coup de pied dans un caillou qui se trouvait sur la route.

— J'ai mal de voir qu'Il ne répond pas aux prières de mère.

— Elle est en colère après lui ?

— Après mon père, pas après Dieu, m'expliqua-t-elle. Elle n'accepte toujours pas la mort de mes quatre frères.

— Voilà comment tu expliques qu'elle ne prêche pas, même si son chinois est bien meilleur que celui d'Absalom ?

— Oui. Mère veut avoir foi dans la mission de père, mais elle n'arrive pas à se convaincre. Un jour, elle m'a confié qu'elle avait du mal à garder son optimisme.

— Ta mère montre la bonté que Dieu a pour nous tous.

— Elle dit qu'elle aide les autres et se guérit ainsi elle-même.

— Une femme cache toujours son bras cassé dans sa manche, dis-je en reprenant des propos de NaiNai. Ta mère a abandonné ses parents pour son fou de mari.

Nous découvrîmes que Dieu avait une curieuse façon d'arranger les choses pour Carie. Dans un premier temps, elle n'avait pas réussi à faire entrer les gens dans l'église d'Absalom ; mais quand elle s'était mise à les aider, à s'occuper des malades et des mourants, à donner des médicaments occidentaux aux hommes et aux animaux en refusant toujours l'argent et les cadeaux, ils avaient commencé à venir.

*

Carie craignait de me voir détourner Perle de ses études. Absalom n'était pas de son avis.

— Elle rend un grand service au Seigneur, dit-il à papa, en saisissant l'occasion d'influencer mon amie.

Pour encourager mon amitié avec sa fille, il me fit des cadeaux telle cette image du Christ dessinée de sa propre main. Il me confia à elle en utilisant sa propre traduction de la Bible. Nous préférions nous amuser. Elle avait beaucoup de mal à se concentrer sur le service de Dieu, mais quand nous voyions son ombre passer devant la fenêtre, nous nous mettions à réciter la Bible d'une voix forte.

Carie établit de nouvelles règles à propos du temps qu'elle passait avec moi et précisa qu'elle n'avait le droit de jouer qu'après avoir fini ses devoirs. Elle faisait elle-même son éducation. Sa fille suivait aussi des cours de chinois auprès de monsieur Kung, un homme d'une cinquantaine d'années aussi épais qu'une baguette. Je m'asseyais devant la porte de Perle et j'attendais patiemment. Je remarquais qu'elle était souvent en avance sur monsieur Kung. Elle avait achevé *Au bord de l'eau* [1] avant même le début de la leçon. Elle m'avait expliqué que ce livre parlait d'un groupe de paysans pauvres qui, au désespoir, se font bandits. Dans l'histoire, ils recherchent la justice et deviennent des héros. Monsieur Kung était impressionné de voir qu'elle avait mémorisé les cent huit personnages du roman, mais il la critiquait comme n'importe quel professeur chinois.

— Une personne vraiment intelligente, dit monsieur Kung en s'arrêtant un instant pour caresser sa barbiche, l'est assez pour dissimuler son éclat.

— Oui, monsieur Kung, répondait Perle avec humilité avant de m'adresser un clin d'œil.

---

1. Roman classique attribué à Shi Nai-an (XIVe siècle). Pearl Buck le traduira en anglais sous le titre *All Men are Brothers*.

*

Papa fêta le jour où Absalom le nomma « diacre ».

— Je croyais que ma plus belle chance serait de devenir portier de l'église.

Il pleurait, assis sur le pas de la porte, mais NaiNai resplendissait de bonheur.

— Mon fils, promets-moi d'honorer Absalom en affrontant les tempêtes avec lui.

Il jura d'être un fils plein de piété et dit à sa mère qu'il avait commencé à l'éduquer pour lui confier l'église de Chinkiang.

— Que va-t-il faire quand tu le remplaceras ?

— Il veut aller voir les gens de la campagne.

Il avoua que s'il se sentait honoré, il avait du mal à s'engager envers Dieu.

— Il a demandé au chien d'attraper les souris, soupira NaiNai, inquiète.

Papa jouait du mieux son rôle. Il déclara qu'il ne reconnaîtrait jamais qu'il faisait cela pour de l'argent. Il expliqua à NaiNai que sa promotion venait de ce qu'Absalom affrontait un autre homme de Dieu.

— Il y a un autre homme de Dieu ? s'étonna-t-elle, et je lui posai la même question.

— Un nouveau missionnaire qui se dit être baptiste, précisa papa.

— Absalom est aussi baptiste ? demandâmes-nous.

— Non, il est presbytérien.

Papa nous confia qu'il ne comprenait pas trop la différence bien qu'on la lui eût expliquée.

— En ce qui le concerne, Chinkiang est son territoire, conclut-il.

*

Le baptiste était un gros homme rouquin aveugle d'un œil. Il venait souvent près de notre église pour dire à la foule qu'Absalom se trompait de bout en bout. Il faisait remarquer, par exemple, qu'il se contentait d'asperger d'eau la tête de ses convertis alors qu'il devrait la leur plonger entièrement dans l'eau.

Les Chinois comprenaient parfaitement. La logique était la suivante : si un peu d'eau est bon pour l'âme, plus il y en a et mieux c'est, et l'idéal est d'avoir la tête complètement sous l'eau.

Absalom était convaincu que le baptiste était là pour détruire son travail en lui volant ses convertis.

— Il sème le doute dans leurs esprits.

Je ne sus pas comment me comporter avec le baptiste quand je le rencontrai devant l'église. En m'éloignant, je l'insulterais, alors je restai jusqu'à ce qu'il eût fini de parler de l'immersion.

Notre rencontre contraria Absalom qui jura de se venger.

— Quand le crabe et la langouste se battent, le pêcheur peut tirer ses filets, annonça NaiNai.

Le pêcheur, c'était papa, bien entendu.

— Je l'ai entendu discuter avec sa femme. « J'ai enseigné, travaillé et souffert pour planter les graines du christianisme dans l'esprit de ces païens ! dit papa en l'imitant. Et mes futurs fidèles viennent grossir les rangs du baptiste ! »

— Les choses vont aussi mal ? demanda NaiNai.

— Oh oui, pour lui. Autrement comment recevrais-je ma promotion au rang de diacre ?

— Tu ferais mieux d'arrêter, lui conseilla-t-elle.

— J'en tirerai meilleur profit si leur dispute continue, dit papa en souriant.

— L'âne boiteux qui marche sur un pont branlant trébuchera tôt ou tard, dit-elle en secouant la tête.

— Je ne suis plus l'homme retors que tu crois, et je ne serai pas celui qui exposera l'église d'Absalom au mépris.

— Je veux seulement avoir la conscience bien nette quand je mourrai, dit ma grand-mère dont les yeux s'emplissaient de larmes.

Papa prit un morceau de ficelle auquel étaient accrochées des pièces en cuivre qu'il déposa près de l'oreiller de NaiNai.

— Absalom m'a payé pour que tu aies tes médicaments.

Elle cacha sa tête dans ses mains et se mit à pleurer.

— Où est-il à cette heure-ci ? demandai-je à papa.

— Il parcourt la campagne. Peut-être est-il en train de donner un cours.

— Il apprend quoi ?

— Oh, il enseigne l'histoire de la Bible, la philosophie, les religions, le grec et l'hébreu. Il fait connaître l'Évangile.

— Il a des disciples femmes ?

— Il ne choisit que des hommes.

— Il va loin d'ici ?

— Jusqu'où il peut marcher, dit papa avant de faire une courte pause. L'homme est ambitieux, reprit-il. Je ne doute pas que son Dieu chrétien conquerra un jour la Chine.

Il m'avoua sa surprise de voir de jeunes Chinois instruits désireux de suivre Absalom.

— Il a même converti des musulmans chinois, dit-il en se grattant la tête d'un air incrédule. Je pense que sa façon de livrer combat pour Dieu attire les jeunes. Son engagement et son opiniâtreté sont absolus. On peut même le qualifier de fanatique. Les jeunes adorent son énergie et sa détermination. Plus que toute autre chose, il leur vend la victoire de Dieu. Les gens veulent suivre un homme fort, un chef.

— Comment peux-tu être diacre si tu ne crois pas en Dieu à cent pour cent ? demandai-je.

— Parle plus bas, ma fille, me dit-il, embarrassé. Garde bien mon secret. Selon Absalom, Dieu m'appellera.

— Tu attends ce jour ?

— Oui, et je dois être patient.

— J'espère que tu le penses vraiment.

— Oui, je le jure.

*

L'hiver de l'année 1901 fut d'un froid extrême. Le ciel et les collines se mariaient pour ne plus former qu'un tourbillon de vent et de neige, phénomène rare en Chine du sud. Le matin, les vallées étaient silencieuses sous leur manteau blanc. Le temps aidait papa à apporter à Absalom le soutien qu'il lui avait promis. Attirés par la chaleur de l'église, les pauvres se rassemblaient et priaient sous le portrait de Jésus-Christ.

La façon dont papa prêchait la Bible était différente de celle d'Absalom. Papa la racontait comme une histoire chinoise. Il préparait soigneusement son intervention pour que le début donne envie de connaître la suite et que la fin soit toujours satisfaisante.

Quand Absalom revenait de voyage, il s'inquiétait toujours de l'exagération et de l'invention dont papa faisait preuve. Surtout quand il comparait Jésus aux héros populaires chinois, même au Roi des Singes[1] des légendes, et affirmait qu'il avait le même grand cœur que Jésus. Il aurait fait n'importe quoi pour que son auditoire revienne.

— Tenez-vous-en à la Bible, désormais, lui ordonna-t-il. Insistez sur le fait que la vie du croyant est faite de sacrifices et de pauvreté.

Papa le convainquit de le laisser au moins faire allusion au bouddhisme.

— Je m'en servirai comme concept pour amener les gens au christianisme, l'assura-t-il avant d'ajouter, pour répondre à ses doutes : Personne n'aime s'entendre dire que sa religion est mauvaise et stupide.

*

Les gens venaient à l'église mais personne ne voulait se convertir. Papa était plein de ressources. Inspiré par des

1. Ses origines divines lui octroient des pouvoirs surnaturels. Il peut ainsi bondir de l'Inde à Ceylan, repousser l'Himalaya, attraper les nuages, etc.

diseuses de bonne aventure, il recopia des dessins tirés de la Bible sur des cartes avec lesquelles il jouait avec les gens. La récompense pour ceux qui rejoindraient l'église et obéiraient à Dieu, c'étaient de bonnes récoltes, des fils et une longue vie. Pour ce qui était du châtiment, il décrivait des scènes inspirées de l'enfer chinois, où les hommes et les femmes étaient déchiquetés et jetés en pâture aux bêtes.

Perle éclatait de rire quand il troquait les noms des dieux chinois contre des saints chrétiens. Guanyin, par exemple, devenait Marie[1].

— Absalom va lui arracher la tête quand il l'apprendra, dit-elle.

Je voulus savoir si son père lui manquait quand il était absent et elle me répondit que non.

— Je ne le connais pas assez pour qu'il me manque.

Elle adorait papa, qu'elle trouvait drôle et plein d'idées, tout particulièrement les énigmes et les couplets de Nouvel An de son invention. Il inscrivait des phrases de la Bible sur des baguettes qu'il demandait de tirer, comme dans le temple bouddhiste, où les baguettes divinatoires faisaient partie du culte.

Absalom ne cessait de se plaindre et il menaça même de renvoyer papa. Il était quand même impressionné par ses résultats : il y avait de plus en plus de monde à l'église de Chinkiang et elle était connue dans toute la province. En revanche, il n'y avait toujours pas assez de convertis.

*

Nos pères nous avaient dit, à Perle et moi, d'influencer nos camarades. Je ne me sentais pas à l'aise à l'idée de parler d'un

---

1. Familièrement appelée « madame Bouddha », elle se manifeste sous toutes les formes possibles dès qu'un être a besoin de son secours : les femmes sans enfants nécessitant une protection se tournent vers elle, par exemple.

Dieu étranger et elle partageait mes sentiments. Nous achetions nos amis avec de la nourriture en leur faisant promettre de venir à l'église le dimanche. Malheureusement, une fois que les enfants connaissaient trop bien les histoires que papa tirait de la Bible, ils en voulaient d'autres, sinon ils ne viendraient plus. Entre-temps, le printemps arriva, et les journaliers quittèrent leurs foyers pour aller travailler dans les champs.

Papa craignait que le nombre de fidèles n'ait baissé quand Absalom reviendrait de sa prochaine tournée. Il ne voulait pas perdre son travail et, toutes les nuits, il faisait de son mieux pour rafraîchir les histoires de la Bible.

Pendant plusieurs dimanches, assises au fond de l'église, nous l'avons écouté parler à une salle quasiment vide. Perle ne semblait pas s'en inquiéter et continuait à enfouir son visage dans ses livres.

Je me demandais ce que nous ferions si mon père perdait son travail. La maladie de NaiNai avait empiré durant l'hiver. Les médicaments ne faisaient plus effet. Elle refusait d'appeler le médecin par crainte de s'endetter encore plus. Les larmes me venaient aux yeux à la seule idée de la perdre. Comme je relevais le menton pour les repousser, je remarquai quelque chose de bizarre au plafond de l'église : les poutres étaient couvertes de taches brunes. Je montrai à Perle ce que j'avais vu et elle me demanda si ce n'était pas des bêtes.

Les jours suivants, nous avons observé plus attentivement. Les bêtes ne bougeaient pas. Une semaine plus tard, nous avons constaté qu'elles avaient gonflé et s'étaient transformées en feuilles vertes.

— Les feuilles ont encore grandi !

Nous nous regardions, tout excitées.

En une semaine, les feuilles vertes occupèrent tout un coin du plafond, puis elles s'étendirent vers les fenêtres et le haut des portes. Nous avons appelé nos amies pour qu'elles viennent voir, et elles sont toutes venues. Ensuite, elles sont rentrées chez elle et ont parlé à leurs parents du miracle vert au plafond de l'église.

Plus tard, nous avons appris que tout ce vert était des pousses de saule. Les poutres avaient été faites dans des troncs de saule. Même rabotés, la chaleur du printemps les avait ramenés à la vie.

La nouvelle que le Dieu étranger donnait des preuves de son existence ramena tout le monde à l'église. Papa disait que le plafond était le Jardin de Dieu. L'église était bondée le jour où Absalom revint. Les poutres de saule s'épanouissaient et à présent les pousses mesuraient bien deux mètres de long. Avec le vent qui passait par la fenêtre, les feuilles frémissaient comme les manches des danseuses.

Absalom était à ses côtés quand papa lut l'*Apocalypse de Jean*. L'assistance l'écoutait tout en admirant le miracle de Dieu. Abeilles, papillons et oiseaux entraient et sortaient de l'église pour le plus grand bonheur des petits enfants.

5

UNE TROUPE D'OPÉRA DÉBARQUA. Elle avait pour nom « Les fleurs de Wan-Wan » et avait prévu de jouer *La Légende des amants papillons* pour la fête de la lune de printemps. Perle et moi, nous ne nous sommes plus senties de joie dès l'instant où nous avons appris la nouvelle. Elle supplia sa mère de la laisser aller avec moi et NaiNai, qui disait que c'était le dernier spectacle qu'elle voulait voir avant de mourir.

Nous nous habillâmes pour la représentation. Je portais une tunique en coton à fleurs bleue et Perle, une robe de soie mauve brodée de papillons roses. Elle dissimula soigneusement ses cheveux bouclés sous son bonnet tricoté. De dos, on nous aurait prises pour des sœurs jumelles. Nous avons confectionné des colliers avec des boutons de jasmin. Main dans la main, nous sommes descendues vers la rivière où la représentation devait avoir lieu.

La scène était dressée au bord de l'eau. Le décor représentait un temple abandonné et quatre colonnes. Les spectateurs arrivèrent au coucher du soleil. Certains venaient en bateau, d'autres regardaient du haut des toits. Il y en avait même quelques-uns au flanc de la colline voisine. Nous encadrions NaiNai pour nous frayer un chemin dans la foule. Nous nous installâmes près de la scène. Ma grand-mère nous tendit des graines de soja rôties que nous grignotâmes en attendant l'ouverture du rideau.

Des tambours retentirent enfin et nos cœurs firent des bonds. Comme la foule, nous nous mîmes à crier : « Wan-Wan ! Wan-Wan ! »

Le rideau s'écarta et les figurantes entrèrent. Le chœur présenta l'histoire. Un peu plus tard, les actrices apparurent. La vedette chargée de jouer le beau Liang, l'amant, était une jeune fille. Elle portait un maquillage assez appuyé et était vêtue d'un splendide costume couleur de soleil orné de longues perles de jade. Sa voix avait ce que les amateurs d'opéra appelaient une teinte cuivrée, la qualité suprême pour une voix juvénile. Son air arracha à NaiNai des larmes de bonheur.

Mes yeux ne quittèrent pas Liang un seul instant. Son amoureuse, Yin-tai, était d'une beauté suprême. L'actrice arborait un costume de soie rose à manches longues et se mouvait comme une déesse descendue du ciel. Elle manquait peut-être parfois de souffle, mais sa voix était très douce.

Il commençait à faire nuit et la scène était vivement éclairée par des lanternes. Devant nos yeux, l'histoire d'amour se déroulait. Les amants proclamaient leur passion et luttaient contre des forces féodales. Nous nous mîmes toutes les deux à pleurer : ils avaient préféré mourir qu'affronter la brutalité de la société.

Plus tard, Perle me confia avoir appris la version chinoise de *Roméo et Juliette* avant même de connaître le nom de Shakespeare.

Les amants morts revenaient à la vie sous forme de papillons et se retrouvaient pour vivre éternellement heureux. La tragédie finissait bien. Déployant leurs ailes géantes, les amants dansaient et chantaient :

Des songes m'ont visité :
J'errais, pour finalement arriver là où tu étais.
Nous nous sommes assis sous le porche
Et tu as chanté ce vieil air si doux.
Puis je me suis éveillé,
Sans personne auprès de moi.
L'éclat de la lune
Sur des pétales morts
M'a fait croire que tu t'en étais allée.

Après la représentation, nous raccompagnâmes NaiNai. Puis Perle et moi revînmes vers la scène et nous attendîmes à la sortie dans l'espoir d'entrevoir les actrices. Nous étions fascinées de savoir que toute la troupe était féminine. Une femme chauve à tête de tortue était chargée des filles. Elle avait tenu le rôle du méchant riche dans l'opéra. Perle reconnut la chanteuse qui tenait le rôle de Liang ainsi que sa partenaire, la jeune fille qui jouait Yin-tai. Sans maquillage ni costume, elle semblait toute frêle. Elle alla s'asseoir sur un tabouret et s'appuya la tête au mur. Elle était pâle et semblait malade. Liang l'aida à ôter ses bottes puis plia les costumes et les rangea dans des coffres.

Nous apprîmes que la troupe vivait dans deux bateaux amarrés plus en aval. On jetait là les ordures et les excréments. Cela sentait mauvais mais nous n'avons pas voulu partir jusqu'à ce que la femme à tête de tortue menace d'appeler nos parents.

Perle et moi parlâmes de l'opéra sur le chemin du retour. Nous en chantions l'air principal et dansions comme les papillons en battant des bras.

Nous nous sommes retrouvées le lendemain après-midi et nous avons rendu visite à la troupe avant son départ pour une autre ville. Nous avons alors vu une chose à laquelle nous ne nous attendions pas : les filles étaient contraintes de répéter leurs numéros d'acrobatie sur le pavé de la rue. Nous pensions que nous avions de la chance de ne pas avoir été vendues par nos parents.

Nous trouvâmes enfin Liang, occupée à laver des vêtements dans un seau.

Perle se présenta et lui fit part de notre admiration.

Liang hocha gravement la tête avant de baisser les yeux. Nous vîmes des larmes couler sur ses joues.

— Que s'est-il passé ? Où est ton amie, Yin-tai ?

— Elle est malade.

— Elle est peut-être tout simplement fatiguée, dit Perle pour la réconforter. Qu'elle se repose un jour ou deux et elle ira mieux.

— Non, il n'y a pas d'espoir.

— Qu'est-ce que tu veux dire ?

— Elle se meurt de tuberculose.

L'actrice éclata en sanglots et sortit du seau les vêtements qu'elle lavait pour nous montrer une tache de sang.

Perle et moi ne savions que faire.

— Elle n'est pas censée jouer ce soir ? demandâmes-nous.

— La représentation vient d'être annulée, dit l'actrice en sanglotant de plus belle. Le docteur dit qu'elle ne passera pas la nuit.

Nous ne trouvions plus rien à dire.

*

La belle actrice est morte. N'ayant pas de quoi lui offrir un enterrement digne de ce nom, la femme à tête de tortue jeta son corps dans la rivière. Comme elle avait été vendue très jeune dans une troupe, ses parents et sa famille ne furent pas mis au courant de sa mort. Perle raconta à Carie ce qui s'était passé puis elle alla chercher Absalom et papa. Ils se rendirent près de l'eau et ramenèrent le corps sur la rive avant de procéder à une cérémonie toute simple ; puis l'actrice fut inhumée derrière la vieille église. NaiNai, Wang Ah-ma et Lilas firent la toilette funèbre de la jeune fille et lui mirent la robe que j'avais portée à l'opéra. Je fus heureuse de voir qu'elle lui allait parfaitement.

Liang vint pour les adieux. Elle était ravagée par le chagrin. Un instant, mon esprit revint à la scène où l'amant exprimait son amour éternel à son amoureuse qui se mourait.

Perle n'arrêtait pas de pleurer. Quelques semaines plus tard, elle alla chercher une réponse auprès d'Absalom.

— Pourquoi est-ce que Dieu n'a rien fait ?

Il lui expliqua qu'il fallait mettre du sien pour gagner la protection divine.

Toujours aussi triste, elle alla trouver NaiNai qui la conduisit au temple bouddhiste et lui demanda de lire un chapitre tiré des Saintes Écritures. Le titre en était *Les Morts célestes et le Cercle de la Vie*. Nous avons fait brûler de l'encens et prié pour l'âme de l'actrice.

— J'apprends ce qui est joyeux autant que ce qui est terrible, dit Perle comme si elle se parlait à elle-même. J'accepte la notion bouddhiste pour laquelle tout ce qui est vrai est beau.

*

La dysenterie prit de nombreuses vies au cours de l'année du Tigre. NaiNai était au nombre des malades. Le docteur du village refusa de laisser Absalom et Carie la soigner avec leur médecine occidentale. Il prétendait que cela nuirait à l'effet causé par les plantes chinoises qu'il lui prescrivait.

Papa dépensa toutes ses économies. Ma grand-mère allait de plus en plus mal. J'étais avec Perle sur la colline quand une voisine vint me dire qu'elle allait bientôt s'éteindre. Elle était quasiment inconsciente quand j'arrivai à son chevet.

— Carie…, ne cessait-elle d'appeler.

Je sortis en courant de la maison et allai trouver Carie. Sans un mot, elle prit sa boîte à médicaments et me suivit.

— Ma mère est possédée par des esprits mauvais, la prévint papa, pris de panique. Si vous la touchez, le malheur s'abattra sur votre toit.

— Quelle honte que mon mari vous ait converti ! fit-elle, dégoûtée. Quand on vous entend, on ne croirait pas que vous êtes chrétien. Écartez-vous, dit-elle en ouvrant sa boîte à médicaments.

Elle prit une aiguille et un tube pour faire une piqûre à NaiNai.

— Cette dose suffira. Appelez-moi si ce n'est pas le cas. Je vais prévenir le médecin de l'ambassade.

Vers minuit, ma grand-mère réclama de l'eau et au lever du soleil, elle dit qu'elle avait faim.

Alors que papa tombait à genoux pour exprimer toute sa gratitude à Carie, Absalom rappela que NaiNai était encore vivante par la seule volonté de Dieu.

— Ma femme n'a rien à voir là-dedans, insista-t-il. Dieu a répondu à la prière collective des membres de l'église.

Papa était peut-être un faux chrétien, mais il changea du tout au tout en cet instant. NaiNai en fit autant et dit officiellement au revoir à la petite statue de Bouddha placée dans sa chambre. Elle la remplaça par une statuette en terre cuite du Christ, un cadeau du prédicateur.

Certaines choses ne changèrent pas toutefois. Dans le Ciel chrétien de NaiNai, les anges prenaient la forme de fleurs de pêcher, de papillons et d'oiseaux-mouches. Dieu en personne vivait dans un paysage chinois où les lacs reflétaient les nuages et où bambous et pins couvraient les montagnes. Ce qui nous amusait le plus, c'était de voir le Dieu chrétien de NaiNai voyager à dos de buffle ou sur une grue quand les distances étaient trop grandes.

*

Nous avions douze ans et Perle connaissait pratiquement tout le monde à Chinkiang. Notre préféré était le vendeur de pop-corn qui venait dans notre ville la première semaine de chaque mois. Cet homme parlait un dialecte du nord et sa peau avait la couleur du charbon. La poussière gonflait ses cheveux et il portait toujours les mêmes habits de toile, rapiécés en permanence au fil des années. Même s'il ne souriait jamais, on n'aurait pu trouver bonhomme plus sympathique. Son nez en forme d'éventail était tout le temps recouvert de poussier. Il allait de village en village avec sa petite carriole.

La carriole en question transportait un fourneau en fer en forme de canon. Sous la cheminée, il y avait une petite caisse en boîtes de conserve et en dessous de celle-ci, un soufflet en bois relié par un tuyau en aluminium. Un cageot de petit bois était posé à côté et dessus il y avait un sac en coton. Nous étions tout excitées quand le bonhomme commençait à chauffer son canon. Nous regardions les flammes s'élever très haut mais nous nous tenions quand même à distance parce que des adultes nous avaient prévenues que le canon risquait d'exploser.

Perle et moi regardions pendant des heures le vendeur de pop-corn. Il faisait tourner le canon de sa main gauche et actionnait le soufflet de la droite. Il n'avait pas besoin de montre pour savoir que le moment était venu de faire éclater les grains de maïs. Quand il sentait que la température était bonne, il prenait le sac en coton et en recouvrait le canon. Avec un tube en fer, il l'ouvrait en faisant levier. Il y avait alors un bruit d'explosion, celui que les enfants attendaient tous.

— Pop ! criait le bonhomme juste avant l'explosion.

Les plus petits se bouchaient les oreilles et certains fermaient les yeux, mais nous aimions beaucoup le bruit de l'explosion. Ensuite, s'élevait une odeur délicieuse. Le sac en coton était instantanément plein. Je ne sais s'il s'agissait de magie à l'état pur, mais une boîte de maïs ou de blé pouvait donner plusieurs fois son volume original.

*

Nous étions folles de joie le jour où Carie avait enfin accepté de nous donner une boîte de maïs séché. Il faisait presque nuit et le vendeur de pop-corn était parti, mais nous l'avons rattrapé et supplié de nous faire du pop-corn. Le bonhomme secoua la tête en disant que son four était éteint. Nous avons continué de le supplier en lui proposant de l'aider.

Il a finalement accepté. Je m'occupai du canon pendant que Perle actionnait le soufflet. Les flammes brillaient. Mon amie ne cessait de regarder le vendeur de pop-corn, elle ne voulait pas que le canon explose. Une dizaine de minutes plus tard, le grand moment arriva. Le bonhomme reprit les choses en main.

Nous entendîmes le formidable bruit de l'explosion. C'était comme si nous étions devenues sourdes.

Cette nuit-là, le pop-corn fut encore meilleur que les autres fois.

Nous ne pensions plus qu'à suivre le vendeur de pop-corn. Nous nous comportions comme deux idiotes, disait Carie. La jarre où elle conservait le riz était devenue notre cible. Très vite, elle découvrit que nous entamions peu à peu ses réserves. Et quand le vendeur revint, elle alla le trouver. Elle le traita d'escroc. Sa voix d'opéra se fit entendre dans toute la ville. Elle le saisit par le bras et lui demanda de partir.

Nous étions plutôt embarrassées. Nous cherchions à la retenir pendant que le bonhomme ramassait ses affaires.

— Ne reviens plus jamais voler mes enfants ! hurlait-elle en brandissant le poing.

Le bonhomme disparut avec sa carriole.

Nous avons été tristes pendant des jours. Nous n'arrivions pas à oublier le vendeur de pop-corn et nous nous sentions coupables d'avoir nui à ses affaires.

6

ABSALOM AVAIT TRAVAILLÉ DUR pour convertir le charpentier Chan, un nouveau venu en ville. Il avait seize ans et était originaire de Canton. Il boitillait légèrement. Il raconta qu'il avait été frappé par son ancien employeur. Il n'avait ni travail ni maison et était endetté. Absalom le prit sous son aile et l'engagea pour construire son église, en échange de quoi il lui donnerait un toit et à manger. Il savait exactement quel type d'église il voulait. Il avait un projet et avait déjà acheté la terre, un lot bien nivelé dans la rue principale, pas loin du marché.

L'entêtement de Chan et son idée du style si particulière le surprirent. L'homme était intelligent mais incapable de suivre le plan d'Absalom parce qu'il le trouvait affreux. Il avait toujours construit des temples chinois et il était fier de son art. Ses ancêtres avaient participé à la construction de la Cité interdite pour l'Empereur. Sa spécialité était le *teou-kong*, la structure en bois entrecroisée traditionnelle. Il était frustré de ne pas avoir l'occasion de mettre son talent à profit et saisissait toute occasion pour le convaincre de modifier ses plans.

— La plus belle architecture chinoise fait toujours appel au *teou-kong*, lui disait-il. Il marque la puissance, la richesse et la noblesse.

— Je n'en ai nul besoin, répondait Absalom, bien déterminé. L'église est un lieu où les âmes se rassemblent sous le regard de Dieu. Aucune âme n'est supérieure ou inférieure à une autre. Au lieu de pouvoir, de richesse et de noblesse, je voudrais que tu montres la simplicité, l'humilité et la chaleur.

Il souhaitait que sa nouvelle église suive un plan occidental, qu'elle soit accueillante plutôt qu'intimidante.

— Pourquoi ne me laissez-vous pas offrir à Jésus ce que je fais de mieux ? dit Chan, embarrassé. Je devrais lui construire un temple au lieu d'une maison.

Les deux hommes luttèrent pied à pied. Le charpentier était poli et docile, mais dès que l'autre avait le dos tourné, il faisait ce qu'on lui avait interdit.

Absalom le menaça de le renvoyer et exigea de faire changer toutes les fenêtres.

— Je veux que les encadrements soient plus étroits et qu'ils se terminent en pointe, ordonna-t-il à Chan et à son équipe. Ou je vous chasse, tous tant que vous êtes !

Le charpentier finit par céder. Pour lui, cette façade de pierre brute était une insulte à sa réputation.

Absalom parla quant à lui de chef-d'œuvre et le félicita de son habileté.

Quand Chan s'attaqua à l'intérieur, il invita ses amis, les sculpteurs et les artistes locaux, à lui donner des idées.

— Je comprends que vous êtes des maîtres quand il s'agit de représenter les dieux chinois, leur lança Absalom en guise d'invitation, mais je ne veux pas que mon « Jésus de l'entrée » ressemble à votre Madame Bouddha. Je vous interdis de donner à Jésus une expression vicieuse comme les dieux de la porte chinois. Ne montrez pas ses dents. Quant à mon « Jésus en adoration » de l'autel, je refuse qu'il ressemble au dieu de la cuisine. Le ciel m'en préserve, que Jésus n'ait pas l'air d'un poussah !

Jésus lui fut présenté, et il avait un ventre de Bouddha.

— Aucun Chinois n'adorerait un Dieu qui ait l'air aussi maigre qu'un coolie, l'avertit papa.

Absalom était contrarié. Il prit un racloir et gratta tout seul les bourrelets de graisse du ventre de Jésus.

*

Un dimanche, à l'église, le charpentier rencontra Lilas, la femme aux œufs, et il en tomba immédiatement amoureux. Elle l'aimait bien mais son boitillement la dérangeait. Sachant qu'elle s'était déjà convertie au christianisme, il en fit de même pour lui plaire. Cela rendit papa heureux parce qu'il pouvait inscrire un nouveau nom dans son registre. Entre-temps, Absalom se lança dans un futur projet : fonder une école. Chan fut engagé pour construire une annexe derrière l'église.

Papa s'occupa de trouver des fonds. Absalom était impressionné par son efficacité et son enthousiasme mais en même temps irrité par ses méthodes. Papa disait aux hommes d'affaires qu'une occasion de bien investir s'offrait à eux : Dieu les récompenserait en leur accordant fortune et prospérité.

À son nez et à sa barbe, papa gonflait le nombre des personnes venant à l'église. Il s'enhardit. Il faisait passer les simples curieux pour des fidèles et distribuait davantage de nourriture pour attirer les mendiants des villages voisins.

— Vous voyez ce paillasson sur lequel vous avez marché en entrant dans l'église ? lançait papa qui commençait toujours ses sermons par la même phrase. Eh bien, Saule, ma fille, a tenté de le voler avant d'être sauvée par Dieu. Oui, ce même Dieu qui changera votre vie, à vous aussi.

*

Perle refusait de me dire ce qui la tracassait. NaiNai soupçonnait que cela allait mal dans sa famille.

— Absalom a de gros ennuis, dit un jour papa en rentrant. Le siège de la société chrétienne en Amérique fait une enquête sur lui.

— Qu'est-ce qu'il a fait ? demanda NaiNai.

— On le soupçonne de tricher.

— À propos de quoi ? demandai-je.

— Du nombre de conversions, fit-il en soupirant.

Nous fîmes silence. Nous savions que c'était lui, le coupable.

— Tu devrais peut-être prendre sa défense, non ? suggéra ma grand-mère.

— Oui, mais il ne sait pas exactement ce que j'ai fait. Il croit tant à mon travail qu'il a recommandé aux enquêteurs de s'adresser directement à moi.

— Oh non ! m'écriai-je, car j'avais peur pour papa.

— Tu vas le faire condamner, dit NaiNai en secouant la tête.

À la lumière des bougies, les yeux en amande de papa n'étaient plus que des fentes. Il soupira plusieurs fois.

— Comment as-tu pu agir ainsi ? dit NaiNai qui essuyait ses larmes.

— Je voulais seulement lui rendre service, répondit papa en baissant la tête. La moitié des gens que j'ai aidés à se convertir le sont réellement.

— En tout cas, il pourra compter sur moi. Mon fils, je veux que tu prennes les choses en main.

Papa fit du porte à porte pour aller parler aux convertis.

— Nous devons nous préparer à protéger maître Absalom, les pressait-il après leur avoir touché deux mots de l'enquête. Agissez en vrais chrétiens quand on vous interrogera. Faites de votre mieux pour vous rappeler les points importants comme « Jésus a noyé la faute de l'homme dans les profondeurs du Jourdain », ou « Jésus a entamé ses activités publiques en entrant dans la maison des pécheurs ».

Papa ne laissait pas les gens dormir tant qu'ils ne lui donnaient pas les bonnes réponses. Sur le coup de minuit, tout le monde était épuisé. Ils continuaient à lui répondre de travers.

— Qu'a dit Jésus aux marins en reprenant les paroles de Jonas ? insistait-il.

— Je ne sais plus.

— *Prenez-moi, jetez-moi dans la mer !* leur hurla-t-il avant de continuer : Et le mot *baptême*, qu'est-ce qu'il représentait pour Jésus ?

— Sa mort ! lançaient les gens. La propre mort de Jésus !

*

Perle arriva le lendemain matin.

— Absalom a été renvoyé.

— Ce n'est pas possible ! s'écria NaiNai.

— Un nouveau ministre arrive pour remplacer père, dit Perle en éclatant en sanglots.

Papa était scandalisé.

— Comment va ta mère ? lui demanda NaiNai.

— Elle est bouleversée. Elle m'a dit que père allait perdre son salaire.

Perle mit un certain temps à nous faire comprendre ce qui s'était passé. Absalom n'avait jamais prêté grande attention à ses comptes. Papa l'avait convaincu qu'il tenait un grand registre ; hélas, le prédicateur fut bien en peine de le montrer. Papa avait dépensé tout l'argent de l'église sans prendre la peine de noter quoi que ce soit. Absalom lui avait appris qu'il en avait le droit tant que l'argent était au service de Dieu. Pour mieux augmenter le nombre de convertis, papa avait accordé la majeure partie des sommes aux familles dont les maisons avaient été détruites par les orages et les inondations.

— Est-ce que ta famille va mourir de faim ? demandai-je à Perle.

— Je n'en sais rien, répondit-elle. Mère a déjà dit aux servantes qu'elle ne pourrait peut-être pas les garder.

— La ville ne laissera mourir ni son pasteur ni sa famille,

déclara NaiNai. Dis à ta mère que je vous invite à emménager chez nous.

Au cours des semaines suivantes, la ville de Chinkiang s'unit pour défendre Absalom. L'enquêteur chrétien accusa papa d'être un homme corrompu au passé de voleur. Il lui répondit en disant que Dieu avait régénéré l'âme de papa.

— Depuis sa conversion, monsieur Yee est un chrétien modèle pour toute la communauté.

Absalom reconnut que son travail pouvait s'améliorer mais il refusa d'admettre avoir mal employé l'argent de l'église.

*

Le nouveau pasteur arriva d'Amérique par bateau. Ce jeune homme aux cheveux rouquins avait une petite tête et un visage tout blanc. Si Absalom était un lion, lui était une chèvre. Il refusa de discuter avec papa qui tentait pourtant de négocier.

— Dieu n'est pas un maquignon, lui dit sèchement le nouveau pasteur.

Le dimanche suivant, pendant le service religieux, papa tendit une pétition au nouveau pasteur. Elle était signée de tous les habitants de Chinkiang et demandait le rétablissement d'Absalom, sinon tous les membres de l'église s'en iraient.

Le jeune pasteur n'en croyait pas ses yeux. Quand il évita le sujet et se lança dans sa prédication, tout le monde se leva et sortit. Les enfants s'agglutinèrent autour de lui.

— Absalom ! Rends-nous Absalom ! lui criaient-ils.

Le jeune homme reprit le même bateau et rentra en Amérique. Il ne revint jamais.

Avant la fin du mois, Absalom fut réinstallé dans ses fonctions.

Une messe d'action de grâces fut dite à l'église. Les dons débordaient du tronc. Il se vit également demander de procéder au mariage entre Chan et Lilas. Dans l'année, des jumeaux naquirent. Les jeunes parents demandèrent à papa de réfléchir à des noms pour les deux garçons. Après en avoir discuté avec Absalom, il les appela Double-Chance David et Double-Chance John[1].

*

La ville de Chinkiang fut paisible jusqu'au jour où Chan eut des problèmes avec un puissant seigneur de la guerre.

Même s'il n'avait qu'une vingtaine d'années, ce personnage était connu aux abords du Yangtsé. Tout le monde l'appelait l'empereur Pécore. Ses territoires incluaient la plupart des canaux de la province du Jiangsu. Il avait deux alliés, que les gens du coin avaient surnommés le général Crabe et le général Langouste. Jusqu'à ce jour, leurs principaux ennemis étaient les autres seigneurs de la guerre.

Tout a commencé quand il est arrivé en ville et a jeté son dévolu sur Lilas. Il a prétendu que Chan lui avait volé sa maîtresse. Les deux hommes se sont battus et Pécore a juré de se venger.

Questionnée par papa, Lilas dut avouer la vérité. Elle avait eu une aventure d'une nuit avec le seigneur de la guerre et accepté d'être sa concubine avant de rencontrer le charpentier.

— Absalom connaissait mon histoire, dit-elle à papa. Il m'a assuré que Dieu me pardonnerait et nous protègerait tant que nous verrions dans Jésus notre sauveur ! Je croyais mes ennuis terminés.

Papa réconforta Lilas et Chan en leur disant de mettre leur confiance en Dieu.

L'empereur Pécore revint le lendemain avec ses hommes.

1. En chinois, le prénom n'est pas double (comme en français Jean-Luc, par exemple) mais en deux parties. La première est identique chez tous les enfants d'une même fratrie. Ainsi trois sœurs peuvent s'appeler Sock-tsin, Sock-yin et Sock-chang.

Absalom était parti prêcher dans les environs. L'empereur donna à papa trois jours pour lui amener le couple.

Pris de panique, papa envoya un messager le trouver.

Perle et moi sommes allées rendre visite à Lilas et au charpentier qui s'étaient cachés derrière l'église. Certains de ne pas survivre, ils se serraient l'un contre l'autre en sanglotant. Perle eut une idée quand elle apprit que Pécore était extrêmement superstitieux.

— Il y a un personnage de ce genre dans *Au bord de l'eau*, dit Perle à Chan. Je t'en prie, dis-moi quels dieux il adore.

— Pécore s'incline devant toutes sortes de dieux et d'esprits, lui expliqua Chan. Il demande à un maître de *ba-gua* de lui dire quoi faire avant de livrer combat[1]. Il brûle de l'encens et se prosterne non seulement devant Bouddha, mais aussi le dieu du soleil, la déesse de la lune, le dieu de la terre, le dieu de la guerre, le dieu de l'eau, le dieu du tonnerre, le dieu du vent et de la pluie et même le dieu des animaux. Il croit aux pouvoirs surnaturels et craint la vengeance des dieux, quels qu'ils soient.

*

L'ultimatum de trois jours était arrivé à son terme. L'empereur Pécore fit arrêter Lilas et le charpentier et convoqua le peuple. Il avait décidé de faire décapiter Chan.

Nous ne l'avions jamais vu d'aussi près. Il avait une paire de gros yeux de crapaud, une peau orange et des joues rebondies. Sa tête avait la forme d'une poire. Son uniforme marron foncé était en laine, avec de la dentelle à hauteur des épaules. Des médailles étaient épinglées sur sa poitrine. Sabre

1. Le *feng shui* est un art dont le but est d'harmoniser l'énergie d'un lieu de manière à favoriser la santé, le bien-être et la prospérité de ses occupants. Dans le *ba-gua*, principe issu du *feng shui*, chaque direction cardinale correspond à un des cinq éléments de l'univers (l'eau, le feu, le bois, la terre et le métal), une forme et une couleur appelée « remède », car elle permet de ramener l'énergie positive.

à la main, il se planta au milieu de la place. Une escouade l'accompagnait.

Nous nous sommes avancées vers Pécore. Perle tenait à la main un flacon plein d'encre diluée. Pour la première fois, elle ne portait pas son bonnet noir tricoté. Au soleil, ses cheveux blonds et bouclés ressemblaient à des feuilles d'automne.

Nul ne lui prêtait attention. Tous les regards étaient fixés sur l'empereur. Chan et Lilas étaient ligotés, les mains dans le dos. L'empereur annonça que le charpentier serait décapité.

Le bourreau fut appelé pour qu'il choisisse sa hache.

Lilas tomba à genoux et rampa vers son amant.

La foule supplia Pécore.

Papa et NaiNai implorèrent la clémence de Dieu.

Les soldats repoussèrent la foule.

— J'y vais, me dit Perle à l'oreille.

Elle prit le flacon et se versa l'encre noire diluée sur la tête.

— Un esprit courroucé ! me mis-je à hurler.

Faisant semblant d'être possédée par le mal, elle s'élança vers l'empereur Pécore, le visage dégoulinant d'encre.

— L'esprit veut se venger ! cria la foule. Du sang noir !

Perle tomba devant l'empereur Pécore. Elle agita les bras, battit des jambes et se recroquevilla sur elle-même comme si des esprits invisibles la torturaient.

— Que se passe-t-il ? demanda-t-il à haute voix. Qui es-tu ?

Elle continua à battre des pieds et à débiter une série de mots que personne ne comprit.

— Parle ! Qui es-tu, enfin ? fit-il, visiblement nerveux.

NaiNai se tourna vers lui.

— Vous devez avoir fait quelque chose de mal pour ainsi offenser les dieux, lui dit-elle.

Le seigneur de la guerre tomba à genoux devant Perle.

— Est-ce que je peux te venir en aide, esprit inconnu ? offrit-il d'une voix mal assurée.

— Je dois parler au responsable, murmura-t-elle d'une

voix rauque, les yeux bien fermés. Je dois parler au général en personne.

— Je suis le général, dit l'empereur Pécore en se redressant.

Perle se mit à parler en anglais.

— Qu'est-ce... qu'est-ce qu'elle raconte ? s'inquiéta-t-il. Quel dieu représentes-tu ? C'est à moi qu'elle parle ?

— Oui, dis-je au seigneur de la guerre en lui expliquant que je pouvais être son interprète.

— Que dit-elle ? fit-il en se tournant vers moi.

— Elle dit : « Le feu est à votre porte. »

— Le feu à ma porte ? Qu'est-ce que cela signifie ?

— Au nom du Saint-Esprit... poursuivit-elle.

— Le Saint-Esprit ? répéta l'empereur Pécore, paniqué. Mais explique-toi, je ne comprends pas !

— Vous voulez que j'arrête ? demandai-je.

— Bien sûr que non, continue !

— Eh bien, ses mots n'ont pas de sens.

— Fais de ton mieux pour qu'ils en aient !

L'air soucieux, je me penchai vers Perle.

— Oui... je t'ai entendue... Aller jusqu'à lui ? Toute la Judée ? Attends un instant, fis-je en me tournant vers le seigneur de la guerre. Voilà ce qu'elle a dit : « Tous les habitants de Jérusalem vont vers la rivière pour confesser leurs péchés... »

— Mais quel dieu est-ce là ? s'écria Pécore, déconcerté.

Je secouai la tête.

— Un dieu puissant, dit papa en tendant la main vers le ciel, peut-être même le Dieu véritable.

— Quel est son nom ? Dis-le-moi, je t'en prie, le supplia l'empereur.

— Ange, murmura Perle.

— Je n'ai jamais entendu parler d'un tel dieu, murmura-t-il. Est-il nouveau ?

— Il est très ancien, reprit-elle. Il est ici depuis le début des temps. Seuls les sages peuvent l'entendre. Et il est furieux contre vous.

— Que… qu'attend-il de moi ? fit l'empereur d'une toute petite voix.

Elle resta silencieuse.

— Le dieu ne veut plus vous parler, traduisis-je. Le dieu s'en va.

— Non, je t'en prie ! bredouilla l'empereur, terrorisé. Demande-lui pourquoi il est venu ici ! S'il est étranger, quel est son représentant en Chine ?

— J'ai été invitée par l'impératrice douairière de ton pays, commença-t-elle en chinois. J'ai été escortée en ce lieu par le ministre en chef impérial, monsieur Li Hung-chang.

Avant même qu'elle termine sa phrase, Pécore s'était jeté à ses genoux pour se prosterner à plusieurs reprises.

— Votre Majesté, je ne voulais pas vous offenser. Je… je mérite trois mille fois la mort ! Pardonnez-moi, je vous en supplie !

À nouveau, Perle ferma les yeux.

— Oh, ne me laissez pas, accordez-moi une chance… poursuivit l'empereur. Une dernière chance, Majesté, je vous en conjure !

— Libère le charpentier et sa dame, déclara-t-elle de sa voix impériale. Et quitte Chinkiang sur-le-champ.

— Oui, oui, Votre Majesté, je me retire, je m'en vais. Pitié, pitié…

*

— Il ne nous est plus possible de douter que Dieu a envoyé Perle pour vous sauver, dit Absalom à Chan et à Lilas. Ma fille n'est pas un ange mais elle est bonne chrétienne.

Un peu plus tard, elle me confia n'avoir pas apprécié les paroles de son père mais était tout de même heureuse que son stratagème ait marché.

— Je suis certaine que ton père t'aime, affirmai-je pour la réconforter.

— À dire vrai, fit-elle en secouant la tête, je suis jalouse de ceux qu'il baptise. Il offre son affection aux étrangers. Toi, NaiNai, ton père, Chan, Lilas et presque tout le monde en ville. Il n'en a jamais pour ses propres enfants. Il se montre toujours froid avec moi.

— Il t'aime, répétai-je.

— Je ne sens pas son amour. Ma mère ne le sent pas non plus. Il s'enferme dans son bureau pour que rien ne le distraie quand il est avec Dieu !

— Ton père est fier de toi, sinon il n'aurait pas dit que tu es une bonne chrétienne.

— Il se soucie tant des Chinois qu'il risquerait sa vie pour eux. En même temps, il pense que ce sont des sauvages et se sent supérieur à eux. Il aime convertir les gens. Il voudrait même tenter sa chance avec les seigneurs de la guerre.

— Il veut convertir l'empereur Pécore, le général Langouste et le général Crabe ? dis-je en riant.

— Oui, et puis aussi leurs femmes-poissons, leurs enfants-crevettes et leurs concubines-limaces !

— Impossible !

— Mais si, Dieu fait des miracles, ah, ah, ah !

— Papa croit le premier venu qui peut le sauver.

— Mon père est un imbécile et le tien, un escroc.

Nous éclatâmes de rire et chassâmes nos pères de nos pensées.

Nous marchâmes jusqu'aux abords de la ville. Il y avait un mariage, et nous nous joignîmes aux enfants qui y avaient été invités pour favoriser la fécondité du couple. On nous donna des noix et des graines à lancer. Le marié était un jeune paysan déjà ivre. Il voulut remercier ses invités mais au lieu de cela, il vomit. La mariée portait une tenue rouge vif brodée. Une étoffe de soie recouvrait son visage. Perle et moi admirions sa robe et sa parure de cheveux. Les musiciens entamèrent le chant nuptial et nous nous sommes jointes à eux.

PERLE DE CHINE

Bouddha est assis sur une feuille de lotus,
Ses beaux doigts pareils aux orchidées.
Le soleil se couche et la lune se lève,
Puisse ta vie connaître la sérénité.

Murs de boue et oreillers de paille,
Fruits, graines et fils nombreux,
Bonheur et longévité,
Puisses-tu avoir le printemps et toute sa beauté.

7

La révolte des Boxers ne toucha Chinkiang qu'au début du siècle[1]. Elle se répandait comme le feu. Des paysans de l'intérieur débarquaient, coiffés de turbans rouges. Ils croyaient que les étrangers détruisaient la Chine. Je n'avais pas l'impression que Perle et sa famille étaient des étrangers. Elle n'aimait pas les Occidentaux. Elle en avait vu fumer de l'opium dans notre ville, et elle avait critiqué les blancs et leur trafic. La colère des Boxers ne pouvait s'exercer contre elle.

Les temps avaient changé. Il y avait eu des incidents au cours desquels des missionnaires étrangers avaient été tués dans les provinces du nord. Carie s'assurait que sa fille était vêtue comme une Chinoise et portait toujours son bonnet tricoté.

Un jour, elle vint me trouver pour m'apprendre que sa mère avait envisagé leur départ.

---

1. Les Boxers, membres de la société secrète des Poings de la Justice et de la Concorde, pratiquaient le kung fu, ou « boxe chinoise », d'où leur nom. Hostile aux réformes et aux étrangers, leur mouvement sera repris par l'impératrice Tseu-hi et entraînera l'épisode dit des « 55 jours de Pékin » et la chute de la dynastie Qing en 1912.

— Elle dit qu'un bateau viendra et qu'il nous emmènera tous en Amérique.

J'étais effondrée. Je ne savais que répondre.

Elle paraissait complètement perdue.

— Mais… tu ne sais rien de l'Amérique ! m'écriai-je.

— Mère dit que c'est le pays auquel j'appartiens, fit-elle d'un ton neutre. Au moins, je ressemblerai à tout le monde. J'en ai assez de porter ce bonnet ridicule ! Je le brûlerai à l'instant même où j'arriverai là-bas.

— Mais tu m'as dit que tu ne connaissais personne…, insistai-je.

— Effectivement.

— Et tu vas quand même y aller ?

— Je n'ai pas envie de partir même si mère fait tout pour me rassurer.

— Quitter la Chine, c'est l'idée de Carie, pas la tienne !

Je m'efforçais de garder mon calme, mais je n'y parvenais pas. J'avais trop envie de pleurer.

— Tu ne retrouveras jamais une amie comme moi en Amérique !

— Peut-être, mais ce n'est pas ce que m'a dit mère.

— Elle se moque de toi, dis-je avec un rire mauvais. Tu serais bien idiote de la croire.

— Je ne pourrai pas rester si mère décide de partir.

Le départ fut le seul sujet que nous abordâmes au cours des semaines suivantes ; mais plus nous en parlions, plus le poids du destin nous semblait lourd. Nous courions dans les collines comme si rien n'allait se passer mais la réalité venait souvent se rappeler à nous. Par exemple, Wang Ah-ma s'effondra quand sa maîtresse lui dit de se préparer à la quitter. Chan et Lilas, enceinte, rendirent visite à papa et NaiNai pour leur parler des nouveaux meurtres d'étrangers.

Perle et moi avons appris que les partisans des Boxers étaient toujours plus nombreux. Ils exigeaient que le gouvernement impérial rejette les étrangers et leur interdise à tout jamais de faire du commerce en Chine. Quand ils ne recevaient pas de réponse de la part du gouvernement, ils attaquaient les banques et les habitations des Occidentaux et détruisaient les voies de chemin de fer. Les églises chrétiennes des environs étaient saccagées. Les missionnaires étaient tirés de leurs maisons et torturés en public. Quand ces nouvelles nous parvinrent, nous comprîmes que nos jours ensemble étaient comptés.

Perle se mit à parler de plus en plus souvent de son « vrai pays », l'Amérique, tandis que je me montrais cynique et irritable.

— Ton vrai pays ? Ta vraie maison ? ricanai-je. Je parie que tu ignores même où est la porte d'entrée.

Je lui demandai si elle connaissait le *feng shui* de sa maison américaine et fus satisfaite de voir qu'elle n'en savait rien.

— Ta maison est peut-être orientée dans la mauvaise direction. Le malheur s'abattra toujours sur toi !

— Si tu veux le savoir, je m'en fiche complètement que ma maison n'ait pas un bon *feng shui* ! dit-elle en prenant un caillou qu'elle lança au loin. Cette maison est celle de ma mère, pas la mienne !

— Tu vivras dedans. Tu seras seule et malheureuse, tu le sais très bien.

— J'aurai la compagnie de mes cousins ! répliqua-t-elle.

J'éclatai de rire et lui dis qu'ils connaissaient peut-être son nom mais qu'ils n'avaient pas la moindre idée de qui elle était et de ce qu'elle voulait.

— Ils s'en ficheront complètement, pour eux tu ne seras qu'une étrangère.

— Saule, arrête, s'il te plaît !

Nous nous assîmes en silence en essayant de ne pas pleurer.

*

Les nouvelles n'étaient pas bonnes. On avait vu les Boxers à Sou-Tcheou, à moins de cent cinquante kilomètres de

Chinkiang. Carie essayait de convaincre Absalom de s'éloigner provisoirement mais il ne voulait même pas y songer.

— Je n'abandonnerai pas l'œuvre de Dieu, répondait-il avec obstination.

Elle menaça de partir seule et d'emmener ses filles avec elle.

— Mère m'a dit que je devais apprendre à faire confiance à Dieu et à accepter ma destinée, dit Perle.

Nous nous tenions par la main, au sommet de la colline. Et nous regardâmes le soleil se coucher sans ajouter un mot.

J'avais l'impression de faire un cauchemar. J'imaginais la maison américaine de Perle. Selon elle, elle avait été bâtie par son grand-père. La description qu'elle m'en faisait reprenait mot pour mot celle de Carie. « Elle est vaste et blanche avec un double portique à piliers, et le paysage alentour est très beau. Derrière la maison, ce sont de riches plaines et de vertes montagnes… »

J'imaginais également les membres de la famille de Perle, avec leurs visages de lune. Ils la recevraient chaleureusement et l'embrasseraient comme s'ils la connaissaient depuis toujours. Ils lui diraient : « Comment vas-tu, ma chérie ? Cela fait si longtemps… » Elle serait entourée de draps propres et d'oreillers moelleux. On lui servirait toutes sortes de choses à manger, mais pas des choses qu'elle aime. Plus de plats chinois, naturellement. Plus de visages chinois, de mandarin ou d'histoires. Plus d'opéras chinois ni de *Jasmin, doux jasmin.*

— Je suppose que je m'y habituerai, dit-elle avec un profond soupir.

Elle serait contrainte de s'adapter. Elle n'avait pas le choix. Elle oublierait la Chine, et elle m'oublierait, moi.

*

— Peut-être qu'on ne se reconnaîtra plus si on se revoit un jour, me dit-elle pour me taquiner.

Je ne la trouvais pas très drôle mais j'entrai dans le jeu.

— Probable qu'on ne saura même plus comment on s'appelle.

— J'aurai peut-être perdu mon chinois.

— Sûrement.

— Mais peut-être que non, je ferai tout pour ne pas le perdre.

— Tu en auras certainement envie. Qu'est-ce que tu feras du chinois, en Amérique ? À qui pourrais-tu parler ? À Grâce ? Elle est trop petite. Vous ne jouez jamais ensemble, mais vous changerez peut-être une fois en Amérique. Tu n'auras pas le choix.

Elle tourna la tête et me regarda fixement. Des larmes naissaient dans ses grands yeux clairs.

— Tu vas boire du lait et manger du fromage, dis-je pour la dérider.

— Et je deviendrai une grosse fermière, répondit-elle. J'aurai le ventre comme un melon et les seins comme des courges.

Cela nous a fait rire.

— Moi aussi, je serai peut-être mariée, tu sais. NaiNai a déjà été contactée par des marieuses. Je pourrais me retrouver avec un vieillard riche et adipeux, je serais sa concubine. Ce sera peut-être un monstre qui me battra tous les soirs.

— Ce serait horrible, souffla-t-elle avec beaucoup de sérieux.

— Horrible ? Et alors ? Tu seras partie depuis longtemps.

— Je prierai pour toi, Saule, m'assura-t-elle en me prenant les mains.

— Tu sais bien que je n'y crois pas, dis-je en la repoussant. Tu n'as pas été capable de me prouver que ton Dieu existe !

— Eh bien, fais semblant, demanda-t-elle alors que ses larmes coulaient librement. J'ai besoin que tu croies en Lui.

Nous décidâmes d'arrêter de parler de son départ et de nous réjouir d'être ensemble au lieu de nous abandonner à la tristesse. Nous sommes allées voir une troupe de marionnettistes ambulants, « Le Grand Théâtre d'ombre ». Ils donnaient *Le Roi des singes ivrogne* et *Les Quatorze Héroïnes de la famille Yang*. Nous avons vécu un moment merveilleux. Perle était fascinée par les marionnettes, toutes taillées dans de la peau de buffle. Le directeur de la troupe venait du centre de la Chine. Il nous invita en coulisses et nous montra comment cela se passait. Caché sous un grand rideau, chaque acteur tenait un personnage monté sur quatre baguettes de bambou, susceptible de taper du pied, danser en rythme et s'adonner aux arts martiaux pendant que le marionnettiste chantait d'une voix suraiguë notre mélodie préférée.

*

Au début de l'automne, un jeu d'enfants fit fureur, « Boxers et étrangers ». Il suivait les règles traditionnelles des parties de cache-cache. Les garçons ne voulaient pas nous laisser jouer parce qu'on était des filles. Toute la journée, Perle et moi restions assises en haut de la colline à sucer des tiges de laiteron. On regardait les garçons avec envie. Un matin, elle vint me trouver avec des vêtements occidentaux empruntés à l'ambassadeur britannique. Il s'agissait d'une veste couleur beige avec des boutons de cuivre par-devant et un col ouvert. Les manches étaient larges à hauteur du coude mais serrées aux poignets. Le pantalon était en laine brune.

— L'habit de cheval de leur fille, m'expliqua-t-elle. Nous allons avoir notre propre partie de « Boxers et étrangers ». Tiens, voilà ton costume, fit-elle en me tendant une écharpe rouge vif. Noue-la autour de ta tête. Tu seras le Boxer et moi, l'étranger.

Pour être mieux dans son rôle, elle ôta son bonnet noir tricoté et laissa ses cheveux tomber jusqu'au creux de ses reins.

Je m'empressai d'enrouler l'écharpe autour de ma tête pour m'en faire un turban.

Armées de bâtons en guise de sabres, nous avons dévalé la colline en hurlant. Les garçons furent surpris par son allure.

— Sus au diable étranger ! criaient-ils.

Bientôt quelques enfants se joignirent à nous. Elle devint le chef des troupes étrangères et moi, celui des Boxers.

Nous lancions des pierres, nous courions dans les collines et nous nous cachions dans les broussailles. L'après-midi, mon groupe grimpa sur le toit des maisons pendant que Perle et les siens ouvraient les portes pour nous trouver. Nous avons couru dans les rues jusqu'à ce qu'il fasse nuit.

Quand il fut temps d'arrêter les Boxers, mon groupe laissa nos ennemis nous attacher les mains dans le dos. Nous nous sommes mis en ligne pour être fusillés. Elle nous tendit à chacun une coupe de vin imaginaire et nous l'avons bue avant d'exprimer nos dernières volontés. Ils ont fait feu et nous sommes tombés. Nous restâmes morts jusqu'à ce qu'elle annonce qu'il fallait maintenant attaquer les étrangers.

Mon groupe traqua alors celui de Perle et nous l'avons faite prisonnière. Nous avons ligoté les étrangers comme des saucisses et les avons exhibés dans les rues. Les habitants furent invités à assister à leur exécution. Perle s'amusait beaucoup à crier en anglais. D'abord choqués, les villageois applaudirent et rirent avec nous.

8

ABSALOM ANNONÇA LE DÉPART DE SA FAMILLE au cours du service dominical. « Dieu vaincra », tels furent ses mots d'adieu à la foule. Il promit de revenir dès que les siens seraient installés à Shanghai.

— Les singes s'égaillent quand l'arbre va tomber, déclara papa, soucieux.

Menés par leur pasteur, les convertis emballèrent les objets de valeur de l'église et les cachèrent dans leurs propres maisons. Le piano de Carie posait un gros problème. On voyait mal comment le dissimuler. Papa proposa d'aller demander de l'aide à l'empereur Pécore et à ses alliés. Les seigneurs de la guerre étaient des ennemis des Boxers.

La première chose que papa lui dit fut : « Le lapereau avisé creuse trois terriers. »

— À votre place, poursuivit-il, je ne raterais pas cette occasion de vous rapprocher du Dieu étranger.

Il leur raconta ensuite comment la flotte étrangère avait mis à mal la marine impériale.

Pécore prit le piano qu'il dissimula dans la maison de sa concubine.

Carie était soulagée. Elle remercia papa. Pour la dernière fois, elle tailla ses rosiers et balaya sa cour. Elle éclata en sanglots alors qu'elle arrosait ses plantes et elle s'assit dans la poussière.

Perle et moi échangeâmes des cadeaux d'adieu. Je lui offris un éventail en soie rose décoré de fleurs. Elle me donna une épingle à cheveux avec un phénix en argent. Elle partirait dans dix jours, plus tôt peut-être.

*

Je m'obligeai à dormir cette nuit-là, mais mes yeux restaient ouverts. Je n'arrêtais pas de me retourner dans mon lit. NaiNai me dit de l'oublier et de passer du temps en ville avec les autres filles. Les jours suivants, j'essayai, mais sans grand succès. Les enfants ne voulaient pas être mes amies. Depuis que j'allais à l'école de l'église, j'avais changé. Je n'aimais pas les filles de la ville, je les trouvais superficielles et étroites d'esprit. Je ne pouvais m'empêcher de les comparer à Perle qui était aimable, curieuse et cultivée. Elles se battaient pour manger ou pour conserver leur territoire, elles se battaient entre elles. Dans la même journée, elles pouvaient être les meilleures amies du monde et des ennemies jurées. Elles cherchaient souvent à qui elles pourraient s'en prendre, ensuite elles faisaient tout pour la tourmenter. Je les évitais parce que je savais qu'elles se serviraient du passé de papa et de NaiNai pour me faire du mal.

Contrairement aux petites paysannes, trop épuisées pour avoir des moments à elles, les filles de Chinkiang avaient beaucoup de temps libre. Leurs parents étaient souvent des boutiquiers. Elles faisaient semblant d'être des filles des grandes villes.

En vérité, elles ne connaissaient rien des métropoles comme Shanghai, où Carie avait vécu avant la naissance de Perle. Les filles de Chinkiang méprisaient les paysans. Elles se moquaient de leurs vêtements peu civilisés et oubliaient qu'elles n'en étaient pas très éloignées.

J'avais depuis longtemps accepté de passer pour différente à leurs yeux. Se crêper le chignon, très peu pour moi. En devenant l'amie de Perle, j'étais aussi devenue leur cible de prédilection. Elles étaient folles de voir qu'elle et moi étions si proches et elles nous regardaient avec envie et jalousie. Je ne pouvais entrer dans le cercle social des filles de la ville. J'avais peur de les entendre dire que j'avais été abandonnée.

Un après-midi, je jouais aux cartes avec certaines d'entre elles. Je ne songeais qu'à mon amie. Elle ne serait plus que quelques jours ici et je voulais être avec elle. Je m'efforçais de me concentrer sur mes cartes. Une fille tricha et je l'ai dénoncée. Elle a discuté et tout nié en bloc. Même si elle ne disait rien pour provoquer ma colère, je m'en pris à elle. J'ai arrêté de jouer et je l'ai traitée de menteuse. J'ai dévoilé toutes ses manigances. La fille ne savait plus quoi faire et elle a explosé. Personne n'a pu nous séparer avant l'arrivée de Perle.

Elle ne dit rien parce qu'elle savait que ce n'était pas dans mon caractère de me battre avec les autres. Elle était bien consciente que son départ me rendait triste. Elle passa doucement son mouchoir sur mon front pour nettoyer le sang. Ma joue gauche avait enflé à l'endroit où mon adversaire m'avait griffée avec ses ongles. Elle me regarda avec ses grands yeux bleus et soupira.

— Je n'ai pas besoin de toi ici, lui dis-je.

— Tu as mal ?

— Non.

— Ce n'est pas comme si on ne se verrait plus jamais, dit-elle d'une voix très douce.

— Quand ? lui demandai-je. Quand reviendras-tu ?

Elle fut incapable de me répondre.

*

Par une belle journée, la famille de Perle embarqua sur un vapeur qui descendait le Yangtsé. Les gens de la ville étaient sur le ponton pour les voir. Dans la foule, il y avait papa,

NaiNai, Chan, Lilas et leurs jumeaux, Double-Chance David, Double-Chance John, et aussi un nouveau-né. Absalom avait récemment baptisé le bébé et l'avait appelé Triple-Chance Salomon.

Il fit promettre à Chan de continuer à travailler à l'étage de la nouvelle école. *« Il apportera dans ses mains ce qui doit être offert par le feu à l'Éternel »*, lui dit-il en guise d'encouragement.

Le charpentier hocha la tête et lui donna sa parole.

Wang Ah-ma supplia Carie de l'emmener avec eux.

— Mon époux a tranché, lui dit-elle, en larmes. Tu dois aller ton chemin à présent. Nous n'avons plus d'argent pour te garder.

— Je travaillerai pour rien ! répondit la servante en portant le coin de son sarreau à sa bouche pour s'empêcher de crier. Je ne vous coûterai rien. Je n'ai personne et je ne sais pas où aller. Vous et vos enfants, vous êtes toute ma famille.

Les actrices de la troupe d'opéra de Wan-Wan vinrent à leur tour. Un certain nombre d'entre elles, même la femme à tête de tortue, étaient devenues chrétiennes à la suite d'Absalom. « Les comédiens voyagent, avait-il dit un jour à papa. Ils pourront diffuser l'Évangile. »

Les actrices souhaitèrent un bon voyage à la famille de Perle et chantèrent leur nouvel air, adapté de la Bible :

Bonté et compassion
Vous accompagneront, chaque jour de votre vie,
Et nous resterons ici, vos fidèles servantes,
Nous vivrons à tout jamais dans la maison du Seigneur.

Elle promit de revenir, mais elle et moi savions toutes deux que ce n'était qu'un vœu pieux. Les Boxers avançaient vers la côte et risquaient d'arriver bientôt à Shanghai. Carie ne s'arrêterait qu'en Amérique.

Nous avons essayé de trouver des mots d'adieu agréables, mais c'était impossible. Alors nous nous sommes dit au revoir et nous nous sommes enlacées en silence.

PERLE DE CHINE

Le vapeur s'est éloigné du ponton en dessinant de grandes rides dans l'eau.

J'agitais la main. Mes larmes coulaient.

Les rides disparurent. L'eau recouvra son calme.

Je demeurai sur le ponton vide et un poème de la dynastie Tang que Perle récitait souvent me vint à l'esprit :

> *Mon amie a quitté le Palais des Grues pour le sud, où mordent les poissons.*
> *Saule de brume à la dérive, pétales dispersés dans l'air,*
> *Son bateau disparaît à l'endroit où les vagues épousent la grande rivière,*
> *Et la lune claire veille sur la coupole du ciel.*
>
> *Oies sauvages, qui volez près des monts et des pavillons anciens,*
> *Savez-vous ce qu'est le sourire après la douceur du vin de sorgho ?*
> *Que des fleurs de chrysanthèmes ornent mes cheveux.*
> *Tirez les rideaux de bambou devant les fenêtres et rêvez cette nuit.*

Deuxième partie

9

LE JOUR OÙ L'ON ME FIANÇA, j'avais quatorze ans. On ne me demanda pas mon avis. La marieuse de la ville avait dit à papa : « Un seul médicament réussira à rendre la santé à ta mère, la nouvelle du mariage de Saule. »

J'avais incroyablement besoin de Perle, mais nos existences avaient pris des directions différentes. Elle était entrée dans un collège religieux de Shanghai. Sa vie était à un monde de la mienne.

« Shanghai est comme un pays étranger, m'écrivait-elle. Les forces militaires internationales ont repoussé les Boxers. Mon père attend que les choses se calment pour revenir à Chinkiang. En ce moment, il traduit le Nouveau Testament. La nuit, il lit tout haut le texte grec original et la théologie paulinienne. Il s'exerce aussi aux intonations chinoises. Mère est tombée malade. Son jardin de Chinkiang lui manque. »

Je lui répondis, mais j'avais trop honte d'avouer à mon amie que je serais bientôt mariée à un homme ayant deux fois mon âge. Je me sentais impuissante, au bord du désespoir. Les lettres de Perle me montraient qu'il existait d'autres façons de vivre, si seulement je pouvais m'enfuir. Je comprenais à présent pourquoi j'aimais tant *La Légende des amants papillons*. Cet opéra aidait mon imagination à prendre son envol. Dans mes rêveries, j'échappais à la vie que je menais pour vivre celle d'une héroïne.

Mon futur époux apportait une dot toujours plus considérable et moi, je me sentais de plus en plus mal. Papa et NaiNai n'avaient pas l'air de comprendre que je méritais mieux. Il se mettait en colère quand je le suppliais de m'envoyer à l'école à Shanghai. Ma grand-mère me disait que, pour une fille d'une petite ville, « plus elle songe au monde extérieur, plus elle se rend malheureuse ».

*

J'écrivis à Perle que sa petite maison avait été incendiée par les Boxers quand ils étaient entrés en ville. Pour préserver l'église, papa avait remplacé la statue de Jésus-Christ par un Bouddha. Il dit aux Boxers qu'il était bouddhiste et que l'église était son temple. Pour mieux faire croire à son mensonge, il s'était habillé en moine. Les convertis psalmodièrent des chants bouddhistes quand les Boxers inspectèrent les lieux. Ce ne fut pas très difficile parce que tous les convertis étaient d'anciens bouddhistes.

Papa supplia l'empereur Pécore de l'aider à protéger l'église.

— Le Dieu étranger vous récompensera, lui promit-il. Dieu vous réservera une place au Ciel. Vous retrouverez les défunts de votre famille au cours d'un banquet magnifique.

Ses stratagèmes firent long feu. Une fois que les Boxers eurent découvert que les « moines » étaient des convertis au christianisme, ils furent massacrés. Des actrices de l'opéra de Wan-Wan furent arrêtées en pleine représentation et tuées sous les yeux de papa.

Chan et Lilas étaient condamnés à être décapités. Ils s'enfuirent de justesse.

Papa fut le dernier converti à quitter la ville. Au matin du Nouvel An chinois, les Boxers l'ont arrêté. L'exécution publique devait avoir lieu à l'endroit même où Perle et moi avions assisté à *La Légende des amants papillons.*

Il supplia les Boxers de l'épargner et reconnut s'être comporté comme un imbécile.

Les Boxers rirent en disant qu'ils avaient besoin de montrer à tous que le Dieu chrétien était un imposteur.

— Si ton Dieu est bien réel, appelle-le parce qu'on va te pendre !

Papa tomba à genoux et cria : « Absalom ! »

S'il ne croyait pas en Dieu, du moins croyait-il en lui. Et quand une voix répondit à son appel, tout le monde fut abasourdi. Un homme de haute taille sauta à bas du bateau. C'était Absalom ! Il brandissait au-dessus de sa tête une feuille de papier. Derrière lui, venaient Pécore, Langouste et Crabe.

— Vieux maître, crièrent les convertis, au secours !

Les Boxers ne se démontèrent pas. Ils passèrent la corde au cou à papa.

— Arrêtez l'exécution ! dit Absalom en se plantant devant les Boxers. Voilà une copie du décret de Sa Majesté l'Impératrice douairière ! Sa Majesté a signé un traité de paix avec les troupes étrangères ! Le huitième article du traité stipule la chose suivante : *Les missionnaires étrangers et leurs convertis doivent être protégés.*

*

Trois années allaient s'écouler avant que Perle et moi nous revoyions. Nous avions alors toutes deux dix-sept ans. Nos retrouvailles eurent lieu peu de temps après la mort de l'Impératrice douairière, Tseu-hi. On disait qu'elle s'était épuisée en attisant le feu de la révolte des Boxers. Le nouvel empereur qu'elle avait elle-même nommé n'avait que trois ans[1]. La

1. Mis sur le trône en 1908, Pu Yi sera destitué en 1912 avec l'avènement de la République. Il connaîtra les camps de rééducation puis mourra, simple jardinier, en 1967. Sa vie est racontée dans le film de Bernardo Bertolucci, *Le Dernier Empereur.*

nation connut une longue période de deuil. Rien n'avait changé pour nous, mais on disait que le pays était devenu un dragon sans tête.

J'allai au ponton accueillir Perle et Carie le jour où elles revinrent à Chinkiang.

J'étais mal à l'aise parce que mon aspect extérieur avait changé. Ma tenue vestimentaire et ma coiffure indiquaient que j'étais désormais une femme mariée. Au lieu d'une natte, je portais une sorte de chignon. Dans mes lettres, j'avais évité de parler de ma vie d'épouse. Que lui aurais-je dit ? À l'instant même où j'étais entrée dans la demeure de mon mari, j'avais compris qu'il était opiomane. La marieuse avait menti. Sa fortune était dissipée depuis longtemps. Sa famille n'était qu'une splendide robe du soir brodée mais rongée par les mites. Il avait tant de dettes que ses serviteurs s'étaient enfuis. Mon mari avait emprunté de l'argent pour ma dot. Ce mariage était l'idée de ma belle-mère qui pouvait ainsi « d'une pierre, abattre deux oiseaux ». Son fils aurait une concubine et elle, une servante qui ne lui coûterait rien.

Mon existence consistait à servir mon mari, sa mère, ses épouses aînées et leurs enfants. Je nettoyais les lits, vidais les pots de chambre, lavais les draps et balayais le jardin. Je devais sortir en cachette pour voir Perle et Carie. Mon mari ne m'en aurait jamais donné la permission.

Perle était à présent d'une étonnante beauté. Grande et mince, elle était vêtue à l'occidentale et portait sur elle un air de liberté. Son sourire était radieux comme le soleil.

— Saule, mon amie, regarde-toi ! me lança-t-elle, à cent mètres de moi, les bras grands ouverts. Quelle jolie dame tu es devenue !

— Bienvenue au pays, prononçai-je d'une petite voix.

— Oh, Saule, tu m'as tant manqué ! dit-elle en me serrant contre elle.

Papa, Chan et les autres arrivèrent. Nous avons aidé à porter les bagages dans la maison louée par Absalom, une ancienne demeure de négociant située tout en haut de la colline.

— Quelle belle maison ! s'émerveilla Perle. Père, comment avez-vous pu vous offrir un tel luxe ?

— La maison est hantée, expliqua-t-il. Les gens d'ici n'en veulent pas. Le loyer est ridicule. J'ai sauté sur l'occasion parce que je ne crois pas aux fantômes chinois.

Dès qu'elle fut installée, nous allâmes dans les collines. Sa sœur cadette, Grâce, voulut se joindre à nous, mais nous sommes parties à toute allure. Elle me dit que Shanghai était une ville toute plate et que les montagnes et les collines lui manquaient. Elle avait eu très envie de faire de grandes promenades. Elle évoqua des idées dont je n'avais jamais entendu parler et me décrivit un monde que je pouvais à peine imaginer. Son vocabulaire mandarin était plus riche et elle me confia qu'elle était prête à aller à l'université en Amérique.

— Ensuite, je parcourrai le monde !

Je n'avais pas grand-chose à partager, alors je lui racontai comment nous avions survécu aux Boxers. En pleine histoire, je m'arrêtai.

— Qu'y a-t-il ? me questionna-t-elle.

— Rien.

— Saule, fit-elle doucement.

Je m'obligeais à sourire et à chasser les pensées noires, mais mes larmes me trahissaient.

— Ton mariage, n'est-ce pas ? me demanda-t-elle en me prenant la main.

*

Mon mariage n'avait rien d'anormal pour une fille chinoise mais, pour Perle, c'en était trop.

Je lui avouai que les bons jours, mon mari fumait et jouait, et que les mauvais jours, il abattait sa fureur sur moi. Il me frappait et parfois me violait. Je devais me montrer obéissante envers ma belle-mère. Pour elle, c'était ma faute si la famille allait si mal.

— Mais c'est de l'esclavage ! s'écria-t-elle, le visage déformé par la colère.

Elle me raconta avoir travaillé à Shanghai avec des filles mariées de force ou contraintes à la prostitution.

— Tu n'as plus à cacher ton bras cassé dans ta manche, Saule, me dit-elle.

*

Mon mari prit une nouvelle concubine, ce qui m'étonna parce que je savais qu'il n'avait pas d'argent. Il m'ignora quand je le questionnai. La tradition donnait à l'homme le droit de disposer de sa femme comme bon lui semblait. En guise de protestation, je me plantais chaque matin près du puits communal. Je racontais à tout le monde les choses horribles que sa famille me faisait endurer. Personne ne me témoigna de sympathie. Les anciens du village me critiquèrent et me dirent que je n'avais qu'à me suicider.

M'afficher ainsi me valut une mauvaise réputation. Pour papa, j'étais égoïste et pour NaiNai, ridicule. Je ne me sentais pas complètement seule parce que j'avais l'appui de Perle. J'allai trouver Carie pour lui proposer de l'aider à l'école et à mettre sur pied la nouvelle clinique. En plus de m'apprendre l'anglais, elle me montrait, à moi et à d'autres filles, comment devenir infirmière.

Nous continuâmes à passer du temps ensemble mais notre amitié n'était plus la même. Plus elle songeait à l'université en Amérique, moins nous avions de choses à nous dire. Elle était sensible et savait ce que je pensais de mon propre avenir.

Je ne croyais pas qu'elle reviendrait en Chine après l'université. Elle aussi se sentait moins sûre. Après tout, c'était le désir de toujours de Carie de retrouver l'Amérique.

Absalom ne s'intéressait pas au départ de Perle et n'était

pas triste de savoir qu'il ne la reverrait peut-être jamais. Sa future tournée de prédication était sa seule préoccupation.

Papa se montrait différent quand il était en sa compagnie. Il le respectait et l'adorait.

— Il suffit de regarder son visage pour comprendre que ce n'est pas un être humain comme les autres, déclara-t-il un dimanche. Il éprouve une joie radieuse quand il lève la main pour vous bénir. On sent bien que Dieu est en lui.

Perle reconnut une fois encore qu'elle était jalouse des convertis chinois à qui son père accordait toute son affection. C'était l'une des raisons pour lesquelles elle voulait repartir. Elle me confia même qu'elle jalousait l'âne que papa avait acheté pour Absalom.

— Cet animal lui a permis de prêcher de plus en plus loin.

— Mais ton père est heureux, lui dis-je.

— Oui, mais parfois, je ne crois pas qu'il est mon père. Il tolère qu'on l'interrompe dans ses sermons pour lui poser une question, mais moi, jamais.

*

— Envisages-tu de te marier ? demandai-je à Perle. Et si oui, quand ?

— Je verrai bien quand je serai en Amérique ! fit-elle en riant.

Elle me dit que la Chine avait déjà commencé à lui manquer.

— J'ai peut-être déclaré que l'Amérique était mon véritable pays mais je commence à en douter.

Elle savait que faire part de ses pensées à Carie ne pourrait que la perturber, voilà pourquoi elle les gardait pour elle.

— Je n'ai jamais eu l'intention de rejeter mes ancêtres ou la culture occidentale, m'expliqua-t-elle. La Chine est la seule chose que je connaisse, voilà tout.

Carie était de bonne humeur même si elle avait été malade. Elle était heureuse de pouvoir cultiver ses roses. Elle disait qu'une fois Perle partie, elle aurait davantage de temps pour s'asseoir dans le jardin et lire ses romans occidentaux préférés. Elle ne voulait pas que sa fille sache qu'elle redoutait son départ.

Mon amie ne se laissait pas duper par la gaieté de sa mère. Elle savait qu'elle pleurait derrière son dos et s'inquiétait qu'elle puisse avoir besoin d'elle quand elle serait en Amérique.

Je l'assurais que je prendrais soin d'elle et que je la tiendrais au courant de sa santé.

10

23 octobre 1914

Ma chère Perle,

Comme je suis heureuse d'apprendre que tout va bien et que tu es en bonne santé. Ta mère est toujours aussi faible mais elle garde le moral. Elle m'a finalement écoutée et a arrêté d'enseigner. J'ai repris ses cours. Incroyable, non ? Je voulais aussi te dire que j'avais commencé tes livres de Charles Dickens.

Je ne suis pas certaine que ta mère t'ait dit ce qui était arrivé à Absalom. Il est allé trop loin à l'intérieur des terres et les gens lui ont une fois de plus jeté des pierres. Grâce au Seigneur, il va bien. Deux des disciples chinois de ton père sont morts, je suis désolée de te l'apprendre. Papa s'est occupé de l'église pendant son absence. Il a fait des progrès quand il s'agit de prêcher. Absalom est si content de lui qu'il a commencé à faire des tournées de prédication encore plus longues même si son absence rend malheureuse ta mère.

J'ai également de tristes nouvelles à partager : NaiNai est trépassée le mois dernier. Grâce aux efforts d'Absalom, elle a finalement accepté la conversion. Papa voulait que l'on attende son retour pour organiser les funérailles. Il croyait que Dieu écouterait les paroles du pasteur quand il lui demanderait d'accorder le repos éternel à NaiNai. Nous pensions tous que c'était impossible parce qu'il était si loin. Il y a quelques mois, il a refusé de revenir même quand Carie l'a appelé parce que son état de santé empirait, et nous avions peu d'espoir.

Pourtant il est arrivé. Il avait passé jour et nuit à dos d'âne. L'animal s'est effondré ! NaiNai a beaucoup de chance parce que son voyage au Ciel a été béni par Absalom. Pour un Chinois, une bonne mort est plus importante qu'une bonne naissance.

Ta mère vit seule à présent depuis que ta sœur, Grâce, est à l'école à Shanghai. Ton père a repris sa tournée le lendemain de l'enterrement de ma grand-mère. Il n'est pas resté pour sa femme, mais là, je ne t'apprends rien.

Papa a obtenu quelques nouvelles conversions. Elles ont touché des personnes venues aux funérailles de NaiNai. Ils aimaient mieux Absalom que le moine du temple bouddhiste, mais cela nous cause quelques soucis : un des hommes a plus d'une femme et l'autre est un alcoolique. Ton père les avait déjà rejetés, mais papa a falsifié leurs papiers. Comprendra-t-il un jour ? Il ferait n'importe quoi par amour pour lui.

*

7 mars 1915

Ma chère Perle,

Ta mère a partagé ta lettre avec moi. Félicitations pour ta nouvelle popularité. Il y a un an, tu étais incapable de te faire des amies et maintenant, te voilà chef de classe. J'aimerais aussi te féliciter pour avoir remporté le prix de composition d'écriture. Il semble que tu aies fait bon usage de ton passé confucianiste. Est-ce que l'on connaît Confucius en Occident ?

Ta mère t'a peut-être déjà dit ce qui m'est arrivé. J'étais enceinte de quelques mois quand j'ai quitté mon mari. Cela me dégoûtait de porter sa semence. J'ai pensé prendre des plantes chinoises pour me débarrasser du fœtus. Ma mère est morte à cause d'elles et tu imagines à quel point cela me faisait peur.

Il y a trois semaines, je me suis mise à saigner et je suis allée demander de l'aide à ta mère. Avant que j'aie assez de courage pour lui avouer la vérité, elle a tout compris. Les saignements ne s'arrêtaient pas. Elle savait que je faisais une fausse couche et m'a dit que j'aurais pu en mourir si je n'étais pas venue la voir. Je ne pouvais que pleurer. Elle m'a emmenée voir le médecin de l'ambassade britannique. J'étais inconsciente quand il eut terminé. Je vais bien aujourd'hui, voilà pour la bonne nouvelle. La mauvaise, je ne pourrai plus avoir d'enfant à l'avenir. Cela m'a rendue triste au-delà des mots.

J'ai pris des leçons de piano auprès de Carie. Elle avait raison de dire que la musique pourrait m'aider. Cela me rapproche de la compréhension de Dieu. J'ai voulu apprendre le piano depuis que nous étions enfants. Pour moi, le rêve devient réalité.

Elle m'a chargée des élèves du cours élémentaire. Est-ce qu'elle t'a dit que l'école s'est agrandie ? Nous aurons bientôt des classes supplémentaires. Au lieu de trois, nous en avons déjà cinq. L'école est devenue si appréciée que des gens de la ville y ont même inscrit leurs filles. Tu te rappelles sûrement le mal que l'on avait à faire comprendre aux familles paysannes qu'elles devaient pourvoir à l'éducation de leurs enfants. Cette année, nous avons dû rejeter plusieurs demandes par manque d'espace. Papa a soumis le problème au gouverneur du Jiangsu, et il lui a promis une parcelle de terre pour développer l'école. Le charpentier Chan sera responsable des travaux.

*

2 décembre 1915

Ma chère Perle,

Tu ne vas pas me croire : je t'écris de Shanghai ! Voilà ce qui s'est passé : mon mari m'a répudiée. Pour lui, j'étais toujours sa propriété. Il ne m'a pas dit qu'il m'avait vendue. Rappelle-toi, je me demandais où il avait trouvé l'argent pour acheter une nouvelle concubine.

En tout cas, je me suis sauvée pour me cacher dans l'église. Mon mari et ses saisonniers m'ont pourchassée. Ils ont frappé papa quand il a refusé de leur dire où je me cachais mais ils ont quand même fini par me trouver. Ils ont débarqué dans l'église en pleine nuit et ils m'ont emmenée. Carie a envoyé un message à Absalom qui s'est aussitôt adressé au gouverneur. Il a dit que mon enlèvement venait violer le traité. Le lendemain, le gouverneur a ordonné à mon mari de me libérer s'il ne voulait pas être arrêté et décapité !

Je ne me sentais pas en sécurité parce que je craignais qu'il trouve un autre moyen de me séquestrer. Papa voyait des individus bizarres rôder autour de la maison. Carie s'est dit que ce serait une bonne idée que je quitte Chinkiang pendant quelque temps. Elle a parlé de moi à l'École chrétienne de jeunes filles de Shanghai et on m'a offert une bourse. Je ne peux dire qu'une chose, je suis bénie de Dieu.

*

24 mars 1916

Ma chère Perle,

Qui croirait que le « Paris de l'Orient » est bâti sur du sable ? Le vieux nom de la ville le dit pourtant. « Shang-hai-tan », un banc de sable à l'embouchure du grand Yangtsé. L'Empereur Guangxu ne lui trouvait pratiquement aucun intérêt, m'a-t-on dit. Son opinion impériale a dû jouer le jour où il fut contraint de l'abandonner aux étrangers après la Seconde Guerre de l'opium. Il faut voir ce qu'Anglais, Français et Allemands ont fait de ce banc de sable, ma nouvelle résidence !

Je ne devrais pas chanter les louanges de Shanghai comme si tu ne le connaissais pas. Je sais parfaitement que tu y as vécu. En fait, je t'imagine souvent ici, j'imagine où tu peux être allée, quels endroits tu préférais, mais pardonne-moi, je ne peux m'empêcher de partager mes sentiments avec toi parce que je n'ai personne d'autre.

L'École chrétienne me convient parfaitement. J'assiste au maximum de cours possible. Les professeurs m'aident beaucoup et restent parfois après la classe pour répondre à mes innombrables questions. J'ignorais qu'il y avait tant de livres, tant de choses à apprendre.

Les étudiantes sont très gentilles, elles aussi. Au début, je me montrais timide et gauche. Je me faisais l'effet d'une campagnarde. Je ne savais même pas que la dynastie mandchoue avait été renversée ! Tu te rends compte ? Mais n'est-ce pas merveilleux que nous n'ayons plus d'Empereur, que la Chine devienne bientôt une République ?

Mes premières semaines à l'école me semblent si lointaines. Je me sens plus chez moi à présent et j'ai commencé à me faire des amies. Pas comme toi, naturellement, mais il y a des gens brillants ici et il y a de l'électricité dans l'air. Les plus intéressants sont artistes, écrivains, journalistes ou musiciens. Ils forment un groupe informel qui se réunit dans certains bars et restaurants de la ville pour parler, boire et discuter pendant des heures. Je crois qu'ils me plaisent de plus en plus. Je trouve cela exaltant, si différent en tout cas de la vie que nous connaissions à Chinkiang.

Le Dr Sun Yat-sen est parmi nous. Il a quasiment mené tout seul les Républicains pour changer la Chine. Il est chrétien et originaire de Canton. Avant de devenir révolutionnaire, il était médecin. Il s'est rendu au Japon pour voir en quoi les réformes de l'Empereur Meiji avaient changé le pays. En 1911, le Dr Sun Yat-sen est revenu et il a réussi à déclencher un soulèvement militaire.

Perle, comme tu le vois, mon univers s'agrandit à la vitesse de la lumière. Si je ne l'avais pas promis à Carie, je sauterais volontiers l'office du dimanche ! Mon estomac est plein mais mon esprit est affamé.

Ta mère me manque et je lui serai toujours reconnaissante. Il y a deux jours, je suis allée voir ta sœur, Grâce, pour lui donner le colis envoyé par ta mère. Elle devient une belle jeune femme, douce mais un peu timide comparée à toi. Oh, comme j'aimerais que tu sois là avec moi…

*

2 septembre 1916

Ma chère Perle,

Cela fait six mois que je ne t'ai pas écrit. Tout va si vite ici. Je suis entrée au Parti nationaliste chinois. La plupart de nos membres sont des fidèles du Dr Sun Yat-sen. J'ai toujours foi en Dieu mais je suis désormais ouverte à d'autres idées. Je dois te laisser car j'ai une réunion, je continuerai à t'écrire à mon retour.

*

27 octobre 1916

Cette lettre prend trop de temps. Ma vie est un véritable tourbillon. Je ne distingue plus le jour de la nuit. La Chine est en pleine transformation politique.

*

13 décembre 1916

Perle, je dois partager avec toi mon chagrin, celui de toute la Chine : le Dr Sun Yat-sen a un cancer. Il n'en a plus que pour quelques années. L'homme qui lui succédera s'appelle Tchang Kaï-chek. Nous ne savons pas s'il est digne de confiance. Son passé montre qu'il a déjà fait preuve d'opportunisme. Malheureusement, aucun autre candidat n'a ses relations et son expérience militaire. Il a été commandant en chef dans l'armée et se déclare disciple du Dr Sun. Le fait est qu'il est le seul à pouvoir contrôler les seigneurs de la guerre tout en étant fidèle à la cause du Dr Sun.

*

28 janvier 1917

Ma chère Perle,

Je dois te mettre au courant de l'état de santé de Carie parce que je suis certaine qu'elle t'a caché la vérité. Je lui ai rendu visite le mois dernier. Quel plaisir de retrouver Chinkiang et tous ces visages familiers, mais j'ai eu un choc en voyant ta mère. Elle ne quittait plus son lit. Apparemment, sa santé s'est détériorée quand elle a recommencé à travailler à l'école peu après mon départ pour Shanghai. Elle m'a dit qu'elle ne voulait pas que tu reviennes en Chine pour t'occuper d'elle. Elle s'inquiète sans arrêt pour toi. Est-ce que tu songes vraiment à revenir ?

Avant mon retour à Shanghai, j'ai accompagné ta mère au village de la famille Deng où elle a acheté une concession. J'ignore pourquoi elle a choisi cet endroit. Nous n'avons pas parlé de ses raisons. J'ai seulement senti qu'elle était si déçue par Absalom qu'elle se moquait bien de ne pas être avec lui dans la mort. J'ai eu le cœur brisé de la voir agir ainsi avec tant de sérénité. Est-ce que je la trahis en partageant avec toi cette information ? Elle ne supporte pas l'idée de ne plus être là pour t'accueillir le jour où tu reviendras.

*

15 avril 1917

Ma chère Perle,

Comme je suis heureuse d'apprendre que tu es fiancée et que tu seras bientôt de retour ! Mon Dieu, cette grande nouvelle m'a vraiment étonnée, d'autant plus que je ne savais rien de toi depuis longtemps. Tu as, bien sûr, ma bénédiction. Dans ta lettre à ta mère, tu disais que « la décision de procéder au mariage » a été prise par « commodité en vue du voyage ». Est-ce que je te comprends bien ? Est-ce que la « commodité » doit être une raison de mariage ? Pardonne-moi cet excès de prudence : mes propres noces ont failli gâcher ma vie. En vérité, je pense que l'état de santé de ta mère t'a donné une raison de plus de réaliser plus rapidement cet heureux projet d'union.

Je suis reconnaissante envers Carie d'avoir partagé avec moi tes lettres et tes photos. J'ai tout de suite compris ce qui vous a réunis, M. John Buck et toi. Un amour commun de la Chine, en premier lieu. Quelle chance de trouver en Amérique quelqu'un qui s'intéresse depuis si longtemps à notre pays ! Bien sûr, tu as été impressionnée par John. Un diplôme de l'université Cornell, une chaire à l'université de Nankin, le désir d'aider les paysans chinois. Son expertise en matière d'agriculture sera appréciée de tous. Il a assurément beaucoup d'allure. Vous faites un très beau couple ! Quelle merveilleuse idée de célébrer vos noces à Chinkiang !

Je pense que tu devrais être mise au courant des sentiments de ta mère. Elle souhaite que tu la rejoignes, bien évidemment, mais elle ne veut pas que tu marches sur ses traces. Elle préfère que tu fasses ta vie en Amérique. Je ne partage en aucun cas son opinion, mais je me suis dit que tu devais le savoir.

Une autre lettre de toi est arrivée aujourd'hui. J'y apprends que toi et John vous êtes adressés au Bureau presbytérien des missions à l'étranger et que John a été nommé missionnaire agricole en Chine. Pardonne-moi cette joie égoïste, mais ce sont des nouvelles vraiment sensationnelles ! Comme j'ai hâte de te revoir.

J'ai songé revenir à Chinkiang. La vie à Shanghai est passionnante, mais je me sens comme une feuille de lotus qui flotte à la surface de l'eau, privée de ses racines. Chaque jour, je parle d'aider mon pays, mais en réalité je n'ai pas fait grand-chose. Je passe mon temps à discuter de politique et à réclamer des réformes. Le Parti républicain offre un forum aux débatteurs mais il sert surtout à qui veut entendre sa propre voix.

Je crains de devenir une révolutionnaire de maison de thé. De plus en plus, je sens à quel point je suis différente de mes camarades. Toute leur vie, ils ont été des lettrés ou des étudiants. J'ai beaucoup appris ces deux dernières années mais, au fond de moi, je suis toujours la petite fille de Chinkiang. J'ai vécu en dehors du monde des livres. J'ai travaillé, parfois seulement pour calmer mon estomac. Cela m'a rendue méfiante à l'égard des idéalistes et des rêveurs, quelles que soient leurs bonnes intentions. On ne peut empêcher nombre de mes camarades de courir à leur propre perte. Comment peuvent-ils sauver leur pays alors qu'eux-mêmes sont perdus ?

Tu m'as suggéré de « rencontrer les gens là où ils sont ». J'essaye. J'ai toujours envié ta capacité à trouver du réconfort dans la présence même d'autrui. Tu vois de l'humanité et de la bonté chez chacun. Moi, je n'y arrive que rarement. Ta mère, Carie, est un exemple.

Tu es un être bien différent de tes parents. Je m'en rends compte quand tu te dis « habiter plusieurs maisons à la fois ». Je m'efforce d'abattre les murs de ma propre culture. En tant que Chinoise, je suis encline à certains sentiments. J'essaie de ne pas me montrer aussi amère que notre réputé vinaigre de Chinkiang. J'aime mon pays, autant que je le hais de ne pas être ce que je voudrais qu'il fût.

Je songe à fonder un journal local quand je reviendrai à Chinkiang. Je compte sur ta contribution.

Avec toute mon amitié,

Saule

11

La gare ferroviaire de Nankin a été le témoin de la guerre et du malheur. Construite en 1894, elle fut détruite et restaurée à plusieurs reprises. On y trouve une petite salle d'attente et un guichet.

Carie n'était pas en très bonne santé pour voyager mais elle tenait à être là quand Perle descendrait du train. La perspective d'organiser le mariage de sa fille lui avait donné une nouvelle énergie.

Le responsable de la gare était chrétien. Il l'invita à se reposer dans la billetterie.

— Même si on est en mars, madame, vous risquez de tomber malade en restant dehors, lui dit-il.

Elle refusa son offre jusqu'à ce qu'il lui dise que le train aurait du retard.

Nous avons attendu. Au bout de deux heures et demie, nous avons entendu le bruit du train qui approchait. Impatiente, je suis sortie sur le quai.

La vieille locomotive à vapeur crachait sa fumée en produisant des bruits terrifiants. Mon cœur battait à toute allure. Cela faisait quatre ans que nous ne nous étions pas vues. Je savais que je n'étais plus celle qu'elle avait laissée au pays. Je portais une veste bleu marine à la mode avec un petit col et une jupe assortie. J'avais aussi une paire de bottines en cuir noir.

Le train s'arrêta. Les premiers passagers descendirent. J'aperçus tout de suite mon amie, pourtant elle avait quelque chose de différent. Avant ce jour, Perle ne m'était jamais apparue comme une étrangère. Elle se distinguait au milieu de la foule chinoise. Elle était accompagnée de John Buck, grand, les cheveux bruns. Je la voyais scruter la foule, puis son regard s'arrêta sur moi.

— Saule, c'est bien toi ? s'écria-t-elle. Je te reconnais à peine, une vraie Shanghaienne !

— Perle ! dis-je en la serrant contre moi. Bienvenue au pays !

Elle se retourna pour me présenter John Buck.

Nous nous serrâmes la main mais je ne pouvais la quitter des yeux. Son ensemble bleu la faisait ressembler à un mannequin d'un magazine occidental. La coupe de ses habits montrait qu'elle était fière de sa silhouette, elle qui se sentait mal à l'aise quand sa poitrine se développait.

John avait à peu près l'âge de Perle, soit vingt-six ans. Il avait le visage allongé et la mâchoire carrée, des lèvres minces et un grand nez. Ses yeux bruns étaient enfoncés dans leurs orbites. Il était sympathique et s'excusa de ne pas bien parler chinois.

— Où est mère ? demanda-t-elle.

— À la billetterie, elle attend que…

Avant même que je finisse ma phrase, son sourire se figea et son regard se porta vers le lointain. Elle ne put dissimuler sa surprise. Je me retournai et vis que Carie était sortie de la gare.

Plus tard, elle me confia le choc que lui avait causé le spectacle de sa mère. J'aurais dû la prévenir qu'elle avait rapetissé au point d'atteindre la taille d'un enfant.

Elle avait poudré son visage, mis du rouge sur ses joues et ses lèvres, mais c'était bien inutile. Elle paraissait gravement malade, spectrale même. Ses molaires manquantes creusaient ses joues comme si elle aspirait de l'air en permanence. Sa peau était sèche et cireuse. Elle avait insisté pour dessiner seule ses sourcils mais le résultat n'était pas probant. Le droit était plus haut que le gauche.

— Mère ! s'écria Perle en s'élançant vers elle.

Carie souriait et pleurait à la fois.

— Dieu est généreux, ma fille.

Elle se redressa comme si ses maux avaient disparu.

— Allons, dit-elle, ton père nous attend à Chinkiang.

Puis elle expliqua à Perle et John qu'elle avait déjà tout préparé pour leur mariage.

*

Dans le train qui nous ramenait à Chinkiang, Carie s'endormit sur l'épaule de John. J'insistai auprès de Perle pour qu'elle me raconte son histoire. Elle me dit qu'elle avait rencontré John sur un bateau. Il apprenait le chinois, et elle allait d'Amérique en Chine, via l'Europe. La traversée durait plusieurs semaines et ils avaient eu amplement le temps de faire connaissance.

— Comment t'a-t-il séduite ? demandai-je.

— Par ses recherches et ses projets pour la Chine, fit-elle en riant. Le travail académique de John trace les grandes lignes de son action. Sa thèse s'intitule *Économie agricole et utilisation des terres en Chine*. Il veut vivre ici et mener des expériences utiles aux paysans. Son exposé est passionnant et je l'ai lu de bout en bout pendant le voyage.

Je n'avais pas de mal à imaginer comment mon amie avait pu être impressionnée.

— Quand John m'a dit que les paysans chinois seraient débarrassés de leurs tâches harassantes si ses méthodes étaient couronnées de succès, j'en suis tombée amoureuse. Il était fasciné par le fait que j'avais grandi en Chine. Quand il a su que je parlais plusieurs dialectes, il a décidé de m'épouser et s'est déclaré sur-le-champ.

— Et quand as-tu dit oui ?

— Tout de suite après m'être rendu compte que son chinois ne le mènerait nulle part. John ne saisit pas les intonations[1]. Comment veux-tu apprendre la langue dans ce cas-là ?

— Il a donc besoin de toi.

— Moi aussi, j'ai besoin de lui. Je n'ai pas réussi à tomber amoureuse de qui que ce soit en Amérique, si tu veux savoir la vérité.

Elle me raconta qu'elle avait fait des efforts pour accepter des rendez-vous mais qu'elle se sentait toujours étrangère en Amérique.

— Je parlais anglais mais je ne comprenais pas la culture. Je ne me sentais pas à ma place, j'étais mal à l'aise. Un Américain va trouver agréable ce qui passe pour grossier en Chine. Ma famille me trouvait bizarre et moi aussi, je les trouvais bizarres. Extérieurement, je m'entendais bien avec tout le monde, mais en réalité je me sentais seule. Voilà ce que j'ai éprouvé quatre années durant. J'avais peur de ne jamais assez aimer un homme pour l'épouser. En même temps, mon esprit chinois me disait que je ferais bien de me hâter pour ne pas laisser passer ma chance.

— John est donc arrivé à point nommé.

— Oui, la Chine nous a réunis. Dieu a répondu à mes prières. John et moi ne pourrions être plus bénis !

J'espérais qu'elle avait raison.

J'avais le sentiment qu'elle avait également quitté l'Amérique pour revenir s'occuper de sa mère, et je lui posai franchement la question.

---

1. Il y a quatre tons en chinois : égal, descendant, montant et en creux (descendant-montant). Selon le ton, le sens d'une syllabe change du tout au tout.

Elle reconnut que Carie jouait un rôle important dans son retour.

— J'aime l'Amérique, me dit-elle, mais pas assez pour y rester.

— Tu peux y retourner à n'importe quel moment, n'est-ce pas ?

— Oui, mais John est comme Absalom, bien décidé à mourir en Chine !

Sur ce, elle éclata de rire, les yeux radieux d'un plaisir sans nuages.

*

À l'occasion de leur mariage, je perçus pour la première fois les différences entre Perle et John. Elle portait une robe de mariée à l'occidentale et lui, un costume sombre. Elle tenait un bouquet de fleurs cueillies le matin même dans le jardin de Carie. Quand elle fut conduite à l'église, les enfants de la ville chantèrent des chansons américaines, puis ils entonnèrent le « Chant nuptial » chinois, et elle s'en réjouit parce qu'elle le chantait aussi, étant enfant.

Bouddha est assis sur une feuille de lotus,
Ses beaux doigts pareils aux orchidées.
Le soleil se couche et la lune se lève,
Puisse ta vie connaître la sérénité.

Murs de boue et oreillers de paille,
Fruits, graines et fils nombreux,
Bonheur et longévité,
Puisses-tu avoir le printemps et toute sa beauté.

John ne s'intéressa pas à cette chanson ; mais quand nos amies de la troupe de Wan-Wan vinrent les féliciter et jouer pour eux *Le mariage du cochon*, il en prit ombrage.

Perle se sentait honorée et John humilié. Il n'aimait pas le « fiancé-cochon », même si ce personnage était un héros du

Voyage vers l'Occident, un classique de la littérature chinoise. Je voyais bien que sa réaction et son manque d'humour déplaisaient à Perle, mais elle n'en laissait rien paraître.

Carie avait organisé le mariage dans le moindre détail. En plus de papa, de Chan, de Lilas et de nombreux amis chinois, elle avait convié le consul anglais, le médecin de l'ambassade, leurs épouses et d'autres amis missionnaires. Elle ne s'attendait pas à ce que toute la ville de Chinkiang s'invite, mais les Chinois croient qu'un bon mariage doit attirer beaucoup de monde, et la fille de Carie méritait la bénédiction de chacun.

Perle voulait que je sois son hôtesse. Elle se moquait bien que j'aie déjà été mariée ; mais toutes les femmes de la ville, moi comprise, trouvaient que c'était une mauvaise idée. Pour elles, mon mari m'avait abandonnée, et je ne pouvais que porter malheur à une jeune épousée. Elle me demanda alors de recruter des cuisiniers et de choisir la taille et la couleur des melons et des fruits qui seraient entassés dans la salle et à l'entrée. Selon la coutume, il était important d'inviter tous les dieux en exposant les symboles de la fête et de la fécondité.

Graines, noix et fruits furent lancés sur le couple dès que John et Perle furent déclarés mari et femme. La cour de l'église était bondée et j'aidai Carie à distribuer des bonbons et à remercier tout le monde d'être venu.

Menée par papa, la foule défila dans la ville. Nous arrivâmes devant la maison d'Absalom et de son épouse. La chambre du jeune couple se trouvait à l'étage. Les rideaux roses et le beau tapis persan provenaient de celle de Carie. Le banquet se tiendrait au rez-de-chaussée et l'on y servirait les neuf plats traditionnels.

Les joues rosies et vêtue d'une robe chinoise de couleur rouge, Perle descendit servir le thé. Elle alluma des cigarettes pour les anciens et plaça des boutons de jasmin dans la paume des petits enfants. Dans la rue, on entendait les pétards censés apporter chance et bonheur. Des musiciens se mirent à jouer.

John dit en anglais qu'il ne voulait pas se ridiculiser aux yeux de cette foule chinoise. Il refusait de participer à ce qu'il appelait « leurs jeux stupides ». Il était inutile que les gens continuent de l'acclamer, et Perle dut s'excuser pour lui.

Des enfants s'étaient cachés sous le lit nuptial parce que leurs parents leur avaient dit que c'était favorable à la fécondité. John les en chassa.

*

Il était dégoûté à la vue de toutes ces baguettes plongeant simultanément dans un même plat et disait qu'il préférait mourir de faim.

Quand Perle l'encouragea à goûter ces nougats au sésame qu'elle aimait tant, John lui montra les ongles sales du vendeur et lui donna une leçon sur la façon dont les maladies se répandaient.

Elle était confiante : il s'habituerait très vite à la culture chinoise. Elle était persuadée de pouvoir faire naître l'harmonie au sein de leur couple et faisait confiance à sa capacité à comprendre. Après tout, il était diplômé de Cornell, comme elle me le dit un jour.

À la demande de John, Perle l'accompagna dans les campagnes. Il commença par une étude du terrain. Elle était à la fois assistante personnelle, interprète, guide, enquêtrice et secrétaire. Elle se levait à l'aube et travaillait avec lui dans les champs jusqu'à la tombée de la nuit.

Comme je le redoutais, elle ne mit pas longtemps à perdre son bel enthousiasme. Elle s'efforçait de combler le fossé qui se creusait entre elle et son mari.

— Le conflit est la marque d'une relation saine, me répondit-elle quand je lui parlai de son mariage.

Elle se réjouissait de voir que John obtenait ce qu'il voulait. Elle tenait à son rôle de bonne épouse. C'était pour elle un devoir d'être agréable et joyeuse.

— John porte un fardeau trop lourd pour ses épaules, me confia-t-elle un jour. Son bien-être dépend de moi.

Elle ne voulait pas reconnaître qu'il ne remarquait même

pas qu'elle cuisinait pour lui. Contrairement aux Chinois qui vivaient pour manger, John mangeait pour vivre.

Carie acceptait John mais il n'en allait pas de même pour Absalom. Il n'appréciait pas sa façon de se mêler des affaires des paysans chinois. Les deux hommes se querellèrent à plusieurs reprises pour finir par ne plus se parler.

Perle avait raison quand elle disait qu'il y avait des similitudes entre eux deux. La mission d'Absalom était de sauver les âmes chinoises, celle de John de réformer leurs pratiques agricoles. Son père croyait que le dieu chrétien devait être le Dieu unique, et son mari était persuadé que sa méthode d'agriculture était la meilleure.

Perle avait toutefois des doutes, et elle s'en ouvrit à lui.

— Les Chinois ont survécu en cultivant la même terre depuis des millénaires et en faisant un usage intelligent des engrais et de l'irrigation, lui dit-elle. Ils produisent des récoltes extraordinaires sans recourir aux machines modernes !

*

Le couple déménagea peu après que la proposition de John fut approuvée par le gouverneur de la province de l'Anhui. Il ne suivit pas le conseil qui lui était donné de ne s'installer qu'après l'hiver. Il n'aurait pu rester une minute de plus auprès d'Absalom.

À contrecœur, Perle le suivit. Ils s'installèrent au nord de Chinkiang dans une ville du nom de Nanhsuchou. Elle ne voulait pas trop s'éloigner de sa mère. Je lui demandai pourquoi il choisissait d'habiter la province chinoise la plus déshéritée.

— Il n'a pas trouvé de meilleur endroit où conduire ses recherches ?

— Les fermiers des terres fertiles du sud sont heureux ainsi, m'expliqua-t-elle. Ses expériences ne les intéressent pas.

Le gouverneur de la province pauvre soutint ses idées parce qu'il n'avait rien à perdre. De plus, il s'attribuerait toutes les retombées positives du projet. John n'avait besoin que d'une chose : les fermiers devaient s'engager à suivre ses méthodes. Pour que tout se passe bien, le gouverneur promit de les dédommager en cas d'échec.

*

Quelques semaines plus tard, je me rendis au nord pour rendre visite à Perle et découvrir leur nouvelle vie. Sa petite maison de deux pièces avait jadis appartenu à une famille de missionnaires chrétiens. La porte et les fenêtres n'arrêtaient pas la poussière. Elle pouvait s'échiner à nettoyer, en quelques heures l'intérieur de la maison en était recouvert. Alentour, des familles paysannes vivaient dans une extrême pauvreté. Perle me dit qu'elle appréciait d'avoir un toit sur la tête.

— La moisissure a attaqué les murs le mois dernier.

Elle me montra les traces sous son lit, même entre le matelas et les draps.

— Je fais toujours très attention en prenant le pot de chambre, dit-elle sur un ton qui se voulait enjoué. On ne sait jamais qui s'y repaît, une araignée géante ou une punaise monstrueuse !

La deuxième fois que je lui rendis visite, elle m'apprit avec enthousiasme qu'elle était enceinte.

— Je suis enfin libérée de mes devoirs officiels envers l'Agriculteur.

« L'Agriculteur », voilà comment elle s'était mise à appeler son mari.

— J'ai cru en me mariant que je n'aurais plus à recevoir d'ordres comme ceux que me donnait mon père quand j'étais enfant.

*

Pour échapper à l'ennui, Perle se mit à écrire. Cela la réconfortait. Elle me confia que son imagination était le seul endroit où elle pouvait se sentir libre, soi-même en un mot. Je savais qu'elle avait un talent de conteuse. Charles Dickens était son modèle. La première fois que nous nous sommes vues, elle tenait à la main un livre relié en cuir noir. Elle me dit plus tard qu'il s'agissait du *Conte de deux cités*. Elle aimait *Oliver Twist, La Maison d'Âpre-Vent* ou encore *Les Papiers posthumes du Pickwick Club*. Elle avait lu tant de fois ces histoires qu'elle pouvait pratiquement les réciter. Elle avait toujours aimé écrire et avait été plusieurs fois récompensée pour son travail à l'université féminine Randolph-Macon, en Amérique. Elle savait qu'elle devait garder secret son goût pour la littérature : Absalom lui avait bien fait comprendre que le but ultime de la vie était le service de Dieu et John avait réussi à la culpabiliser en lui démontrant qu'elle ne pensait qu'à elle. Il voulait qu'elle continue à être son interprète et son refus lui avait déplu.

— Est-ce que je suis condamnée à subir la domination des hommes ? disait-elle en riant.

Prenant excuse de sa grossesse, elle écrivait chaque fois qu'il ne traînait pas dans les environs. Elle ne se plaignait plus de ses expéditions qui parfois le conduisaient de longues semaines loin de la maison. Elle apprit à être seule et à garder pour elle son malaise.

Elle m'avoua qu'elle craignait de devenir comme Carie, exilée dans sa propre demeure. Comme elle se liait d'amitié avec les paysans du voisinage, leurs histoires commençaient à imprégner ses récits.

— Il est honteux de voir les intellectuels chinois préférer le rêve et l'imagination au réalisme, m'écrivit-elle un jour. En fermant les yeux, on ne voit pas la maladie et la mort.

Dans ma réponse, je lui indiquai que j'avais enfin lancé mon journal, *L'Indépendant de Chinkiang*. Elle promit d'y tenir une rubrique mensuelle. Sous le pseudonyme chinois de Wei-liang, elle parlait politique, économie, histoire, littérature ou encore problèmes féminins. Ses articles recevaient toujours un bon accueil. Le tirage était négligeable mais nous étions fières d'avoir une voix bien à nous.

Au printemps de l'année 1920, la lumière quitta peu à peu les yeux de Carie. Elle sombrait parfois dans l'inconscience. Perle arriva précipitamment de Nanhsuchou. Elle savait que sa mère ne vivrait pas assez longtemps pour voir son propre enfant.

12

AU BOUT D'UN AN, *L'Indépendant de Chinkiang* était si mal en point que je crus qu'il allait cesser de paraître. Malgré tous mes efforts, nous ne vendions pas assez d'exemplaires.

Papa proposa de le financer mais à deux conditions : le titre serait changé en *Chinkiang chrétien* et le contenu serait voué à la promotion du christianisme.

— Si je dépense l'argent de l'église, je dois chanter les louanges de Dieu, insistait-il. Aucun reportage ne fera perdre la face à Jésus.

Je lui dis que je ne pouvais accepter son offre. En fait, mon journal était en train d'enquêter sur un scandale impliquant des convertis chinois qui continuaient à s'adonner aux pires coutumes traditionnelles. J'avais interrogé des femmes dont les maris chrétiens s'obstinaient à prendre des concubines.

Papa était très gêné parce que lui aussi avait affaire à différentes dames du voisinage, ce qu'Absalom ignorait totalement.

— Pourquoi soulever la théière qui ne bout pas ? me demanda papa.

— Mes lecteurs ont droit à la vérité, répondis-je.

— Dans ce cas, pas d'argent de l'église.

— Eh bien, tant pis.

J'exposai le problème à Perle, revenue à Chinkiang pour s'occuper de sa mère. Elle était certaine que le journal pouvait tenir. Nous parlâmes stratégie et imaginâmes des changements propres à intéresser les jeunes intellectuels du pays.

Elle prit un autre pseudonyme masculin, Er-ping, ce qui signifie « une vision différente ». Elle commença par parler de la place de la Chine dans le monde, puis elle exposa l'histoire de l'Occident : la révolution industrielle, les différents modèles de gouvernement, le concept de démocratie politique ou encore les prestigieuses écoles philosophiques et artistiques.

Son analyse et ses essais suscitaient un grand intérêt. Sa grande connaissance du chinois impressionnait les lecteurs, d'autant plus que personne ne soupçonnait Er-ping d'être une femme de race blanche. Le nombre d'abonnés augmenta. L'espace réservé aux réclames publicitaires se vendait sans problème.

Mes propres écrits s'améliorèrent parce qu'elle relisait mes brouillons. Je vivais pratiquement à l'imprimerie, à la limite de la ville. De ma fenêtre, je voyais se construire ce qui allait être le dispensaire chrétien de Chinkiang, un bâtiment en brique de deux étages financé par l'église d'Absalom.

Perle était enceinte de huit mois mais elle ne se reposait pas pour autant. En plus de m'aider au journal, elle devait jouer le rôle de modérateur entre ses parents. Le conflit opposant Carie à son mari prenait de l'ampleur. Elle ne pouvait plus le supporter et lui interdisait même de venir la voir.

« Va donc sauver tes païens ! », tels furent les derniers mots qu'elle lui adressa.

Assise dans un fauteuil en rotin, Perle passait des nuits entières au chevet de sa mère. À l'aube, je venais prendre sa relève pendant quelques heures. Certaines nuits, quand le journal était sorti des presses, nous reprenions nos promenades. Carie dormait et nous marchions au clair de lune.

Nous discutions de tout, de la Chine et de l'Amérique, de mon ancien mari et de ma belle-mère ou encore de son mariage hasardeux.

— Comment va l'Agriculteur ? lui demandai-je.

— Il est en train de perdre toutes ses illusions, me répondit-elle. John est contrarié par l'attitude des fermiers chinois. Il éprouve moins de sympathie à leur égard parce qu'ils sont rebelles à ses idées. Ses efforts n'ont pas abouti et les fermiers ont délaissé ses expériences.

— Cela t'étonne ?

— Non, et je ne les blâme pas. Ils ont de bonnes raisons de prendre John pour un illuminé. Les paysans chinois savent ce que leurs terres sont capables de produire et comment les traiter. John croit que si ses méthodes marchent dans l'Iowa, elles marcheront aussi dans l'Anhui !

— Et la proposition de dédommagement du gouverneur ?

— Même remboursés, ils ne veulent plus adhérer aux méthodes de John.

— Que va-t-il faire alors ?

— Il a décidé de passer à autre chose. Il y a deux semaines, il a reçu une invitation de la part de son ancien professeur, à présent doyen de la section Agriculture et Sylviculture de l'université de Nankin. Il s'est vu proposer un poste d'enseignant et il a accepté. Au diable les fermiers de Nanhsuchou !

— Tu vas donc t'installer à Nankin ?

— J'ai le choix ?

— Et ta mère ? m'inquiétai-je.

— J'irai la voir. Il y a le train, Dieu merci.

Un jour, je me permis de lui demander si John et elle s'aimaient toujours.

Les larmes lui vinrent aux yeux.

— Je porte son enfant. Et même si je n'ai plus besoin de lui, cet enfant a besoin de son père.

*

Carol Buck naquit le 4 mars 1920. L'accouchement fut assez facile mais les médecins décelèrent une tumeur dans l'utérus de Perle. Ils insistèrent pour qu'elle se la fasse enlever en Amérique et elle céda. Ce fut un long voyage qui prit quatre mois. L'intervention eut pour conséquence qu'elle ne pourrait plus jamais avoir d'enfant. Cette nouvelle l'accabla. Elle écrivit : « Je suis reconnaissante d'avoir la possibilité de combler Carol d'affection. »

La mère et la fille suivirent John à Nankin.

— Nous avons simplement abandonné Nanhsuchou, se contenta-t-elle de dire.

À la grande consternation de Perle, Nankin était en pleine crise. Seigneurs de la guerre et factions politiques se battaient pour asseoir leur domination sur la ville et ses environs.

« Je fus terrorisée quand des balles sifflèrent dans mon jardin, écrivit-elle. J'ai essayé d'aider les civils blessés. Une femme a reçu une balle dans le ventre et elle est morte dans mes bras. Je me sentais impuissante. »

Carie avait hâte de voir sa petite-fille. Perle s'arrangea de son mieux. Elle prit le train pour lui rendre visite le plus souvent possible. Pour tenir l'enfant dans ses bras, elle s'arrachait péniblement à son lit. Carol était un beau bébé joufflu à la peau laiteuse.

La maternité apporta le bonheur à Perle. Cette naissance vint aussi sauver son mariage. Elle ne se plaignait plus de John. Au lieu de cela, elle parlait de sa belle maison de Nankin, de tous ses beaux arbres et des bambous qui poussaient au fond du jardin.

Elle trouva un poste de professeur d'anglais à mi-temps aux cours du soir de l'université de Nankin. Elle était heureuse qu'avec seulement deux petits salaires, elle et John puissent avoir des domestiques.

— Tu te rends compte ? me dit-elle. Nous en avons trois ! Une servante s'occupe du linge et du jardin, une autre m'aide à m'occuper de Carol et j'ai également un cuisinier. J'ai du mal à croire que je me retrouve avec du temps libre. J'ai écrit chaque fois que je le pouvais et je viens de terminer un roman !

Personne ne pouvait imaginer la tragédie qui se tramait. Rien chez Carol ne montrait qu'elle souffrait de phénylcétonurie, mais Perle allait bientôt s'en rendre compte. Cette maladie génétique allait entraîner chez l'enfant une grave arriération mentale.

*

Perle venait moins fréquemment à Chinkiang. Sa fille avait alors près de deux ans et elle ne s'attardait jamais. Elle repartait toujours avant que Carie ait passé assez de temps avec Carol. Perle l'observait avec attention quand elle jouait. J'ai remarqué que l'enfant avait l'air en bonne santé et qu'elle riait de bon cœur, mais qu'elle ne parlait pas.

Sans prévenir, Perle cessa de venir. Après deux mois de silence, elle arriva sans Carol et trouva une excuse quand sa mère l'interrogea. Auprès d'elle, elle s'efforçait de faire preuve de gaieté, mais je voyais bien qu'elle jouait la comédie.

Carie avait fait placer son lit près de la fenêtre pour mieux voir les arbres et les montagnes. Elle était la plupart du temps silencieuse tandis que sa fille lui tenait la main. Et elle ne disait rien quand il était temps qu'elle s'en aille.

Elle regardait fixement devant elle après son départ. Pour lui remonter le moral, je lui parlais de la chorale des jeunes filles chrétiennes de Chinkiang.

— Je leur ai appris tous les chants que vous m'aviez enseignés, lui déclarai-je, et nous avons répété pour la veillée de Noël.

Elle s'en réjouit mais au plus profond d'elle, elle sentait bien que sa fille et sa petite-fille lui manquaient.

Des mois s'écoulèrent sans qu'elle ne revienne. Un jour, je reçus d'elle une lettre qui me brisa le cœur. Les médecins avaient confirmé son pire cauchemar : Carol ne se développerait jamais mentalement. Dans sa lettre, Perle me suppliait de n'en rien dire à sa mère.

— Explique-lui que je viendrai dès que possible et que je resterai plus longtemps cette fois-ci.

*

Carie sentait venir sa fin. Elle m'appela auprès d'elle. Avant de mourir, elle voulait voir Guilin, dans la province du Guangxi.

— Est-ce que tu m'accompagneras, Saule ? me demanda-t-elle.

Je pris immédiatement les mesures qu'il fallait. J'écrivis à Perle, en Amérique avec John pour faire soigner Carol, et lui dis que sa mère était résolue à faire ce voyage. Nous arrivâmes à Guilin après cinq jours de train.

Installée dans un fauteuil posé sur une embarcation en bambou, Carie descendit la rivière Lijiang. Les larmes aux yeux, elle s'émerveillait devant ce paysage de calligraphie. L'eau claire réfléchissait les montagnes vertes sur fond de ciel sans nuages.

— Je suis prête à mourir à présent, dit-elle calmement.

— Mais non, lui dis-je, vous n'avez pas encore entendu Carol vous appeler « mamie ».

— Je crois qu'elle ne le pourra jamais, dit-elle en secouant doucement la tête.

Je compris soudain qu'elle avait toujours connu la vérité. Elle s'était efforcée d'alléger le fardeau de Perle en jouant les ignorantes. Elle avait trop fréquenté la mort et la maladie au cours de sa vie pour se laisser berner.

— Pourquoi ne vous battez-vous pas ? dis-je en essuyant une larme du revers de la main. Vous l'avez fait pour vos enfants, pour vous-même, pour tous les autres. Je me rappelle comment vous me frottiez la tête au savon pour me débarrasser de mes poux.

— Je suis trop fatiguée, dit-elle avec un pauvre sourire.

Je comprenais pourquoi elle avait voulu venir à Guilin. C'était sa manière de venir en aide à sa fille. Puisqu'elle n'était pas chez elle, Perle n'aurait pas à regagner précipitamment Chinkiang.

— Vous ne vous êtes pas ménagée, lui dis-je.

— Rien n'est difficile quand tu es à mes côtés...

Je lui demandai si je pouvais faire autre chose pour elle.

Elle ne me répondit pas tout de suite.

— Sois là pour Perle quand je serai partie...

13

CARIE MOURUT LA VEILLE DE NOËL. Perle et moi sommes restées auprès d'elle jusqu'à la fin. Tous ses biens devaient être vendus et l'argent récolté, donné à sa servante et amie de longue date, Wang Ah-ma, pour qu'elle cesse de travailler et retourne vivre dans son village natal. Les funérailles eurent lieu le jour de Noël. Absalom procéda à une cérémonie toute simple, la même que pour les gens du cru. Nous étions surprises qu'il n'en fasse pas plus pour sa femme.

Le cercueil fut lentement descendu dans la fosse. Une foule énorme se tenait derrière le père et la fille. Dévastée par le chagrin, Wang Ah-ma s'évanouit. La chorale des jeunes filles chrétiennes de Chinkiang chanta *Amazing Grace.* Je les accompagnai sur le piano de Carie et fis le serment d'entretenir sa tombe comme le voulait la coutume.

Des centaines de bougies furent placées dans des gourdes coupées en deux et remplies de sable. Les membres de la chorale prièrent pour le repos de l'âme de Carie et allumèrent d'autres bougies qu'elles posèrent sur des feuilles de lotus que le courant emporta. Lentement, elles parcoururent le canal pour ensuite rejoindre le Yangtsé. Nous priâmes pour que son esprit traverse le Pacifique et retrouve son Amérique natale.

*

Absalom n'apprécia pas que Lilas se propose d'organiser un grand banquet en l'honneur de la défunte. La tradition était bouddhique et l'idée émanait de tous ceux qui se sentaient redevables envers elle. Papa lui rappela que la majorité des provinciaux qu'elle avait aidés à vivre n'étaient pas chrétiens.

— Nous aimerions chasser les vieux esprits, lui dit Lilas, et en accueillir de nouveaux pour que Carie soit favorisée dans la vie future non seulement par le Dieu chrétien, mais aussi par tous les dieux chinois.

— Voilà un honneur dont ne bénéficient que les défunts de haut rang, surenchérit papa.

— Non ! s'écria le prédicateur en fronçant les sourcils de colère. L'idée même est contraire aux principes de notre foi. Des funérailles compliquées ne sont que gaspillage. Carie n'a rien fait de plus que son devoir de chrétienne.

Perle tenta de convaincre son père qu'en honorant Carie, les gens honoraient aussi son Dieu, mais cela ne servit à rien.

Chan et ses amis proposèrent d'édifier un portique en souvenir de la défunte, mais l'idée fut là aussi abandonnée. Papa en fabriqua un d'urgence dans l'église d'un village voisin.

*

Le banquet dura une semaine. Préparé au nom de Carie, il symbolisait sa façon de remercier tous ceux qui l'aidaient à effectuer le passage d'une vie à l'autre.

Certains vinrent de très loin pour assister à la cérémonie. Debout toute la nuit, j'aidai Lilas à faire tremper, moudre, ébouillanter et égoutter les graines de soja. Nous préparâmes ainsi toutes sortes de plats à base de tofu : poulet, canard, poisson, jambon, pain ou encore gâteau.

Perle reçut les familles en tenue traditionnelle, en blanc de la tête aux pieds. Les robes de coton blanc étaient assorties aux chapeaux blancs ornés de fleurs blanches et aux protège-souliers. Elle n'aurait pu imaginer que sa mère avait tant d'amis.

On m'appela « l'autre Perle » parce que Carie m'avait adoptée à maints égards. J'entonnai le chant des pleurs avec la foule. C'était une tradition à Chinkiang de demander aux dieux d'entendre nos protestations pour l'avoir emportée si tôt.

Chan et son équipe édifièrent de petits portiques indiquant à la foule le chemin de la tombe. Des gravures sur bois de dieux protecteurs surmontaient chacun d'eux. Et chaque portique avait une dénomination bien à lui, symbole des bénédictions dont elle jouirait dans l'au-delà.

Le premier portique avait pour nom « Graines endormies » et représentait l'hiver ; le deuxième, « Fleurs en bouton », le printemps ; le troisième, « Épanouissement », l'été ; et le quatrième, « Moissons et fruits », l'automne. Carie était assurée de connaître les quatre saisons dans sa prochaine existence.

Les gens se prosternaient au moment de franchir chaque portique. On avait demandé aux enfants de supplier les dieux de garder son esprit. La troupe d'opéra de Wan-Wan joua *La Célébration* pour distraire les dieux de l'univers. Le premier d'entre eux, le dieu de la mort, avait ordonné son départ de cette terre. Il fallait l'amuser pour s'assurer qu'aucune faute ne serait commise. Venaient ensuite les démons chargés de l'escorter : il leur était demandé de se montrer « cléments avec cet esprit affligé ». Puis arrivait le Juge céleste, chargé de recenser ses vertus et de décider de son avenir. « Sois juste et bon », lui demandaient les invités en pleurs. De la nourriture et du vin lui étaient offerts pour le mettre de bonne humeur.

*

Perle était heureuse que tout le monde ait tenu à honorer sa mère en respectant la tradition. Elle participa à la cérémonie de piété et alluma de l'encens sur l'autel avant de prier pour le bien-être de son esprit.

Je lui demandai où était son mari.

— John est un Américain, me répondit-elle, et il est très occupé.

Je sentais bien que cela la contrariait.

— Il aurait dû être là pour te soutenir.

Elle parut choquée mais s'expliqua tout de même.

— Je lui ai dit qu'il n'avait pas à venir s'il était très pris.

— Perle, fis-je, regarde-moi. Qu'est-ce qui se passe ?

— John trouve que je suis trop exigeante, dit-elle à contrecœur. Il n'a même pas pensé qu'il était de mon devoir d'être ici. Il voulait que je reste à Nankin pour m'occuper de Carol.

Je secouai la tête.

— Elle ne va pas mieux, dit Perle dont la voix se brisa. Je ne veux pas croire ce que je vois mais j'y suis contrainte. Ma fille ne parle pas et ne me répond pas. J'ai essayé de lui apprendre des choses mais le contact ne s'établit pas entre nous… John me tient pour responsable. Moi aussi, je le pense… J'aurais dû privilégier Carol. Je ne sais pas ce qui s'est passé… John est anéanti. Il n'arrive pas à croire qu'elle est son enfant. Il nous a quittées la semaine dernière, une fois de plus, pour aller sur le terrain. Son absence nous empêche de nous quereller à tout instant. John sera parti trois mois, peut-être plus. J'ai peur qu'il ne revienne pas.

— Mais si, dis-je pour la réconforter. Il est le père de Carol. Donne-lui du temps.

— Tu ignores tout de notre mariage, Saule. L'échec est cuisant. La maladie de Carol, on dirait du sel sur une plaie à vif. Je pensais pouvoir y arriver. Je m'en moque bien qu'il se mette en colère après moi, mais quand il s'en prend à elle…

Je la laissai sangloter sur mon épaule.

— Je ne me vois plus continuer à vivre avec lui, reprit-elle. Notre fille ignore le mal, elle ne mérite pas la cruauté de son père.

— Tu as pourtant besoin de lui en ce moment.

— Oui, il nous faut de l'argent pour faire soigner Carol en Amérique.

Perle cesserait en 1922 de chercher un traitement efficace. Après trois ans de déception, elle accepterait son destin. En proie à un vif chagrin, elle en vint à penser à sa propre mort et envisagea même le suicide. Je correspondis le plus possible avec elle.

Elle me disait qu'écrire lui faisait du bien parce qu'elle oubliait alors de penser à Carol. Si elle ne pouvait rien pour sa fille, du moins pouvait-elle donner vie à ses personnages romanesques.

*

Après la mort de sa femme, Absalom s'éloigna encore plus de Chinkiang, partant parfois pendant un an. Cela lui permit de fonder de nouvelles églises chrétiennes. Chan le suivait, accompagné de sa femme et de ses enfants.

Papa continuait d'assurer la responsabilité de la communauté chrétienne. Parmi ses succès récents, il fallait compter la conversion de l'homme le plus riche de la ville, le propriétaire de la fameuse société vinaigrière qui avait fait le renom de Chinkiang. Grâce à ses contributions, il pouvait envoyer de l'argent à Absalom qui s'en servait pour créer des écoles chrétiennes dans les campagnes.

En plus de mes activités d'éditeur et de rédacteur en chef, j'étais chargée du cours moyen à l'école de jeunes filles de Chinkiang. Je suivais le programme instauré par Carie et y ajoutai l'étude de l'histoire de la Chine, des sciences et des mathématiques.

Je n'avais pas conscience de la popularité de *L'Indépendant de Chinkiang*, jusqu'au jour où je reçus une lettre me proposant le poste de rédacteur en chef du *Quotidien de Nankin*.

J'acceptai sans la moindre hésitation parce que j'avais toujours admiré ce journal. On le lisait dans tout le sud de la Chine et son prestige égalait celui du *Quotidien de Shanghai*. Cette proposition élargirait mon horizon et me permettrait surtout de retrouver Perle.

*

Comme si nous vivions une seconde fois notre enfance, elle m'accueillit à Nankin. Nous escaladâmes ensemble la colline Pourpre et Or si réputée. La ville s'offrait à notre vue avec ses temples, ses chapelles et le tombeau du premier empereur Ming. Nous pouvions voir la muraille longue de plus de cinquante kilomètres, percée de grandes portes de près de quinze mètres de haut chacune. Non loin s'écoulait le Yangtsé, le long fleuve qui arrosait également Chinkiang.

— J'aime les ruelles pavées et tortueuses et les petites échoppes éclairées à la bougie, me confia-t-elle. J'adore le frémissement des lampes à huile allumées dans les rues. Je ne peux m'empêcher d'imaginer la vie des familles vivant sous la protection des remparts.

Nous nous vîmes assez régulièrement une fois que je me fus installée dans un petit appartement proche de la rédaction du journal. Elle habitait une maison en brique comportant trois pièces, une demeure modeste comparée aux résidences des autres étrangers. Cette maison appartenait à l'université et John y avait vécu pendant quatre ans. Comme sa mère, elle aimait s'occuper de son jardin. À côté des roses et des camélias, poussaient des tomates et des choux.

Je fus heureuse de revoir Carol mais triste de la trouver dans un tel état. Elle avait quatre ans. J'essayais de communiquer avec elle mais elle ne réagissait pas. Je vis également John. Sa peau était plus blanche que dans mon souvenir. Il avait l'impression de perdre son temps en enseignant parce qu'il ne voulait qu'une chose, travailler avec les paysans.

— Reste à dîner, Saule, je t'en prie, insista Perle. Les domestiques font n'importe quoi pour trois sacs de riz à la fin du mois. Je me sens un peu coupable même si pratiquement toutes les familles blanches de la ville recourent à une telle aide. Mon cuisinier est originaire de Yangzhou mais il sait aussi préparer des plats à la mode de Pékin ou de Canton.

À la table du dîner, je vis le couple s'affronter. John voulait qu'elle lui serve de traductrice à l'occasion de ses futures expériences sur le terrain. Elle refusa.

— Je ne sais plus qui est cette femme, dit-il en se tournant vers moi, l'air faussement narquois. Elle n'a certainement pas besoin de mari. Elle a une histoire de cœur avec des personnages imaginaires.

— Peut-être qu'écrire lui fait du bien, dis-je pour calmer le jeu.

— Ah, fit-il en éclatant de rire, on voit que vous ne la connaissez pas ! Mon univers est trop petit pour elle. La vanité, la cupidité, voilà quels sont les vrais démons de cette maison. Même si Perle a de l'ambition, elle n'a ni talent ni formation. Elle veut être romancière mais n'a aucune connaissance académique, pas le moindre matériau. Elle est déjà perdue en tant que mère, elle se perdra un peu plus en voulant jouer les écrivains.

Elle lança un regard dégoûté à John. Il l'ignora complètement.

— Un passe-temps est destructeur quand il se change en obsession, poursuivit-il.

— John, arrête, fit Perle qui s'efforçait de contenir sa colère.

— Tu as des responsabilités ! Tu as une famille à t'occuper !

— Arrête, je t'en prie.

— J'ai le droit de m'exprimer. Et Saule a celui de connaître la vérité.

— Quelle vérité ? fit-elle, les yeux rougis.

— Que notre mariage est une erreur ! hurla John.

— Un mariage ? Mais nous ne partageons rien, répliqua-t-elle.

— Pour une fois, je suis d'accord.

— Tu n'as pas le droit de me demander d'arrêter d'écrire.

— Tu as donc fait ton choix. Tu as décidé d'ignorer mes besoins et d'abandonner cette famille.

— Et en quoi l'ai-je abandonnée ?

— Tu disparais mentalement quand tu écris. Nous n'existons plus. Je sais que moi, je n'existe plus. Tu refuses de travailler avec moi pour nous faire vivre. Tu sais parfaitement que sans ton aide je ne peux pas aller dans les campagnes. Tu fais comme si écrire était une profession mais je me rends bien compte que tu n'es qu'un amateur. Et laisse-moi te rappeler que je suis le seul à gagner de l'argent, à régler le loyer ainsi que les dépenses de la maison et les honoraires du médecin pour Carol !

— Écrire me permet de rester saine d'esprit, dit-elle au bord des larmes.

— Eh bien, on ne le dirait pas !

Elle cherchait à se calmer.

John ne s'arrêtait pas.

Perle semblait défaite. Elle se leva pour aller à la cuisine.

De la salle à manger, j'entendis Carol hurler et la servante lui dire : « Pose ce bol ! »

— Tout est question de bon sens, me dit John. Je peux comprendre que Perle ait envie d'écrire des romans pour s'évader, mais qui voudra les lire ? Les Chinois n'ont pas besoin qu'une femme blonde vienne leur raconter leurs propres histoires, et les Occidentaux ne s'intéressent pas à la Chine. Qu'est-ce qui lui permet de croire qu'elle a la moindre chance de succès ?

14

ACCEPTER D'ENTRER AU *QUOTIDIEN DE NANKIN* fut certainement la décision la plus judicieuse de toute ma carrière. J'étais entourée de collaborateurs intelligents et ouverts d'esprit. Notre équipe rivalisait avec celles du *Quotidien de Pékin* et du *Quotidien de Shanghai.* Je rapportais souvent chez moi le travail que je ne pouvais terminer au bureau. Au bout d'un an, j'emménageai dans une maisonnette située au-delà de l'enceinte de la ville, tout près des bois et des montagnes. L'air frais, le paysage, l'intimité, tout me faisait du bien. En arrachant les mauvaises herbes, je découvris que j'avais un jardin. J'y plantai des roses, des lilas et des pivoines. J'étais heureuse de pouvoir déposer des fleurs fraîches sur la tombe de Carie à l'occasion de la fête du printemps.

Perle continua d'enseigner à l'université de Nankin. Nous fêtâmes ensemble notre trente-quatrième anniversaire sans cesser de nous taquiner et de plaisanter sur nos propres existences. Du point de vue légal, j'étais toujours la femme de mon ancien mari puisque le divorce n'était pas admis dans les mœurs chinoises. Je n'avais pas la moindre idée du nombre de concubines qu'il avait auprès de lui et du nombre d'enfants qu'il pouvait avoir. Je demandai à mon père si lui, en tant que responsable de l'église, pouvait faire une annonce qui me sépare de cet homme.

Papa ne trouvait pas cette démarche nécessaire.

— Ce que les yeux ne voient pas, le cœur ne s'en soucie pas, dit-il en citant un proverbe. Ton mari raconte à qui veut l'entendre que tu es morte. Je suis fatigué d'expliquer sans cesse que ce n'est pas vrai.

Je lui demandai également s'il aimerait venir à Nankin pour que je m'occupe de lui. Il refusa en m'expliquant qu'il était le fantassin de Dieu. L'église était son foyer et ses membres, sa famille.

De son côté, Perle proposa au doyen de l'université de Nankin de demander à Absalom d'enseigner, à titre bénévole, la religion occidentale. Elle réussit à convaincre son père, maintenant âgé de soixante-treize ans, de modérer ses activités et de s'installer chez elle. Il finit par accepter.

À sa suite, Chan et Lilas vinrent aussi à Nankin. Ils trouvèrent une maison modeste, à un peu plus d'un kilomètre de la sienne. Chan croyait qu'il aurait besoin de lui parce qu'il « ne cesserait jamais d'agrandir le royaume de Dieu ».

Lilas était convaincue que son bonheur tenait à l'adhésion de son mari à la foi d'Absalom. Il avait des centaines d'adeptes et elle était l'une d'elles.

— Absalom apprécie de risquer sa vie en allant dans les campagnes, dis-je à Perle.

— Tu te rappelles les premiers temps où il prêchait dans les rues de Chinkiang ? fit-elle en souriant.

— Oh, oui, tout le monde le prenait pour un dément !

*

Perle essayait de faire répéter à Carol le mot qu'elle lui apprenait depuis le début de la semaine, mais la petite fille ne réagissait pas. Cela les rendait folles, toutes les deux. Les serviteurs chinois n'arrêtaient pas de lui donner à manger parce que embonpoint était pour eux synonyme de bonne santé. Bien qu'handicapée mentale, elle avait un physique très résistant. Un jour, elle frappa sa mère au front avec un presse-papiers en pierre.

Le sang coulait lentement sur le visage de Perle mais Carol, inconsciente de ce qu'elle avait fait, continuait à jouer. Perle s'assit par terre et s'essuya.

John, quant à lui, fuyait la réalité. Il évitait sa femme et sa fille et passait de longues heures à travailler dans son bureau, même le dimanche.

Le refus de Perle de se désintéresser de Carol détériora un peu plus leurs relations. Elle traita son mari de lâche le jour où il tenta de la convaincre qu'il était inutile de s'opposer à la volonté divine.

Elle exprimait souvent sa colère en chinois. Il comprenait mais se montrait incapable de lui répondre. Elle disait souvent : « Sur le fumier comme dans la viande, le ver fait ses petits. »

Quand elle hurlait : « Seuls les orteils savent que la chaussure fait mal », on pouvait se demander s'il voyait vraiment de quoi elle parlait.

Affronter son mari et s'occuper de sa fille l'épuisaient. Elle négligeait son apparence et portait chaque jour la même veste brune froissée, la même jupe de coton noir. Elle ressemblait de plus en plus à une Chinoise. Les cheveux ramenés en chignon, elle marchait à grands pas, une pile de livres sous le bras.

Perle finit par ne plus rien exiger de Carol. Je la trouvais souvent assise en silence en train de regarder sa fille. Son visage était empreint d'une infinie tristesse.

*

À l'université, Perle était un professeur apprécié de tous, d'autant plus que le chinois était tout compte fait sa langue maternelle. Elle ne tarda pas à être nommée au conseil d'administration de l'université. En plus de l'anglais, elle enseignait la littérature anglaise et américaine. Elle portait un grand intérêt à ses étudiants et adorait les entendre comparer leur existence à celle des personnages de Dickens. Elle donnait aussi des cours à des personnes plus âgées et conversait avec elles en anglais, ce qui lui permettait de mieux connaître leur vie et celle de leur famille.

Elle partagea avec moi une histoire que lui rapporta l'un de ses élèves.

— Il y a trois mois seulement, commença-t-elle, un massacre a été perpétré dans la ville de Shaoxing. Un groupe de jeunes communistes a été décapité par le gouvernement nationaliste. Leurs corps ont été dépecés, broyés et transformés en pain que l'on vendait à la boulangerie ! Tu arrives à y croire, Saule ? Ils terrorisent le peuple pour mieux le soumettre !

*

Perle découvrit que ses serviteurs lui cachaient quelque chose.

— La nuit dernière, vint-elle me dire, j'ai entendu du bruit au fond de mon jardin et j'y ai découvert une femme qui vivait là avec son nouveau-né. Elle devait avoir mon âge, un peu plus jeune peut-être. Elle s'appelait Sooching. Elle me raconta qu'elle était ici depuis six mois et que son fils était né il y a quelques jours seulement.

— Elle t'a suppliée de la laisser là ?

— Naturellement.

— Et qu'est-ce que tu lui as dit ?

— J'étais plutôt embêtée. Je ne pouvais pas la chasser. Et puis cette mendiante avait appelé son fils Confucius.

Cela ne m'étonna pas. Moi aussi, j'aurais pu m'appeler ainsi. À l'époque où il était très pauvre, papa avait décidé que s'il avait un garçon, il lui donnerait le nom d'un grand philosophe de l'Antiquité, Confucius, Tchouang-Tseu ou encore Lao-Tseu.

— Publieras-tu ce genre d'histoires si je les écris ? me demanda Perle. Je veux dire, des histoires arrivées à des gens de tous les jours ?

— Personnellement, j'aimerais beaucoup, mais j'ignore si la direction du journal sera d'accord.

— Pourquoi ? Ce sont des histoires vraies et émouvantes. Elles pourraient intéresser les lecteurs et même leur faire du bien.

— Oui, peut-être, mais le journal a coutume de ne publier que ce qui remonte le moral, pas ce qui déprime. Ne confonds pas *Le Quotidien de Nankin* et *L'Indépendant de Chinkiang*. Le gouvernement nous finance.

— À quoi sert un journal s'il ne dit pas la vérité ? me demanda Perle. Les lecteurs ont une image faussée de ce pays.

— Lis les journaux publiés par les communistes si tu veux la vérité. J'ai aussi des livres de Lu Xun et de Lao She que je pourrais te prêter.

Impatiente, elle vint chez moi m'emprunter les ouvrages que je lui recommandai.

Même si je continuais à fréquenter régulièrement l'église, il se produisait dans le monde extérieur de grands changements que mon travail me faisait connaître. Les lectures de Perle allèrent rapidement au-delà de mes conseils et l'aidèrent à oublier quelque peu ses problèmes conjugaux. Elle recouvra son enthousiasme et redevint celle que j'avais toujours connue.

*

Nous discutions des ouvrages de Lu Xun. *La Véridique Histoire de Ah Q* était le roman préféré de Perle mais elle trouvait qu'il regardait un peu de haut ses personnages.

— Les paysans qu'il décrit sont toujours stupides et bornés, me dit-elle.

— Peut-être, mais le seul fait de parler d'eux est en soi révolutionnaire.

Elle n'appréciait pas trop le caractère désespéré des romans contemporains et préférait les histoires s'achevant sur une note d'espoir.

— Le personnage principal doit avoir confiance en soi et faire montre d'endurance devant les épreuves.

— Les tragédies à fendre le cœur occupent une place de choix dans la culture chinoise depuis des millénaires, lui rappelai-je. Les romanciers et les lecteurs se délectent de ce « désespoir ».

— Ce n'est pas toujours vrai, rétorqua-t-elle. *Au bord de l'eau* en est le meilleur exemple. Les paysans pauvres sont contraints à devenir des bandits mais le roman déborde d'énergie. Il n'y a là aucune amertume. Pour moi, telle est l'essence chinoise !

— Les critiques chinois ne partagent pas ton opinion. Ils disent que *Au bord de l'eau* manque de complexité. Ils y voient de l'art populaire, pas de la littérature.

— Voilà exactement pourquoi les choses doivent changer. La vie quotidienne est riche en soi et il faut y prêter attention. Regarde Sooching, la femme qui a accouché dans mon jardin. Je suis certaine qu'elle a tranché de ses dents le cordon ombilical comme le fait Sun-la-cadette dans *Au bord de l'eau* ! Je la vois mal s'apitoyer sur son sort. Cette pauvre mendiante dévorée par les poux est prête à lutter. Voilà un personnage de roman digne de ce nom !

Je lui rappelai la première fois où nous avions parlé de ce classique des lettres chinoises qu'est *Le Rêve dans le pavillon rouge*. Nous avions seize ans et je venais tout juste d'apprendre à lire. Perle n'aimait pas le livre, surtout son héros, Jia Baoyu.

— Tu as changé d'avis ? lui demandai-je.

— Non, Baoyu n'est qu'un séducteur.

— Les Chinois voient en lui un rebelle autant qu'un prince de l'esprit. On admet communément qu'il mérite plus de respect qu'un empereur.

— Ceux qui pensent cela ne sont qu'une minorité.

— Oui, mais cette minorité règne sur le monde des lettres.

— Est-ce que tu veux me dire que la majorité, c'est-à-dire les paysans, ne compte pas en Chine ?

Je dus reconnaître avec elle que c'était injuste.

— *Le Rêve dans le pavillon rouge* est un classique, reconnut-elle, mais il a une beauté maladive. On n'y parle que de fuite devant la réalité et d'apitoiement sur soi-même. En revanche, il a le mérite de faire la critique du système féodal de l'époque.

— Je suis heureuse de te l'entendre dire.

— En tout cas, ce roman me fait penser aux *Souffrances du jeune Werther* de Goethe. À une différence près : Werther tombe amoureux d'une seule personne, Lotte, alors que Baoyu s'éprend de douze jeunes filles.

— En Chine, les hommes cultivés passent leur vie à l'imiter.

— Les bars et les bordels sont devenus l'unique source d'inspiration. Quelle pitié ! Pour moi, il est criminel de voir la littérature délaisser ainsi la plus grosse partie de la population chinoise !

15

DES JOURS DE PLUIE ANNONCÈRENT la venue du printemps. Les camélias en fleurs penchaient la tête vers le sol. C'était la nuit, et j'étais en train de travailler quand j'entendis frapper à ma porte.

Perle n'avait pas de parapluie et ses cheveux dégoulinaient. Elle avait l'air désemparée.

— Que se passe-t-il ?

Je la fis entrer et refermai la porte.

— John…

Incapable de parler, elle me tendit une feuille de papier froissée, une lettre manuscrite, la copie d'un vieux poème érotique chinois.

— Ce n'est pas son écriture, me fit-elle remarquer.

— Une étudiante, tu crois ? Où l'as-tu trouvée ?

— Dans son tiroir. Je suis allée chercher une adresse dans son bureau. J'écrivais à sa tante qui me posait des questions sur Carol.

J'étais abasourdie.

— John a une liaison ?

— Qu'est-ce que tu veux que ce soit d'autre ? répondit-elle, les larmes aux yeux.

— Où est-il à cette heure-ci ?

— Je l'ignore.

— Il sait que tu es au courant ? Depuis combien de temps te trompe-t-il ?

— Je n'ai fait que m'occuper de Carol…

— Cette fille, tu la connais ?

— Je crois, oui. Elle s'appelle Lotus, elle est en première année. Je l'ai vue plusieurs fois dans le bureau de John.

— Elle est jolie ?

— Je ne me souviens pas… qu'elle soit particulièrement jolie. Elle lui a servi d'interprète sur le terrain. Il est parti avec elle. J'ai été ridicule de lui faire confiance. En tout cas, fit-elle en prenant la serviette que je lui tendais pour s'essuyer le visage, je ne peux pas dire que je n'ai rien vu venir.

Je préparai du thé.

— Qu'est-ce que tu vas faire ? lui dis-je.

— Si je n'avais pas Carol, je m'en irais.

Ses yeux s'emplirent à nouveau de larmes.

— Mais tu n'as pas assez d'argent, n'est-ce pas ?

— Oui.

Je pensai à la mère de Perle et à la vie de recluse qu'elle avait menée.

— Tu comptes rester avec lui pour Carol ?

Elle passa la main dans ses cheveux humides, puis elle se mordit la lèvre et secoua la tête.

— Je crois que… commençai-je.

— Saule, le mois dernier j'ai réussi à placer deux textes, dans *La Chronique d'Asie du sud-est* et *Aventure Magazine*. Ce n'est pas cher payé, mais tout de même.

— Perle, tout le monde a du mal à gagner sa vie de nos jours, surtout quand on est une femme. Tu es au courant.

— Rien ne pourra m'arrêter, dit-elle d'un ton résolu. J'ai le sentiment qu'écrire est ce qui me réussira le mieux. Je dois essayer.

— Avec tes histoires chinoises ?

— Absolument. Je crois à mes histoires chinoises, comme tu dis. Aucun autre auteur occidental ne peut montrer comme moi ce qu'est la vie en Extrême-Orient. Parce que j'y vis, bon sang ! Le monde chinois est une terre vierge. Il est comme l'Amérique de jadis, fécond et riche de promesses !

*

Perle et moi fîmes une nouvelle découverte : le poète Xu Zhimo. Il était surnommé « l'homme de la Renaissance » ou encore « le Shelley chinois ». Il voulait que la classe ouvrière accède à la littérature et cela faisait de lui le chef du Nouveau Mouvement culturel chinois. Nous étions ses ferventes admiratrices.

Je partageai avec elle cette réflexion tirée d'un essai de Xu Zhimo intitulé *À propos de l'univers* : *« Le buisson qui pousse au pied de la montagne n'éprouvera jamais le même plaisir que le pin. Pour toucher les nuages qui roulent dans le ciel, le pin doit se pencher dangereusement au bord de la falaise. »*

En guise de réponse, elle m'envoya un paragraphe tiré de son essai, *Morale du suicide*, accompagné d'une note personnelle : « Dis-le-moi si tu ne tombes pas amoureuse de l'esprit de ce poète. »

« … il est néfaste de voir que ces suicides incarnent les valeurs de notre société et posent des critères moraux : une villageoise se noie au lieu d'obéir à sa belle-mère abusive ; un homme d'affaires se pend pour échapper à la faillite ; un Indien se sacrifie pour nourrir des crocodiles et un ministre boit du poison pour manifester sa loyauté à l'égard de l'empereur.

« Nous portons atteinte à l'intégrité de l'individu en honorant ces morts. Nous rendons glorieuse la mort. À mon avis, les gens qui se suicident ne sont pas des héros mais des victimes. J'ai pour eux pitié et sympathie, mais ni respect ni admiration. Ce ne sont pas des martyrs mais des insensés. Il y a d'autres types de suicides, que je crois réellement glorieux et dignes, ceux des personnages

du Roméo et Juliette *de Shakespeare, par exemple. Leur mort nous touche parce que nous nous identifions à leur humanité. »*

*

Le vent soufflait fort. Les pins géants se dressaient devant un ciel gris. Perle et moi étions assises, la ville en dessous de nous, et nous parlions de Xu Zhimo. Nous savions déjà pas mal de choses à son propos. Il avait suivi des cours de droit à l'université de Pékin. Ensuite, il s'était rendu en Angleterre pour étudier l'économie mais avait préféré passer un diplôme de littérature. Puis il était allé à l'université de Columbia, en Amérique, et s'était intéressé aux sciences politiques. Nous nous passionnions surtout pour sa thèse de doctorat, *Position sociale des femmes en Chine*.

Perle me récita l'un de ses poèmes, *Cancer en littérature* :

Le langage sent la morgue
Pourrie, sale et puante
Angoisse et lutte
Pas moyen de s'échapper
Enthousiasme juvénile
Espoir et idéal
L'herbe pousse dans le béton
Vers l'air et le soleil.

— Tu es tombée amoureuse de lui, dit-elle pour me taquiner.

J'aurais voulu pouvoir nier. J'acceptai une mission à Shanghai pour suivre ses lectures de poésie. Quel bonheur de voir qu'il était exactement tel que je l'avais imaginé ! Chinois du nord, grand et beau, il avait des cheveux noirs ondulés et soyeux. Ses yeux en forme de feuille étaient pleins de douceur, mais son regard était intense. Sa bouche était sensuelle et il lisait avec passion. Autour de moi, le monde s'évanouissait.

Je te le confie
Les chatons du peuplier sont tombés à terre

Je te le confie
Le coucou confond la nuit et le jour
Et crie « Mieux vaut s'en retourner ! »

À la lune claire
Je confie un cœur anxieux
Qui dit que tu es à mille lieues de moi
Je te le confie
La lune t'éclairera
Je te le confie
Le givre baise les tendres roseaux des marais.

Je suivais Xu Zhimo et achetais des billets pour chacune de ses causeries. Je m'habillais pour lui en espérant que nos chemins se croiseraient. Il ne semblait pas me remarquer, mais parvenir à le voir était ma récompense.

À Shanghai, j'appris que, tout comme moi, des milliers de femmes rêvaient de lui. Nous nous élancions vers sa personne comme des insectes vers la lumière.

Perle me dit qu'il faisait l'objet de nombreux cancans. Le magazine *Celebrity* ou les journaux du soir de Shanghai titraient sur ses relations avec trois femmes différentes. La première était son épouse, suite à un mariage arrangé. C'était la fille d'une riche famille de Shanghai et elle l'avait suivi en Angleterre. Le couple avait expliqué en public que leur relation était une erreur où l'amour n'avait pas sa place. La société chinoise était horrifiée par le mot « divorce ». Les cyniques pensaient qu'il avait abandonné son épouse pour mieux s'intéresser aux autres femmes. Elle revint en Chine pour donner naissance à leur fils et continuer à vivre auprès des parents du poète.

On racontait que la belle mademoiselle Lin était la deuxième femme de Xu Zhimo. Elle avait suivi des études d'architecture en Amérique et était la fille du mentor du poète, professeur de littérature chinoise en Angleterre. On disait aussi que mademoiselle Lin était déchirée entre lui et son fiancé, un grand spécialiste de l'architecture chinoise.

Après maintes péripéties, mademoiselle Lin privilégia le fiancé. La troisième femme était une courtisane de Pékin qu'il épousa pour la sauver de l'alcool et de l'opium. Leur mariage, chaotique dès le début, fit la une des journaux et la couverture des magazines.

*

Perle m'adressa un télégramme alors que je me trouvais encore à Shanghai. Mon cœur s'emballa à chaque mot : *« Xu Zhimo va venir à l'université de Nankin. Il accompagne Tagore, un poète indien. Tu ferais bien de te hâter parce que je lui ai envoyé une invitation pour venir s'adresser à mes élèves, et il a accepté ! »*

16

LE RÔLE DE L'HÔTE ET CELUI DE L'INVITÉ furent d'emblée inversés. Xu recevait plus d'attention que son distingué invité, Rabindranath Tagore. Les deux hommes se tenaient côte à côte sur une estrade. Tagore lisait son poème, *Gitanjali*,[1] et Xu Zhimo traduisait. La salle était bondée et les étudiants applaudissaient à la fin de chaque phrase.

Très solennel, Tagore était enveloppé dans une sorte de couverture brune. Il n'avait qu'une bonne soixantaine d'années mais les Chinois le trouvaient beaucoup plus vieux, certainement à cause de sa longue barbe. À côté de lui, Xu Zhimo était mince, jeune et élégant. Il était de toute évidence celui que la foule attendait, lui, le prince en titre de la littérature chinoise.

Les étudiants ne cessaient de l'acclamer, et Tagore était de plus en plus mal à l'aise.

— Je pensais qu'ils étaient venus me voir, dit l'Indien.

— Mais, certainement, ils sont là pour fêter votre œuvre.

Nous étions assises au premier rang. Je portais ma veste

---

1. *L'Offrande lyrique*, traduction française d'André Gide.

argentée à la mode de Shanghai et un foulard de soie écarlate. Perle était arrivée en retard, toujours vêtue de sa veste brune froissée et de son pantalon noir, chaussée de souliers de paysan. Ses chaussettes étaient si lâches qu'elles lui tombaient sur les chevilles. Sa coiffure en bataille m'indiquait qu'elle avait eu des problèmes avec Carol.

— Je n'y crois pas, murmurai-je, tu n'as même pas pris la peine de t'habiller correctement.

— Je suis là, non ? trancha-t-elle.

— Mais c'est Xu Zhimo, pour l'amour du Ciel ! On n'a pas souvent l'occasion de rencontrer une célébrité.

Elle me regarda d'un air las.

— Quoi ? fis-je.

— Rien.

— Dis-le.

— Eh bien, je m'en serais fichue de le rater. Moi, je suis venue voir Tagore.

— Je prends le jeune et toi, le vieux, d'accord ?

— Chut.

Xu Zhimo traduisait à présent le dernier poème de Tagore :

Je n'attends que l'amour pour m'abandonner enfin à tes mains,
Voilà pourquoi il est si tard, pourquoi je me sens coupable de telles omissions.
Ils viennent avec leurs lois et leurs codes pour me ligoter.
Mais je m'évade toujours,
Car je n'attends que l'amour pour m'abandonner enfin à tes mains.
Les gens me blâment et me disent insouciant
Et je ne doute pas de la justesse de leurs accusations.

— Tagore a de la chance, murmurai-je à Perle.

— C'est vrai, Xu Zhimo sait parfaitement rendre en chinois les phrases de Tagore.

— Peut-être, mais il n'a pas trop l'air d'apprécier.

Il reprit :

Le jour de marché, le travail accompli.
Ceux qui sont venus m'appeler en vain sont repartis avec leur colère.
Car je n'attends que l'amour pour m'abandonner enfin à tes mains.

Perle et Xu Zhimo se tenaient devant les étudiants. Elle avait invité le poète à leur parler au lendemain de sa prestation avec Tagore. Voilà pourquoi ils savaient ce qui allait se passer, bien avant que les historiens relatent cet événement.

Je voyais que Xu Zhimo s'étonnait de la qualité du langage de mon amie. Hormis ses traits d'Occidentale et la couleur de ses cheveux, elle avait vraiment tout d'une Chinoise.

— Veuillez recevoir mes excuses pour cette humble réception, mais nos cœurs sont sincères.

Elle sourit et fit signe à l'un de ses étudiants de venir lui verser du thé vert.

— Du Long Jing de Hangzhou, dit-elle en lui apportant sa tasse.

Elle s'inclina légèrement et posa la tasse devant lui.

Je ne compris pas qu'il fut ébloui dès l'instant où il posa les yeux sur elle. Sa décontraction le surprit.

— D'où venez-vous ? lui demanda-t-il sans se préoccuper du reste de la classe.

— Le cochon vient du nord du fleuve, lui répondit-elle dans le dialecte de Chinkiang.

Il comprit la plaisanterie et se mit à rire.

Bien des gens donnent aux coolies, vagabonds, mendiants et bandits le surnom de « cochons du nord du fleuve », ce qui signifie qu'ils sont de basse extraction. Avec une telle réponse, elle dévoilait deux aspects de sa personnalité. En premier lieu, qu'elle était une enfant du pays, en second lieu, qu'elle s'identifiait au peuple. Si elle l'avait voulu, elle aurait pu lui parler dans un mandarin parfait, recourant même à l'accent impérial.

Devant les étudiants, Xu Zhimo évoqua la difficulté à traduire Tagore.

Perle était charmeuse mais ses questions, audacieuses. Elle interrogea le poète sur la différence entre la rythmique indienne et la rythmique chinoise. Elle lui demanda aussi de parler de l'art de la traduction, principalement de la différence entre « fidélité à l'essence » et « fidélité à l'apparence ».

En extase devant Xu Zhimo, j'étais sourde et aveugle à ce qui était en train d'arriver entre Perle et lui.

— Qu'est-ce qui vous a incité à devenir poète ? lui demanda une étudiante, le bras levé.

— La folie, répondit-il en plaisantant à demi. Ma mère disait que j'étais un enfant étrange. La nuit, j'avais les yeux grands ouverts et mes lèvres murmuraient de curieuses paroles. La poésie était pour moi comme le mah-jong pour les autres enfants.

Un étudiant à lunettes l'interrogea.

— On vous appelle le Shelley chinois. Qu'est-ce que ce titre vous apporte ?

— Pour moi, il ne signifie rien, dit-il en souriant, mais je suis tout de même très honoré.

— Que faites-vous pour rendre vos poèmes si parfaits ? lui demanda Perle.

— Je me sens comme un tailleur à qui l'on a commandé un pantalon, répondit-il après un temps de réflexion. J'étudie d'abord le tissu pour savoir comment le couper. Un bon pantalon exige beaucoup de tissu. Je m'assure que la découpe va bien dans le sens du fil.

Une voix s'éleva au fond de la salle.

— Monsieur Xu, quelle opinion avez-vous du mouvement littéraire de la société contemporaine ?

Cette question fit l'effet d'une pierre jetée dans un marais trop calme.

— Je suis troublé de voir que notre pays se demande si notre langue doit être accessible ou pas aux paysans ! déclara-t-il avec force. Comme nous le savons tous, cet empereur que nous avons rejeté il y a plus de quinze ans parlait de façon si précieuse que seuls son professeur et lui la comprenaient. Bien que prestigieux, notre héritage et notre civilisation se couvrent de ridicule quand notre langue sert non pas à susciter la communication et la compréhension entre les hommes, mais la distance et l'isolement.

*

En tant que rédacteur en chef du *Quotidien de Nankin*, je créai, finançai et produisis un organe d'information, *Le Front littéraire chinois*, diffusé dans tout le pays. Il me permit de voyager, dîner et converser avec quelques-uns des esprits les plus brillants de notre époque. Ce que j'appréciais le plus, c'était le temps passé avec Xu Zhimo. Il se montra sur ses gardes, dans un premier temps, puis je gagnai sa confiance. Rapidement, nous devînmes bons amis. Je l'interrogeai sur la force intérieure qui le poussait.

— Elle importe plus que le talent, m'avoua-t-il. Écrire est à la fois ma bouffée d'air et mon bol de riz. On ne devrait pas prendre la plume lorsque ce n'est pas le cas.

— Mon amie, Pearl Buck, pense exactement ainsi.

— Vous voulez dire, le cochon du nord du fleuve ? dit-il avec un sourire.

— Oui.

— Qu'a-t-elle écrit ?

— Des essais, des poèmes, des romans. Elle tient une chronique dans mon journal. Je vous enverrai ses articles si vous êtes intéressé.

— Je vous en prie.

Comme nous continuions de bavarder, il me demanda comment nous nous étions connues.

Les gens qui creusent leur propre tombe ne se rendent même pas compte de ce qu'ils font. Ce fut exactement mon cas quand j'évoquai tant de souvenirs communs.

Après le retour de Tagore en Inde et celui de Xu Zhimo

à Shanghai, je me sentis exaltée, comme éclairée de l'intérieur. Tout en sachant que je faisais une erreur, j'ai laissé parler mes émotions. Si je n'avais jamais cru au destin et aux coïncidences, j'aurais commencé en cet instant même. Quand le conseil d'administration de l'université de Nankin me demanda de l'inviter à venir enseigner, je fis tout ce qui était en mon pouvoir pour que le projet aboutisse.

Perle ne croyait pas que cette université eût la moindre chance de l'accueillir en son sein.

— Il a enseigné à Shanghai et à Pékin ! me rappela-t-elle.

Je décidai de jouer une carte qui, à l'époque, me paraissait judicieuse. En tant qu'amies, nous adressâmes une invitation personnelle au poète.

Quelques semaines plus tard, Xu Zhimo répondait pour dire qu'il était déjà en route.

17

Après l'arrivée de Xu Zhimo, le cœur du petit monde littéraire chinois passa de Shanghai à Nankin. L'université de cette ville devint le théâtre principal du Nouveau Mouvement culturel chinois. J'organisais chaque semaine des événements où journalistes, écrivains et artistes venaient de tout le pays. J'étais si occupée que je prenais mes repas debout. Je n'avais pas eu le temps de rendre visite à Perle depuis des semaines et un soir, je décidai d'aller la voir.

Elle me surprit en m'apprenant que John était parti.

— Il vit avec Lotus, dit-elle à voix basse.

— Et Carol ?

— Il dit qu'elle ne verra même pas la différence. Pour lui, elle ne sait même pas qu'il est son père.

— Tu feras pour le mieux, dis-je pour la réconforter.

Elle secoua la tête.

— Tu as ta propre vie, Perle.

— Carol ne le mérite pas. Son propre père qui l'abandonne…

— Elle ne se rend peut-être pas bien compte…

— Eh bien, moi, si !

Je me tus.

Elle se mit à sangloter.

J'allai lui chercher un verre d'eau dans la cuisine.

— Perle, dis-je doucement, il faut que tu te coiffes et que tu t'habilles. Et puis aussi que tu manges.

— Je voudrais simplement m'en aller, mourir… il faut que je m'échappe de ce piège.

— Est-ce que tu as écrit ?

— Je n'arrive pas à faire autre chose. Tiens, fit-elle en me jetant une liasse. Ma production de la semaine derrière. Trois nouvelles.

Je jetai un coup d'œil aux titres : *Le septième dragon, La première femme de Yuan* et *La marieuse.*

— Tu as été très productive.

— J'étais dingue tant que je ne tapais pas à la machine.

Je lui demandai si des éditeurs s'étaient montrés intéressés.

— Pas un seul. L'un d'eux, à New York, a eu l'amabilité de me fournir une explication après avoir refusé mon manuscrit. Il ne m'a rien appris. John n'arrêtait pas de me le répéter.

— Que les lecteurs occidentaux se moquent bien de la Chine ?

Elle acquiesça.

— Peut-être qu'ils ont l'habitude de lire des histoires moins construites. Les convaincre que tu écris différemment peut prendre du temps. As-tu essayé les maisons d'édition chinoises ?

— Oui.

— Et alors ?

— Je me suis ridiculisée, soupira-t-elle. Les éditeurs de droite veulent du rêve et de l'évasion, ceux de gauche, du communisme et de la Russie.

— Leurs idées ne t'intéressent pas ?

— Non.

— Et tu as besoin d'argent ?

— Oui.

*

J'invitai Perle à m'accompagner à une réception donnée par *Le Quotidien de Nankin* à l'occasion du Nouvel An. Elle ne voulait pas venir mais j'insistai.

— Xu Zhimo sera là.

J'avais peine à dissimuler mon enthousiasme.

— Il s'intéresse à toi, pas à moi.

— Il est le seul à ne pas t'avoir lue. Il m'a dit qu'il voulait connaître ton travail.

— Je n'irai pas.

— Oh ! je t'en prie, ne prends pas cet air désespéré.

— Désespéré ? D'accord, je vois...

— Tu viendras ?

— Seulement pour le thé.

*

Xu Zhimo était debout sur une chaise et il agitait les bras.

— Mesdames et messieurs, je voudrais vous présenter mon meilleur ami, le grand espoir de la nouvelle littérature chinoise, Dick Lin ! Il est le septième traducteur du *Manifeste du Parti communiste* de Karl Marx et l'éditeur de *L'Avant-garde de Shanghai*.

Xu Zhimo portait un costume de soie noire de style occidental avec un col chinois et des chaussures en coton chinoises. Une raie bien tracée partageait ses cheveux.

— Dick Lin ! Dick Lin ! scandait la foule.

Dick Lin était petit et trapu ; il portait de grosses lunettes cerclées de noir. Il vint vers Perle et moi pour nous serrer la main. Âgé d'une bonne trentaine d'années, il avait des yeux de lézard et un nez busqué. La commissure de ses lèvres lui donnait un air sérieux pour ne pas dire amer.

— J'admire votre travail au *Quotidien de Nankin*, me dit-il de but en blanc. Vous pourriez travailler pour nous.

J'étais flattée mais un peu surprise par son caractère direct.

— Vous aurez votre propre page plus l'édition du week-end, poursuivit Dick Lin. Vous en serez seule responsable. Nous vous donnerons votre salaire actuel plus une prime.

Je me tournai vers mon amie et l'interrogeai du regard. Elle me sourit.

Dick s'intéressa alors à Perle à qui il s'adressa en anglais, avec un accent chinois toutefois.

— Bienvenue en Chine, dit-il en s'inclinant de façon exagérée. Quel honneur de vous rencontrer ! Xu Zhimo m'a dit que vous étiez encore au berceau en arrivant, est-ce exact ? Pas étonnant que votre chinois soit si impeccable. Pourtant, notre langue est très perverse pour les étrangers. Une erreur d'intonation et « Bonjour » devient « Je veux coucher avec vous »…

*

Le débat était animé par Xu Zhimo. Le sujet en était le suivant : *Le romancier doit-il écrire pour le peuple ou comme le peuple ?* La discussion ne tarda pas à s'enflammer.

— Le devoir du romancier est d'éveiller la conscience de la société, insista Dick Lin. Il doit apprendre la honte aux paysans. Je parle de ceux qui ont acheté et mangé le pain fait avec le corps des révolutionnaires !

L'assistance applaudit.

— La Chine en est là parce que nos intellectuels sont égoïstes et arrogants, décadents et irresponsables, continua-t-il. Il est temps que nos romanciers prennent la tête du mouvement.

Perle leva la main.

Xu Zhimo lui fit signe qu'elle pouvait parler.

— Avez-vous déjà songé que ce pourrait être le choix de l'auteur d'écrire *comme* le peuple ? Peu importe votre façon de justifier un acte comme celui que vous avez pris en exemple, le fait est que la majorité de la Chine est constituée de paysans.

Ma question est la suivante : les paysans ne méritent-ils pas une voix bien à eux ?

— Il faut d'abord choisir un paysan digne, rétorqua Dick. Quand on cueille des fruits, on garde les meilleurs pour jeter les autres. Je le répète, vous avez une obligation à l'égard de la société, laquelle a besoin d'une boussole morale.

— Vous insinuez que vous ne publierez pas les auteurs qui écrivent avec la voix du *vrai* peuple ?

— Vous m'avez parfaitement compris.

— Vous niez donc toute représentation à quatre-vingt-quinze pour cent de la population chinoise ? lui lança Perle dont la voix commençait à partir dans les aigus.

— Nous refusons toute voix à ces personnages dont l'esprit est aussi petit que leurs manières sont détestables, affirma-t-il.

— Qui publierez-vous dans ce cas ? demandai-je.

— Les auteurs engagés dans la lutte contre le capitalisme, me répondit-il. En fait, nous voulons à tout prix des œuvres d'auteurs représentatifs du prolétariat. Nous leur assurerons le succès.

— Dick veut changer le monde, fit Xu Zhimo sur le ton de la moquerie.

— Cela ne revient-il pas plutôt aux lecteurs ? dit Perle avec défiance.

— Non, les lecteurs ont besoin d'être guidés.

— Ils sont plus intelligents que nous ne pensons, dit-elle avec un sourire narquois.

— Madame Buck...

Dick baissa la voix mais tout le monde pouvait encore l'entendre.

— Je suis l'éditeur qui a refusé votre manuscrit. Je suis certain que vous avez essayé d'autres maisons d'édition, sans succès, là encore. Je le répète, il nous revient de décider, nous, pas les lecteurs.

Perle sortit calmement de la salle.

Je me levai et la suivis.

Dans le hall d'entrée, Perle se précipita vers la porte. Je courus moi aussi mais j'entendis soudain des pas derrière moi. Je me retournai pour voir Dick Lin.

Je m'arrêtai, pensant qu'il allait peut-être s'excuser de sa grossièreté envers mon amie.

— Saule, m'appela-t-il, quand pourrai-je vous revoir ? J'aimerais tant vous offrir une tasse de café un de ces jours…

J'eus un sourire méprisant et me dirigeai vers la porte.

*

Xu Zhimo se tenait devant moi, près de la porte du jardin. Ses cheveux dégoulinants de pluie collaient sur son front. D'un geste de la main, il les écarta.

— Je suis venu m'excuser au cas où mon ami aurait offensé…

— Pearl Buck m'a indiqué qu'elle ne souhaitait plus faire partie du cercle littéraire de Nankin, dis-je d'un ton tranchant.

— Dick ne voulait en rien l'agresser.

Il insista pour pouvoir s'entretenir face à face avec elle.

Je le regardais, et j'aurais voulu que le temps s'arrête. Mes émotions étaient trop fortes et je commençais à me sentir mal. Je ne cessais de me répéter que cet homme ne s'intéressait en aucun cas à moi, mais mon cœur refusait d'entendre mes propos. Je le dévorais du regard.

Il détourna la tête, mal à l'aise.

— Je lui ferai passer le message, dis-je sans réfléchir.

*

Assise à table, Perle buvait son thé, comme perdue dans ses pensées. Je l'avais arrachée à son travail et amenée chez moi pour qu'il puisse lui parler. J'étais certaine qu'elle partirait dès qu'il lui aurait présenté des excuses de la part de son ami. J'attendais avec impatience le moment où nous ne serions plus que tous les deux, lui et moi.

— Dick est inconscient, dit-il en se penchant doucement vers elle. Il est combatif par nature mais il a bon cœur. C'est un génie. Avoir une conversation avec lui revient à planter des graines ensemble. La sagesse jaillira quand vous aurez laissé entrer la lumière. Seuls ceux qui apprécient l'honnêteté peuvent l'aimer. Il se passionne pour ce à quoi il croit.

— Vous êtes donc venu porter un message de sa part ? dit Perle dont le regard se perdait à l'extérieur de la maison.

— Non, répondit-il avec tant de douceur qu'on aurait dit un souffle. Je suis venu avec le mien.

Elle ne chercha pas à savoir de quoi il s'agissait.

Il attendit.

Et moi je souffrais mille tortures en le voyant tout faire pour qu'elle tourne la tête et lui accorde son attention.

18

BIEN DES ANNÉES PLUS TARD, après la mort de Xu Zhimo et que Pearl Buck fut devenue une romancière américaine honorée à la fois par le prix Pulitzer et le prix Nobel, voici ce qu'elle écrivit à son sujet :

« Il m'assurait de son amour, et puis il m'a laissée rentrer au pays. Quand je suis arrivée en Amérique, j'ai compris que cet amour était en moi et qu'il le resterait à tout jamais.

Assis dans mon séjour, il parlait longuement et ses belles mains décrivaient des gestes exquis, et quand je pense à lui, ce sont ses mains que je vois en premier. C'était un Chinois du nord, grand et d'une beauté classique, et ses longues mains étaient d'une forme parfaite, lisses comme celles d'une femme. »

*

J'étais assise dans la même pièce que Perle et Xu Zhimo. Nous étions dans ma maison, mais je me faisais l'effet d'un spectre.

Dick Lin n'était plus au centre de leur discussion.

Le poète parlait à présent d'un musicien célèbre, un aveugle du nom d'Ah Bing qui jouait du *erhu*, une sorte de violon à deux cordes.

— Ah Bing est l'exemple parfait de celui qui a créé son art *en tant que membre du peuple*, dit-il de façon précipitée, comme s'il avait hâte d'exposer son point de vue. Avant de devenir artiste, il était mendiant, ce que les critiques ont choisi d'oublier. Il a passé des années à errer dans les rues des villes de Chine du sud. Vêtu de guenilles, il se faisait mordre par les chiens de garde. Il devint célèbre parce que sa musique émouvait le peuple. Écouter son *erhu* revenait à l'entendre raconter l'histoire de sa vie. Il a fait pleurer mon cœur et m'a donné le désir d'être un homme bon. Pourtant, il n'avait pas l'intention d'inspirer ou de guider qui que ce soit.

— Selon vous, quelles pensées occupaient l'esprit d'Ah Bing quand il jouait ? demanda Perle.

— Je me suis déjà posé cette question.

Les mains de Xu Zhimo battaient l'air comme des oiseaux.

— Se savait-il en train de créer un chef-d'œuvre ? Était-il impressionné par sa propre personne ? Pensait-il revendiquer une place importante dans la musique chinoise ?

Il se tourna vers elle comme s'il quêtait son opinion.

— Je crois plutôt qu'il pensait à son prochain repas, répondit-elle.

— Précisément !

— Ah Bing ne voulait que plaire au passant en échange d'une pièce ou deux, reprit-elle. La faim le poussait. Je l'imagine s'excusant de déranger. La nuit, il dormait sous les murailles ou derrière la gare.

— Oui, oui, fit le poète en écho, mais une fois éveillé, il jouait du *erhu* pour oublier ses malheurs.

— Ah Bing prenait son archet, la douleur jaillissait de ses cordes.

— Oui, Ah Bing, le plus grand joueur de *erhu* qui ait jamais vécu. Sa musique est désormais le symbole du Yangtsé. Elle naît au pied de l'Himalaya et s'écoule comme l'eau dans les vastes plaines avant de gagner la mer de Chine orientale puis l'océan Pacifique.

Ils parlaient comme si je ne me trouvais pas dans la pièce, comme si je n'existais pas. Je sentais la force qui les rapprochait, une force puissante. Ils étaient les Roméo et Juliette de la vraie vie, les amants papillons. J'étais assise derrière lui dans un coin de la pièce, dans l'ombre, près des rideaux. Je retenais mon souffle et n'osais pas bouger. Seconde après seconde, je voyais l'amour enfouir ses racines dans leurs cœurs. Ils s'épanouissaient comme des fleurs. C'était le destin.

J'étais étonnée d'être à la fois le témoin et la victime d'un grand amour. J'étais touchée par la naissance de leur sentiment mais d'une tristesse infinie parce que mon cœur s'étiolait.

— Je partage la voix d'Ah Bing dans la chaleur du printemps, dit Perle avec plus de douceur. Je sens le parfum enivrant du jasmin et je vois toute la beauté du monde. Son amour de la vie touche l'âme du moindre mortel. *La jeune beauté* est certainement l'air que je préfère. Son désir d'elle est profond et infini. Sa description musicale de l'éclat du soleil dans les yeux de la jeune fille m'arrache des larmes.

Il se rapprocha de Perle et leurs regards se rencontrèrent.

— Par la musique, Ah Bing fuyait la vie qui était la sienne, dit-il d'une voix quasi murmurante.

— Oui, répondit-elle sur le même ton, par la musique Ah Bing est devenu le héros qu'il désirait tant être.

Ils s'arrêtèrent de parler pour se regarder.

Le sifflement de la bouilloire m'arracha à la contemplation.

— Excusez-moi.

Je me levai et me rendis dans la cuisine. Là, j'essayai de refouler mes larmes. Je vidai la théière et la remplis d'eau froide. Mes mains tremblaient.

— Voilà ce que j'ai ressenti en lisant votre manuscrit, dit Xu Zhimo au bout d'un moment.

Je n'entendis pas la réponse de mon amie.

Je regardai par la fenêtre. Le ciel était gris foncé. Je percevais le bruit d'un torrent de montagne.

— Il faut que je m'en aille, entendis-je dire Perle.

*

Je m'efforçais de ne pas penser qu'il était resté parce qu'il se sentait gêné à mon égard. Je l'invitai à dîner et à prendre un verre. L'alcool nous monta à la tête et notre discussion fut plus animée. Je plaisantai sur mon mariage et le sien. Il me parla du trouble que lui inspirait le féminisme et moi, je l'interrogeai sur son amour démesuré de la vie.

— Ne me dites pas que vous la haïssez, lui lançai-je.

— C'est pourtant le cas, croyez-moi ou pas.

— Allons, vous êtes un dieu incarné !

— Saule, mon amie, vous avez trop bu. Une douche froide vous fera du bien.

Je lui fis remarquer que ses pensées allaient toujours à celle qui était partie.

— Vous êtes attiré par Pearl Buck, dis-je de but en blanc. Ne cherchez pas à le nier.

— Qu'est-ce qui vous le fait croire ? dit-il avec un sourire.

— Pouvez-vous me jurer que ce n'est pas vrai ?

— Je suis un homme marié, fit-il en baissant les yeux.

— Et moi, je suis ivre.

Je lui lançai mon verre à la tête. Il le manqua de peu.

— Et maintenant, sortez !

*

Je me serais sentie mieux si Perle et Xu Zhimo avaient reconnu leur attirance mutuelle. Leur déni et leur résistance ne faisaient qu'empirer les choses. Elle l'évitait à l'université. Elle alla trouver John pour le persuader de revenir à la maison, ce qu'il fit.

Perle s'enferma dans son bureau pour y écrire fébrilement. Elle envoya son manuscrit, *Vent d'Est, vent d'Ouest*, et trouva finalement un petit éditeur américain. Elle était heureuse, même si le livre ne se vendait pas. Elle s'en moquait bien. Elle ne pouvait s'arrêter d'écrire.

Elle commença un autre roman dont elle me laissait lire quelques pages chaque jour. Je finis par le lire tout entier. C'était *L'Histoire de Wang Lung*, un titre qu'elle changea par la suite en *La Terre chinoise*. Je voyais passer les ombres des villageois que nous connaissions toutes les deux. Elle décrivait un univers qui m'était familier mais que je n'avais jamais rencontré dans toute la littérature chinoise. Elle modifia ma perception du monde, et je vis alors des choses que je savais d'instinct être vraies.

*

— Elle n'en sait rien, dis-je à Xu Zhimo en partageant avec lui le manuscrit de Perle.

Je lui demandai de l'aider à le faire publier pour qu'elle ait une petite avance.

Il me promit d'essayer.

Je dois dire que je prenais beaucoup sur moi : s'il n'était pas encore amoureux d'elle, voilà qui l'inciterait à le devenir. Il croyait que Perle était une artiste authentique, le Ah Bing de la littérature.

Nous restâmes bons amis. Enfin, après pas mal d'atermoiements, il me demanda de lui transmettre une lettre.

Elle était assez longue et je lui dis que j'allais réfléchir. En vérité, ma jalousie grandissait de jour en jour, et j'étais blessée par le fait qu'elle n'avait pas fait le moindre effort pour l'attirer.

*

Perle fut le seul membre du conseil d'administration à voter contre le renouvellement du contrat d'enseignant de Xu Zhimo. Elle refusa d'expliquer sa décision à ses collègues.

— Il ne disait pas la vérité quand il prétendait n'être intéressé que par l'argent, me confia-t-elle tout en faisait frire du chou dans son wok. Il avait besoin de payer les dettes de sa femme, il a donc parlé sur le ton de la plaisanterie. Il a roulé tout le monde dans la farine, mais pas moi.

— Tu as lu ses commentaires à propos de ton nouveau roman ?

— Oui.

— Et qu'en penses-tu ?

— Qu'est-ce que tu veux que je te dise ?

— Cela t'a fait plaisir ?

— Beaucoup, oui.

— Tu crois qu'il a compris ce que tu as écrit ?

— En dehors de toi, il est le seul Chinois à me comprendre.

— Il y a une grosse différence entre nous. Son statut lui donne le pouvoir d'influencer autrui.

— Je n'ai pas dit que je refuserais son aide.

— Dans ce cas, pourquoi t'obstines-tu à le repousser ?

Elle mit le couvercle sur le wok et s'éloigna de la cuisinière.

— Mes sentiments sont très confus… il m'inspire confiance, il favorise ma créativité mais en même temps… je suis terrorisée.

— Tu es en train de tomber amoureuse ? lui demandai-je sans la quitter des yeux.

— J'ai l'impression de dévaler une colline.

— Oui ou non ?

— Saule, je t'en prie…

— Tu ne crois pas que tu me dois au moins une réponse claire ? dis-je en élevant le ton malgré moi. Je ne suis pas aussi sourde et aveugle que tu le penses. Je suis empoisonnée par l'air que vous deux respirez. Je suis une femme forte, capable de régler mes propres problèmes. Je suis honnête envers moi-même. J'ai le courage d'affronter mes rêves, mais je ne peux malheureusement pas obliger un homme à tomber amoureux de moi. Par la grâce de Dieu, la vie m'a apporté bien des choses, mais pas l'amour. Une chose est certaine :

tant que tu seras là, je n'aurai pas la moindre chance auprès de Xu Zhimo. Que dois-je croire ? Que je ne suis pas fortunée ? Ou est-ce que je dois me dire : tu ne peux pas l'avoir, mais ta meilleure amie y est parvenue ? Désolée, mais mon cœur n'est pas assez grand.

— Qu'est-ce que tu attends de moi ? me demanda-t-elle d'un air contrit.

— Je veux que tu arrêtes de me mentir !

— Saule, je ne t'ai pas menti et je ne le ferai jamais.

— Arrête tes foutaises ! « Mes sentiments sont très confus », par exemple. Ah oui ? Tu sais exactement ce qui se passe. Tu sais que tu es amoureuse de lui et que tu ne peux pas lui échapper, même si tu as essayé à plusieurs reprises.

— Je le reconnais, mais qu'y puis-je ?

— Admets la vérité. Tu ne vois pas que je cherche une épaule compatissante ?

*

J'acceptai l'invitation de Dick Lin. Nous nous rencontrâmes dans un petit salon de thé au pied de la colline Pourpre et Or. C'était une chaude après-midi d'automne. J'avais mis une veste bleue et un foulard de soie noir.

Il portait une veste sans col à la française et un chapeau assorti. Nous étions à peine assis qu'il se mit à parler de lui.

— J'ai travaillé aux champs avec mes parents avant même d'avoir cinq ans, commença-t-il. Mon père était résolu à me donner une bonne éducation même s'il n'était qu'un pauvre paysan. J'allais à l'école sans vêtements, comme les autres garçons du village. La nouvelle maîtresse venait de la ville. Elle poussa un hurlement dès l'instant où elle pénétra dans la classe parce qu'elle ne s'attendait pas à trouver une bande de singes à cul nu.

Il avait une grande confiance en soi et exigeait toujours l'attention de son auditoire.

Il parlait sans arrêt et j'en profitais pour examiner les traits de son visage. Ils formaient une étrange harmonie. Les yeux de lézard allaient bien avec le nez crochu. La bouche aux lèvres minces se mariait parfaitement au petit menton. Même s'il ne me plut pas dans un premier temps, je m'ouvris bientôt à sa chaleur, sa franchise, son enthousiasme enfantin et surtout son désir de vivre dans le rêve.

— J'ai beaucoup voyagé après m'être enfui de mon village, continua-t-il. Mon père m'a rattrapé et m'a frappé. Il a même essayé de me jeter à l'eau et de m'y noyer. Je suis parti à l'étranger pour y étudier. J'ai vécu trois ans en France. Je travaillais le jour et je suivais les cours du soir. J'ai eu ma première expérience du communisme à Paris.

Il se mit à rire puis il s'arrêta pour m'observer.

J'essayais d'être présente, mais la journée avait été rude et j'avais du mal à me concentrer.

— Et qu'est-ce qui vous a ramené en Chine ? réussis-je à lui demander.

— Ma famille ne me manquait pas mais mon pays, oui. J'avais vingt-deux ans. Jamais auparavant je n'avais senti aussi fortement que je pouvais faire quelque chose pour aider à changer le monde, renverser l'inégalité entre riches et pauvres…

Il n'avait pas la grâce de Xu Zhimo, mais je me pris à l'écouter.

— J'aurais pu rester silencieux et me montrer indifférent, dit-il en me regardant fixement comme s'il attendait une réponse de ma part. J'aurais pu imiter les sages d'antan et me terrer au cœur d'une montagne. Mais non, j'ai choisi de mener une vie qui ait un sens et de me battre pour le peuple.

Sa voix se chargeait d'énergie et moi, j'étais troublée.

*

Les nuages descendaient vers la terre et la cime des pins se tendait comme des bras de mendiant. Dick et moi suivions le chemin menant au sommet de la colline Pourpre et Or. Je songeai à lui demander de reconsidérer sa décision de ne pas publier le roman de Perle, mais à l'instant même où il dit qu'il ferait n'importe quoi pour moi, je m'en abstins. Je ne voulais rien lui devoir.

Elle mérite les honneurs, pas la pitié, me dis-je.

Il m'avoua se sentir nerveux chaque fois qu'il se tenait près de moi. Il me complimentait et me flattait. J'aurais aimé entendre ces mots dans la bouche de Xu Zhimo. Je me demandais où il était et ce qu'il faisait. Le nom de Perle hantait-il ses cieux ? Depuis quelques mois, le poète était venu plusieurs fois à Shanghai pour y retrouver sa femme. Chaque fois qu'il regagnait Nankin, il était un peu plus déprimé. Quand je l'interrogeais, il me répondait : « Elle vit dans sa fumerie d'opium et ne me parle que pour me demander de l'argent. »

Les articles à scandales qui lui étaient consacrés évoquaient les dettes énormes contractées par son épouse. On racontait que l'ancienne courtisane passait parfois son temps avec un riche mécène. Xu Zhimo se battait pour l'arracher à l'opium. Il l'avait menacée de divorcer. Selon une certaine source, il serait allé retrouver sa maîtresse architecte. Les lecteurs se passionnaient pour ses malheurs.

*

— Il est temps que tu songes à faire de lui ton amant, dis-je.

Perle se retourna brusquement.

— Tu es complètement folle, Saule.

— Pourquoi pas ? John se trouve bien avec Lotus.

— Non, dit-elle sèchement.

— Xu Zhimo…

— Arrête, tu veux ? Je n'ai pas envie de parler de lui.

— Eh bien, moi, si.

Elle était très calme. Je me dégoûtais mais je ne pouvais plus m'arrêter.

— Je ne suis pas stupide, Saule, l'entendis-je me dire. Je vois bien…

— Dans ce cas réponds à ma question.

— Je ne sais pas comment m'y prendre. Nous sommes tous deux mariés et franchement, je n'aime pas ce genre d'amusement. Car c'en est un, n'est-ce pas ?

— À ton avis ?

— Jouer à un jeu aussi cruel est bien dans l'esprit chinois. Voilà comment tu repousses ta détresse, mais y parviens-tu seulement ? Te sens-tu moins misérable qu'hier ?

— Tu parles comme ton père, affublé de la défroque de Dieu ! Tu ne veux pas voir la vérité en face !

— Je m'efforce de me comporter avec bienséance. Je suis ton amie.

— Alors, au diable, la bienséance !

— D'accord !

Elle se planta devant moi.

— Tu veux la vérité, hein ? Eh bien, la voici. Oui, Xu Zhimo et moi sommes amoureux l'un de l'autre ! Et, oui, nous allons coucher ensemble, ce soir même !

19

J'ACCEPTAI LA PROPOSITION DE DICK LIN d'être rédacteur en chef de son magazine. Je pris la décision d'aller habiter définitivement à Shanghai.

Perle était anéantie.

Un mois avant mon départ, Xu Zhimo était venu chez moi pour me supplier de protéger ses propres relations avec Perle.

— Elle s'est effondrée en apprenant votre départ. Elle me dit qu'elle verrait en moi un ennemi si je continuais à lui rendre visite. Elle m'a déclaré la guerre.

Je refusai de lui parler. J'en avais déjà beaucoup fait pour lui.

— Je reviendrai quand vous serez de meilleure humeur, dit-il, gêné.

Après son départ, je ne pus échapper au souvenir des louanges qu'il adressait à Perle. « Pearl et moi sommes des âmes sœurs ! » « *La Terre chinoise* ne ressemble à aucun autre roman que j'aie pu lire jusqu'ici, un authentique chef-d'œuvre ! » « Il faut être humanitaire pour faire un bon romancier. » « Elle a nié qu'il y eût de l'amour entre nous. »

Avant même de pouvoir dire bonjour à Shanghai et à Dick Lin, je savais qu'il me fallait mettre mes affaires en ordre à Nankin. Pourtant, les ombres de Pearl Buck et de Xu Zhimo me suivaient partout.

Dick me promit l'indépendance mais ajouta qu'il serait toujours là si j'avais besoin de lui.

« Vous venez à Shanghai, me disait-il dans ses lettres, voilà tout ce qui compte. »

Il était confiant, j'en viendrais à l'aimer.

Je le prévins que je profiterais de lui.

« Vous ne me devez rien », telle fut sa réponse.

Il m'expliqua que Shanghai était devenu un « berceau rouge » depuis la création du Parti communiste, en 1921. Cela faisait déjà plusieurs années et, bien que le Parti passât toujours pour un mouvement de guérilla, il représentait à présent la principale force d'opposition au gouvernement nationaliste en poste. Dick jouait un rôle important au sein du Parti. Il était devenu le premier conseiller de Mao Tsé-toung et dirigeait le service de propagande.

Je ne m'intéressais pas vraiment à ce monde nouveau qu'il me décrivait. Je me moquais bien que les communistes l'emportent ou non en Chine. Je recherchais un coin tranquille à Shanghai où soigner mes blessures et tenter de refaire ma vie. Il me facilita les choses.

— Vous étiez un petit ruisseau et voici que vous faites partie de l'océan.

Il était heureux comme un enfant devant le jouet qu'il croyait perdu.

*

Le jour de mon départ approchait. Je ne vivais pas dans le mensonge, pas dans la vérité non plus. Perle et Xu Zhimo avaient signé un cessez-le-feu et étaient devenus amants. J'y étais pour quelque chose. Ma maison était leur nid d'amour où ils pouvaient échapper au regard inquisiteur du grand public. Pourtant, je me trompais moi-même : j'étais rongée par l'envie et par la jalousie.

Perle me connaissait trop bien pour se sentir à l'aise dans une telle situation. Elle avait même refusé de se montrer lorsque Xu Zhimo m'avait offert un dîner d'adieu. D'un côté, j'appréciais qu'il ignorât que j'étais amoureuse de lui mais, de l'autre, je souffrais quand il partageait avec moi ses sentiments pour mon amie. Son visage trahissait son amour et ce spectacle me faisait mal, mais il ne pouvait s'arrêter de parler d'elle et moi, de l'écouter.

Il était convaincu qu'elle était plus chinoise que lui. Il était engoué de sa vision des choses, de ses tenues chinoises et de son amour des camélias. Il aimait tout particulièrement l'entendre jurer en mandarin. Il aimait « l'âme chinoise sous la peau blanche ».

Il me raconta qu'enfant, il jouait souvent avec les petits paysans.

— Ma famille était formée de petits propriétaires terriens, de sorte que j'étais entouré d'enfants de paysans, mais je ne les comprenais pas quand je jouais avec eux. Je savais seulement que j'étais le jeune maître et qu'ils étaient mes esclaves. Ils n'étaient pas mes égaux en tant qu'êtres humains. Ma famille les possédait ou les louait. Tous les écoliers chinois ont la même attitude : ils regardent de haut les paysans une fois devenus adultes. Perle croit pour sa part que tous les esprits sont égaux devant Dieu. Ses livres sont merveilleux parce qu'elle y montre du respect pour ses sujets. Avec elle, le paysan devient un être humain.

Je bus et portai un toast avec lui.

— Elle me rend heureux, me confessa-t-il. Je ne sais jamais ce qu'elle va dire la seconde suivante. Elle est brillante, drôle et pleine de finesse. Ce mélange en elle de deux cultures, l'une américaine et l'autre chinoise, me fascine toujours. Je me prends à attendre avec impatience ses pensées.

— Et en amour ? lui demandai-je.

— Quoi, en amour ? fit-il, surpris.

— Est-ce qu'elle… aime comme une femme chinoise ?

Un grand sourire se dessina sur ses lèvres.

— Permettez-moi de garde pour moi ce secret.

— Partagez-le avec moi, je vous en prie.

— Il faut que je m'en aille, Saule.

— Comment osez-vous détruire le pont après avoir franchi la rivière ?

*

J'imaginais les mains qu'elle décrivait, ses belles mains, en train de la toucher. Perle me confia qu'elle s'était arrachée à sa propre sottise. Je lui demandai ce qu'elle entendait par là et elle me dit que John sortait de sa tête à l'instant même où elle retrouvait Xu Zhimo.

— Je pensais que ce que je vivais avec John était le fait de n'importe quel mariage. J'écris des histoires d'amour parce que je ne les ai pas vécues.

— Une idylle est donc si effrayante ?

— J'ai peur de l'effet qu'elle peut avoir sur moi.

— Il y a plus qu'une aventure, n'est-ce pas ?

— Je ne sais plus. Xu Zhimo est une oasis de verdure dans le désert de ma vie. Grâce à lui, je suis plus patiente avec Carol et tolérante à l'égard d'Absalom. Je ne me dégoûte plus. Le désespoir m'a quittée. J'ai même songé à adopter une petite fille. En fait, j'ai déjà entamé la procédure. Pourtant… j'ai du mal à concevoir que nous puissions avoir un avenir ensemble.

— Parce que vous êtes mariés tous les deux ? Ou parce que vous êtes trop différents ?

— Je ne sais qu'une chose, je suis amoureuse de lui et je ne suis plus capable de réfléchir.

— Il va continuer à te poursuivre de ses assiduités.

— Il ne comprend pas mes responsabilités. Il ne comprend pas qu'avec Carol, je ne serai jamais libre. Il m'a raconté avoir perdu un fils à l'âge de cinq ans. Il a réussi à s'arracher seul à la douleur mais moi, je ne peux pas. Je ne suis pas comme lui. Pour Carol, je dois rester avec John... Pour l'argent, aussi.

— Tu vas renoncer ?

— Est-ce que j'ai le choix ?

— Ta mère disait souvent que vivre revient toujours à faire des choix.

Nous demeurâmes un instant silencieuses.

— Je vois ma vie s'enfuir sous mes yeux, dit-elle.

*

L'air était embaumé par le parfum doucereux des fleurs d'été. J'étais descendue au bord du fleuve pour dire au revoir à Nankin. Je savais que, protégés par l'obscurité, à l'ombre des magnolias, Xu Zhimo et Perle parcouraient les rues de la ville. Elle m'avait souvent dit que l'endroit qu'ils fréquentaient le plus était un restaurant, *Aux sept trésors*, et que son plat préféré était la soupe aux nouilles et aux champignons à la mode de Chinkiang.

John était reparti avec Lotus. Il avait accepté un nouveau poste à la tête de la section agricole d'une autre université du sud-ouest de la Chine. Xu Zhimo était libre de rendre visite à Perle, mais toujours en secret. Cet amour qu'elle ne pouvait se résoudre à quitter la faisait revivre. Elle prêta attention à la façon dont elle était vêtue et s'inscrivit aux cours de danse de l'université. Avec lui, elle alla cueillir des fleurs de camélia au début du printemps, et il publia un poème intitulé *Pétales de camélia sur mon oreiller*.

La rumeur publique racontait qu'il était revenu vers son ancienne maîtresse, et les journaux rivalisaient pour savoir quelle serait sa prochaine décision.

*

Je ne répondis pas à Perle quand elle proposa que nous nous disions au revoir. Je ne voulais plus entendre prononcer le nom de Xu Zhimo. Je m'en allai discrètement.

Le ponton était noir de monde. Seule, je montai à bord du vapeur ; mais quand le bateau s'ébranla, j'eus la surprise de voir Perle courir sur le quai.

Je ne pensais pas qu'elle me retrouverait.

Elle ralentit puis s'arrêta. Derrière elle, les gens se faisaient des signes et s'interpellaient.

Elle m'a finalement trouvée. Ses yeux… Je savais qu'elle me voyait parce qu'elle se tenait immobile et regardait droit devant elle. Elle portait une robe chinoise de couleur indigo et ses cheveux étaient ramenés en chignon. Le soleil l'illuminait. Elle ressemblait à Carie.

J'aurais voulu pouvoir fermer les yeux.

Les marins larguèrent les amarres et le vapeur prit de la vitesse.

— Adieu ! criait la foule sur le quai.

— Hé, toi, l'imbécile, le futur décapité, lançait une femme à son mari, n'oublie pas de garder du petit bois quand tu auras allumé le poêle !

Le mari éclata de rire et lui répondit sur le même ton.

— Et toi, face de pomme ridée, rentre à la maison si tu ne veux pas que je mange toutes tes économies avec une concubine !

Je me mis à pleurer. J'aurais tant aimé serrer Perle dans mes bras. En partant, je voulais échapper à ma propre douleur, mais je n'avais réussi qu'à la punir.

Ce départ préserverait notre bien commun, du moins l'espérais-je.

Mais pouvais-je vraiment m'en aller ?

L'eau nous séparait. Les gens continuaient de se lancer toutes sortes d'insultes humoristiques.

Et soudain j'entendis Perle.

— Je ne suis pas un oiseau mais un moustique, cria-t-elle avec l'accent de Chinkiang. Trop petit pour ton fusil !

Sachant que j'étais pardonnée, je lui répondis :

— Prends garde à toi quand tu trouves un beau coq et ne t'étonne pas si les dents viennent à lui pousser !

— Va chevaucher ton buffle et je t'admirerai !

— Mai oui, le renard vient pleurer à l'enterrement du poulet ! Allez, pars !

20

ÉTAIT-CE À LA PORTE DES VOISINS ou à ma propre porte que l'on frappait ? La mansarde où je vivais n'était pas très éloignée du Bund, vaste boulevard de Shanghai longeant la rive du Huangpu. La nuit, j'entendais les porteurs circuler dans la rue et le gémissement des bateaux. Je cherchai à me rendormir, mais les coups frappés se firent plus insistants. Oui, c'était bien chez moi. Il était quatre heures du matin.

— Saule !

Je reconnus la voix de Dick.

J'allai lui ouvrir.

L'expression de son visage m'effraya. Il avait les yeux rouges et gonflés comme s'il avait pleuré.

— Que se passe-t-il ? lui demandai-je.

Il me tendit des journaux.

Je vis les gros titres et reculai d'horreur.

UN POÈTE MEURT DANS UN ACCIDENT D'AVION !

MORT DE XU ZHIMO À L'ÂGE DE 34 ANS : LA NATION SOUS LE CHOC.

UN AVION POSTAL S'ÉCRASE PRÈS DE NANKIN. LE PILOTE ET SON PASSAGER SONT TUÉS SUR LE COUP.

Je comprenais les mots mais mon esprit se refusait à admettre leur signification. Sous la date, 20 novembre 1931, le portrait de Xu Zhimo s'étalait à la une. Je voyais son beau visage souriant, ses doux yeux en forme de feuille, sa chevelure noire et soyeuse. Le physique classique d'un homme du Nord. J'effleurai l'image du bout des doigts. Mes larmes vinrent souiller l'encre d'imprimerie.

Dick me tenait par les épaules et sanglotait comme un enfant.

— Vous saviez qu'il voyageait gratuitement sur les lignes postales ? me demanda-t-il.

Oui, j'étais au courant. Xu Zhimo était souvent en contact avec moi parce que Perle avait une fois encore refusé de le voir. Elle voulait mettre un terme à leur aventure. Il pensait que son statut d'homme marié était en cause. Il était alors revenu à Shanghai pour demander à sa femme de divorcer, mais celle-ci ne s'y résoudrait qu'en échange d'une forte somme d'argent. Pour en gagner, il avait accepté de donner des conférences dans tout le pays et, chaque soir, il allait de ville en ville. Il partageait son enseignement entre l'université de Shanghai et celle de Pékin. Un ami, pilote de la postale, lui avait proposé de le transporter gratuitement. Il était heureux de pouvoir ainsi faire des économies. L'ami l'emmenait aussi à Nankin rencontrer Perle en secret.

— L'homme mordu par un serpent craindra toujours la corde, m'avait dit un jour Xu Zhimo en évoquant la peur de Perle à la perspective d'un remariage.

— Vous êtes amants, cela ne suffit donc pas ? lui avais-je demandé.

— Non, avait-il répliqué sans la moindre hésitation. J'aimerais passer le reste de ma vie à ses côtés.

J'avais encore à l'esprit l'expression de son visage à cet instant. Il était assis sur une chaise, dans ma mansarde. Debout, sa tête touchait le plafond et il lui fallait se courber. Derrière lui, par la fenêtre ouverte, les toits de Shanghai s'étendaient à l'infini.

*

Perle apprendrait la nouvelle dans quelques heures. Elle découvrirait la mort de son amant à la table du petit déjeuner, peut-être. Carol ne remarquerait pas la détresse de sa mère et la servante ne comprendrait pas l'origine des larmes de sa maîtresse.

Je ne lui avais pas parlé de la dernière visite de Xu Zhimo. Il était mécontent de me voir soutenir la décision qu'elle avait prise.

Leur séparation ne dura pas longtemps, comme lorsqu'on veut fendre l'eau à coups de sabre. Ils ne pouvaient tout simplement pas résister l'un à l'autre. Il prenait gratuitement l'avion trois fois par semaine pour la rejoindre. J'appris de sa bouche que le pilote lui avait loué sa petite maison proche de l'aérodrome. Perle m'avait décrit sa visite à cette demeure.

— Je me fais l'impression d'être une opiomane courant après sa drogue, avait-elle dit à propos de leurs rendez-vous.

Je ne cessais de découvrir de nouveaux détails relatifs à l'accident. Il y avait du brouillard ce jour-là. Le pilote avait mal évalué sa position. L'avion avait touché la cime d'une montagne et s'était écrasé. Selon une source, les deux hommes auraient été en grande conversation et la distraction du pilote avait provoqué l'accident.

Les journaux indiquaient que le chagrin de l'épouse de Xu Zhimo était tel qu'elle avait juré de ne plus jamais toucher à l'opium. Elle avait déclaré publiquement qu'elle consacrerait le reste de sa vie à l'édition des œuvres et de la correspondance de son mari.

Les funérailles eurent lieu à Nankin.

— Pourquoi pas Pékin ou Shanghai ? demandai-je à Dick.

— Telle était sa volonté, m'expliqua-t-il. Il voulait qu'on disperse ses cendres sur la colline Pourpre et Or et le Yangtsé.

Avait-il envisagé la possibilité d'un tel accident ? J'étais stupéfaite. Il avait une imagination très vive, et il n'était pas impensable qu'il ait songé à l'éventualité d'une fin dramatique.

Je me rappelai la façon dont il m'avait décrit sa dernière rupture avec Perle. Il m'avait rendu visite après des nuits d'insomnie passées à boire. C'était deux jours avant le vol fatal.

— Lui donnerez-vous ceci ? m'avait-il dit en me tendant un petit paquet.

— Elle vous a fait comprendre que tout était fini entre vous.

— Je vous demande un service, pour la dernière fois.

— De quoi s'agit-il ?

— Mon nouveau livre, un recueil de poèmes.

D'un regard, je lui avais indiqué qu'elle ne le lirait pas.

— Peu m'importe puisqu'elle en est l'inspiratrice.

*

Les personnes endeuillées emplissaient les rues de Nankin. Magnolias et jasmin étaient introuvables chez les fleuristes. Dick et moi avions pris le train et nous arrivâmes dans l'après-midi. Avant notre départ, il avait adressé un message à Perle, mais aucune réponse ne lui était parvenue.

Le crématorium de Nankin était recouvert de fleurs blanches. Sur le mur, une grande photo de Xu Zhimo accueillait les visiteurs et une banderole s'étalait sur toute la longueur de la pièce : « Les poètes du peuple ne meurent jamais. » Derrière l'amoncellement de fleurs, le cercueil était à présent refermé. Dick s'était penché sur le corps de son ami et avait expliqué qu'il n'aurait pas voulu être vu de tous.

*

Chez Perle, nul ne savait où elle se trouvait. La servante disait que sa maîtresse était partie à l'université. Je repensai à la maison du pilote.

Elle m'avait vaguement décrit l'endroit et je prévins que je partais à sa recherche. Une fois sortie de la ville, je me sentis perdue, et ce fut un petit paysan qui m'indiqua l'endroit. Il avait souvent vu un avion décoller et se poser sur un aérodrome militaire désaffecté datant de la Première Guerre mondiale. La piste était entourée de collines et des herbes folles poussaient dans les fissures du béton.

La petite maison était recouverte de lierre. Grenouilles et criquets cessèrent de chanter à mon approche. Des sauterelles bondirent sur mes pieds, l'une d'elles faillit m'entrer dans la bouche. Des moustiques géants bourdonnaient autour de ma tête.

La porte était sur le point de se dégonder. Je l'ouvris avec précaution et entrai, accueillie par des vapeurs d'encens.

Perle portait une robe chinoise bleu marine brodée de chrysanthèmes blancs, symboles du deuil et du chagrin. À genoux, elle allumait des bâtonnets et accomplissait le cérémonial funèbre en l'honneur de l'âme de Xu Zhimo. Un autel était dressé, orné de fleurs et d'eau.

— Perle, dis-je doucement.

Elle se releva et vint vers moi pour s'effondrer dans mes bras.

Je lui dis que j'avais pour elle un présent de la part de son amant.

Elle hocha la tête.

— Je t'attends dehors, dis-je en lui remettant le paquet.

Un peu plus tard, elle sortit de la maison, les yeux gonflés, et me demanda de regarder la première page du livre de Xu Zhimo. Le poème s'intitulait *Nuit de solitude.*

Derrière le paravent, la lune d'automne
Lance des regards glacés.
De mon éventail de soie,
Je chasse les lucioles qui volettent.
La nuit se rafraîchit d'heure en heure
Et glace le cœur.
Au loin la demoiselle

S'écarte du berger.
Seule reste la solitude,
Les splendeurs du jardin une fois disparues.
Le fleuve s'écoule dans l'indifférence
Et ses rives sont négligées.
L'aube vient, le vent d'est souffle
Et les oiseaux entonnent un chant funèbre.
Telles des nymphes, les pétales des balcons
Meurent doucement à terre.

Je connaissais la solitude de Perle depuis notre enfance. Elle avait toujours recherché « quelqu'un de sa race ». Elle ne parlait pas des Occidentaux, mais d'une âme jumelle, à même de vivre et de comprendre les deux mondes, l'Orient et l'Occident.

Avec lui, Perle avait trouvé ce qu'elle désirait depuis toujours. Avec lui, elle n'avait pas connu la solitude. Si elle était l'écume au sommet de la vague, il était le sable ridé au fond de l'eau.

*

Les cendres s'amoncelaient au pied du brûle-parfum.

Le soleil disparut derrière la colline et la pièce sombra aussitôt dans l'obscurité.

Plus tard, je compris le rapport entre le talent de romancière de Perle et son amour pour Xu Zhimo. Au fil des quatre-vingts livres qu'elle écrivit tout au long de sa vie, elle ferait perdurer son histoire d'amour.

« Écrire un roman, revient à traquer les esprits et les faire prisonniers, dit un jour Pearl Buck à propos de son travail d'écrivain. Le romancier est invité à connaître de splendides rêves. Celui qui a de la chance vit ce rêve une fois, celui béni des dieux le vit à tout jamais. »

Les dieux étaient avec elle. Jusqu'à son dernier souffle, elle avait certainement vécu avec l'esprit de son amant. Je n'oublierais jamais l'instant où Perle alluma un ultime bâtonnet d'encens. Elle composa un poème d'adieu à l'adresse de Xu Zhimo.

L'été sauvage était dans ton regard
Et la terre riait de toutes ses fleurs.
La main du vent
Glace le désir dans la tombe.

L'âme se courbe sous le poids du chagrin.
Sur mon bateau d'orchidée, je navigue seule.
La pluie du printemps estompe la flamme de la lanterne,
D'un vert profond sont mes pensées d'adieu.

Je trouvais que j'avais de la chance. Il ne m'aimait pas d'amour mais il avait eu confiance en moi, et cela rendait extraordinaire notre amitié. Il y avait entre nous de l'engagement et du dévouement. Il m'avait demandé de conserver les manuscrits originaux de sa poésie : son épouse avait menacé de les brûler parce que les pages « avaient l'odeur d'une autre femme ».

Je devins le gardien de ses secrets. Je lui fus si fidèle que je ne partageai ses manuscrits avec personne, pas même avec Perle. Je voulais croire qu'il m'aimait à sa façon. Il m'avait appris une chose fondamentale : il n'y a pas qu'une seule manière de voir les choses, d'éprouver les sentiments, d'appréhender la vérité.

Xu Zhimo, l'homme, l'enfant, le poète, lui qui souriait à tout ce qui dépassait son entendement… il demeurerait à tout jamais dans ma vie. Je détenais sa poésie, au sens propre, alors que j'aurais voulu gagner son cœur. Après la mort de son épouse, je fis connaître un à un ses poèmes. Mon intention était de faire durer longtemps son héritage. Je créais l'ambiguïté, et le grand public s'y noyait. « Laissons le mystère baigner notre vie », déclarai-je un jour à des journalistes.

Les échotiers spéculaient sur ce qui aurait pu advenir s'il avait vécu. À la suite de ce débat, les poèmes que je donnais furent publiés dans les journaux.

Le grand public voulait tout savoir de lui. Sa vie romantique abandonnait peu à peu ses secrets. Il était encore plus célèbre mort que vivant.

Avec le temps, je devins le dépositaire de tout ce qui le concernait. En plus de ses lettres et de ses poèmes, je recherchais la moindre chose écrite sur lui, même les potins les plus frivoles.

Au nom du *Quotidien de Nankin*, j'organisai le « Colloque Xu Zhimo ». Cet événement satisfit mon désir d'entendre prononcer son nom par de jeunes personnes. Les étudiantes portaient ses *Poèmes choisis* comme des sacs à main dernier cri. Et les entendre me faisait penser à moi, comment j'avais été amoureuse, comment je l'étais encore, comment je le serais toujours. Je murmurais son nom la nuit comme à la lueur du jour, que je sois seule, avec Perle ou sans elle.

On vint de toutes les régions de la Chine assister à mon colloque. Soupçons, rumeurs et questions entouraient la raison pour laquelle il m'avait demandé de veiller sur ses papiers. « Nous étions d'excellents amis », me contentais-je de répondre.

J'avais l'impression de vivre dans un monde irréel quand j'entendais égrener la liste des conquêtes amoureuses du poète. Les détails étaient riches en imagination et certains approchaient même la vérité, mais aucun ne me toucha.

J'appréciais les interprétations hautes en couleur de la vie de Xu Zhimo, mais je savais que moi seule détenais la vérité.

Troisième partie

21

LA MORT DE XU ZHIMO venait nous rappeler la fragilité de l'existence. Rétrospectivement, je me rendis compte que l'amour de Dick à son égard nous unissait tous. Il était combatif et imposant, et Xu Zhimo l'avait changé. « Je suis un " géant " aujourd'hui, reconnaissait-il, parce qu'il m'a enseigné la différence entre force physique et force intellectuelle. »

J'épousai Dick Lin après la mort du poète et tombai aussitôt enceinte. J'étais aux anges parce qu'un médecin m'avait dit, dix-sept ans plus tôt, qu'après ma fausse couche je ne pourrais plus jamais avoir d'enfant. J'avais près de quarante ans et Dick, quarante-quatre. Il travaillait à Shanghai et venait me voir à Nankin une fois par mois.

Perle continua d'enseigner à l'université de Nankin mais elle ne s'attardait plus sur le campus. Elle éclatait en sanglots chaque fois qu'elle voyait l'arbre sous lequel Xu Zhimo avait coutume de l'attendre. Il était plus présent maintenant que de son vivant.

— Il était le seul Chinois de ma connaissance à être sincère envers lui-même, me dit-elle. À sa façon, il était audacieux, voire impulsif. Je ne pouvais m'empêcher de l'aimer. C'était égoïste de ma part, mais j'avais besoin de lui. Nous avions besoin l'un de l'autre.

En revanche, Perle ne semblait pas consciente d'une chose, à savoir que Xu Zhimo la stimulait. Je savais quant à moi que ce genre de défi l'aiguillonnait. Tant qu'elle vécut en Chine, elle ne regarda jamais de haut qui que ce soit, mais elle n'admira jamais personne avant de le connaître, lui.

Sans ces deux êtres dans ma vie, je n'aurais jamais été celle que je suis aujourd'hui. Ensemble, nous parlions de Rousseau, de Shakespeare et de Dickens ainsi que des romanciers et des poètes classiques chinois. Même si je publiais et en impressionnais certains par mes textes, l'écriture n'avait jamais été « ma bouffée d'air et mon bol de riz », ce qu'elle était pour Perle et Xu Zhimo.

Comme Carie, elle donnait beaucoup de sa personne à l'église. Elle jouait sur le piano de sa mère, lequel tombait en morceaux. Les touches manquaient quand elles n'étaient pas faussées. Perle en tirait le meilleur parti. Elle attendait avec impatience nos retrouvailles et nous nous vîmes pour la Noël. Elle retraduisit en chinois les cantiques d'Absalom. Nous passâmes des soirées à chanter les airs préférés de sa mère, de *Gloire à Dieu* à *Salut à toi, prince de la paix* en passant par *L'amour est venu* et *Entendez chanter les anges*.

Papa ne cherchait plus à faire des convertis : les membres de la congrégation chrétienne de Chinkiang étaient désormais plus nombreux que les bouddhistes. Toujours plus de monde choisissait Jésus-Christ, le Dieu étranger.

La maison de Perle devint ce qu'avait jadis été celle de Carie, un havre pour les nécessiteux. Les voisins arrivaient sans se faire annoncer. Papa empruntait ce qui leur était nécessaire – ail et racines de gingembre, cruches et plats, médicaments ou encore vêtements. Lors de leurs visites, ils discutaient avec elle, se plaignant du temps détestable, des mauvaises affaires, d'une belle-mère acariâtre ou d'un enfant turbulent. Elle les écoutait et leur apportait réconfort. Elle pensait que seul celui qui comprend la souffrance est capable de bonheur.

Une règle tacite voulait que personne n'évoque l'état de santé de Carol devant des étrangers, mais elle se rendait bien compte que c'était justement cette fillette qui les faisait se rapprocher. Elle était mieux comprise, et les petits enfants venaient jouer avec elle comme si elle était tout à fait normale.

*

J'avais le sentiment que Perle connaissait la véritable identité de Dick, même si elle ne posa jamais de question. Il était à la tête de la section shanghaienne du Parti communiste. Le Parti avait survécu à la brutalité des purges nationalistes. Mao s'était retiré dans la province du Shaanxi, quelque part dans les montagnes du nord-ouest. Seul responsable, il avait à peine le temps de venir à Nankin.

Les Japonais profitèrent des combats entre nationalistes et communistes pour pénétrer en Chine. Au début de l'année 1934, le Japon s'empara de la Mandchourie. La nation protesta et contraignit le dirigeant nationaliste Tchang Kaï-chek à s'unir avec les communistes au lieu de les traquer.

Les troupes nationalistes entreprirent alors de marcher sur la Mandchourie pour en chasser les Japonais, et Mao exploita la situation pour développer ses forces. Dick recevait des ordres secrets de Mao pour se concentrer sur les généraux ralliés à Tchang Kaï-chek. Son objectif était de les inciter à fomenter une révolte au sein même de l'armée nationaliste.

J'étais consciente du danger mais cela ne m'empêchait pas de le soutenir. Il était évident que rien ne pourrait l'arrêter. Seule sa sécurité me concernait.

Un jour, mes craintes se matérialisèrent. La fuite d'informations sensibles avait mis ses plans en péril. Quand j'appris la nouvelle, il était déjà parti. Il se retrouva du jour au lendemain sur la liste des personnes les plus recherchées par le gouvernement. Il était sans cesse suivi. Quand il ne sut plus où aller, il se réfugia à Shanghai mais quiconque l'aidait était, lui aussi, arrêté.

Je demandai à Perle si elle ne pouvait pas lui trouver un poste temporaire à l'université de Nankin.

— Il a besoin d'un travail pour devenir résident légal d'une ville, dis-je. Il prendra n'importe quoi, même concierge ou gardien de nuit. Cela ne coûtera rien parce que nous donnerons l'argent permettant de payer son salaire.

Elle me promit d'essayer mais me prévint que la situation à Nankin était, là aussi, incertaine.

— Je l'engagerais bien comme domestique mais je suis surveillée parce que tous les étrangers sont d'hypothétiques amis du Japon.

*

Dick fut arrêté à l'instant même où il mit le pied à Nankin et jeté dans une prison militaire nationaliste. Sa véritable identité ne fut pas percée à jour mais on l'accusa tout de même de communisme. On lui demanda de coopérer et de donner le nom de ses camarades, mais il refusa. Il fut alors frappé et eut la mâchoire brisée.

— Il a pu voir un docteur ? me demanda Absalom quand j'eus donné des nouvelles à Perle.

— Non, répondis-je.

— Ridicule… Mais je ne crois pas que nous soyons impuissants. On doit pouvoir faire quelque chose pour l'aider, dit-il en se tournant vers sa fille.

— Père, il faut être prudents. Nous ne sommes pas les seuls à prendre des risques, dit-elle en évoquant les autres personnes vivant sous son toit. Nous sommes aussi responsables de leurs vies.

La maison de Perle était pleine de monde. En plus d'Absalom et de Carol, sa sœur Grâce avait emménagé. Sa famille était venue en Chine dans un but missionnaire. Sa fille adoptive, Janis, était là, elle aussi. Elle avait l'air un peu plus âgée que Carol et les deux petites filles s'entendaient comme des sœurs.

Elle insista pour que je reste auprès d'elle au lieu de rentrer chez moi.

*

Quand l'université de Nankin eut refusé la proposition de Perle, ce fut Absalom qui, du haut de ses soixante-dix-sept ans, se rendit chez le gouverneur de Nankin pour déclarer que Dick l'assistait à l'église.

— Il a menti pour la première fois de sa vie, me confia Perle peu après sa libération.

Il considérait comme un devoir sacré de protéger les membres de son église, mais il y avait là un problème, vu que Dick n'était pas chrétien. Papa réussit à convaincre le gouverneur qu'en l'aidant, il venait aussi à l'aide de toute notre famille.

— Il a besoin de voir l'œuvre de Dieu en action, lui expliqua papa. Grâce à votre geste, vous assisterez peut-être bientôt à sa conversion.

Au lieu de passer par les voies gouvernementales pour obtenir sa libération, Absalom alla trouver le chef des nationalistes. Tchang Kaï-chek était lui-même récemment converti, même si ce n'était que pour satisfaire le désir de mariage émis par sa femme. En apprenant cela, le prédicateur comprit qu'il avait une chance.

— Et s'il refuse de se convertir par la suite ? demandai-je. Nous ne voulons pas décevoir Absalom.

— Il se souviendra qu'il a été sauvé par un serviteur de Dieu, me répondit papa.

*

Même caché sous la barbe, le visage de Dick était horriblement déformé. Le côté droit de sa mâchoire était gonflé et bien plus gros que le gauche. Perle réussit à faire venir un médecin de l'ambassade américaine qui lui remit la mâchoire en place.

Il ne put pas parler pendant plusieurs jours. Peut-être était-ce aussi bien puisque cela empêchait toute discussion sur Dieu. Les deux hommes se seraient littéralement affrontés.

— Il essaierait de convertir mon père au communisme, dit Perle en riant.

Deux semaines après sa libération, un ordre arriva du quartier général communiste et Dick partit le lendemain rejoindre Mao à Yenan, dans la province du Shaanxi. Il avoua à Perle qu'il était reconnaissant à son père de l'avoir sauvé mais qu'il ne pourrait jamais croire en Dieu.

— Il doit savoir que nous autres communistes luttons pour une cause bien réelle. La Chine sera un jour débarrassée de la politique et de la religion. Le peuple sera son propre dieu.

Elle répondit que son père et elle-même étaient en désaccord sur bien des points.

— Il est l'ange combattant de Dieu. Je ne le comprends pas mais je l'aime.

Sur ce, il répliqua que cela n'avait pour lui aucun sens.

— Je ne pourrais aimer mon père s'il était mon ennemi politique.

— Je ne vois aucun ennemi, fit-elle en souriant.

Il comprit plus tard que sa rencontre avec Perle et Absalom lui avait permis de devenir une autre sorte de communiste. C'était, finalement, un exemple parfait du mode de fonctionnement de l'action divine. Seul l'avenir révélerait les changements survenus en lui. Sans le savoir, son horizon s'était élargi quand la lumière de Dieu s'était posée sur lui.

*

Il partit, la mâchoire toujours douloureuse, et promit de revenir me chercher dès qu'il serait installé. Je savais que si j'insistais, il resterait à Nankin. Il le ferait pour moi et notre futur enfant, mais il serait malheureux. Son cœur était déjà auprès de Mao et de ses camarades. Il me laissa une citation de Marie Curie : « Le faible attend qu'une occasion se présente ; le fort, lui, la recherche. » Il entendait par là le rêve d'une Chine populaire.

Perle me suggéra de réunir des médicaments et de les ranger dans des sacs. Un ami américain qui avait pu rencontrer Mao lui avait confié la chose suivante : « À Yenan, un médicament est la meilleure des devises. »

22

LE JOUR OÙ PAPA QUITTA SON ÉGLISE de Chinkiang pour venir à Nankin, Perle comprit que la sécurité des étrangers en Chine n'était plus qu'un souvenir du passé.

Il nous raconta que l'église avait été attaquée. Le gouvernement nationaliste était convaincu que le communisme était une idée venue de l'étranger, par conséquent l'église ne pouvait qu'être un repaire de communistes.

— Dick a de la chance d'être déjà parti, me dit-il. Il aurait pu se faire arrêter et tuer s'il était resté.

Nous apprîmes que toutes les routes allant de Nankin vers l'intérieur du pays comme vers le littoral étaient à présent contrôlées par les seigneurs de la guerre, devenus alliés des nationalistes.

À Nankin, rien ne laissait présager ce qui allait se passer alors que nous nous retrouvions pour le service dominical. Chacun croyait que cette capitale marquée par la présence de nombreuses ambassades ne subirait pas le même sort.

Absalom dirigea la lecture de la Bible. Nous étudiâmes le chapitre vingt-sept des *Actes des Apôtres*, *Le voyage de Paul à*

Rome. J'avais du mal à me concentrer. Je m'inquiétais pour mon mari ainsi que pour le bébé que je portais. Du bout des doigts, je suivais dans mon recueil les mots du prédicateur.

— *« Pendant plusieurs jours, ni le soleil ni les étoiles ne se montrèrent, et la tempête restait toujours si violente que nous perdîmes toute espérance de nous sauver. »*

Absalom s'efforçait de nous convaincre que Dieu ne laisserait pas le mal l'emporter quand un jeune officier de l'ambassade américaine entra précipitamment. Il était en sueur et avait le souffle coupé.

— Oui, monsieur ? fit-il, mécontent de cette intrusion. En quoi puis-je vous aider ?

L'officier lui tendit une lettre.

— Le consul général a ordonné l'évacuation immédiate de tous les Américains de Nankin, dit-il.

— Mais que se passe-t-il *au juste* ?

Il reposa sa Bible.

— Le gouvernement chinois nous a informés qu'il a perdu le contrôle de la situation et que le chaos s'instaure dans le pays, débita l'officier à toute allure. Il y a eu des émeutes dans les provinces du Shandong, de l'Anhui et du Jiangsu. La foule et les soldats ont tué des étrangers.

— Nous n'avons rien vu de tel à Nankin. Êtes-vous sûr que votre consul général ne prend pas une petite brise pour une tempête ?

— Je dois repartir, monsieur, s'excusa l'officier.

L'église était plongée dans le silence et tous les regards se portaient sur Absalom.

L'air insouciant, il reprit sa Bible, tourna une page et se mit à lire. Sa voix était posée, comme si rien ne s'était passé.

— *« ... Mais, maintenant, je vous exhorte à prendre courage : aucun de nous ne périra, et il n'y aura de perte que celle du navire. Cette nuit, en effet, un ange du Dieu à qui je suis et que je sers m'est apparu et m'a dit... »*

Il demanda aux fidèles de se joindre à lui :

— « ... *Paul, ne crains point : il faut que tu comparaisses devant César ; et voici que Dieu t'a accordé la vie de tous ceux qui naviguent avec toi. Voilà pourquoi, mes amis, ayez bon courage, car j'ai cette confiance en Dieu qu'il en sera comme il m'a été dit.* »

Papa était de plus en plus nerveux et il finit par ne plus pouvoir se contenir.

— Absalom, appela-t-il.

Il l'ignora.

— Maître...

— Oui, monsieur Yee ? dit le prédicateur, mécontent de toute évidence. J'espère que vous avez de bonnes raisons pour interrompre cette sainte lecture.

— Nankin sera le prochain Chinkiang ! s'écria papa, une note de panique dans la voix.

— Calmez-vous, monsieur Yee !

— Il ne nous reste que peu de temps. Votre famille et vous-même devez être évacués sur-le-champ !

— Mais de quoi parlez-vous, monsieur Yee ? Où nous proposez-vous d'aller ?

— Chez vous, maître Absalom !

— Mais nous y sommes.

— Non, je veux dire chez vous, en Amérique ! lança papa qui commençait à bredouiller. Votre vie est en danger !

— Je n'irai nulle part, répondit-il avec fermeté, car chez moi, c'est ici, en Chine !

*

Perle assista à l'évacuation de tous ses amis occidentaux. Les serviteurs travaillèrent jour et nuit pour emporter sacs et valises vers le fleuve où attendaient des vapeurs. La dernière famille américaine à embarquer fut celle du médecin de l'ambassade. Quand le bateau s'éloigna, Perle perdit contenance.

— Et si Carol tombe malade ? lança-t-elle à son père. Que

se passera-t-il si vous tombez de votre âne et vous cassez une jambe ?

— Le peuple chinois survit depuis des millénaires sans avoir jamais eu besoin de la médecine occidentale, répondit-il.

— Et la chirurgie ?

— Dieu prendra soin de nous.

— Je vous en prie, des hommes souffrent…

— Tu dois avoir foi en Dieu, dit Absalom non sans impatience.

— J'ai un enfant malade, père, je ne peux rien faire sans médecin.

— L'œuvre divine exige des sacrifices, déclara-t-il sans même regarder sa fille.

— L'œuvre divine ! Plutôt votre œuvre à vous, oui ! La gloire d'Absalom, l'obsession d'Absalom ! Pourquoi devrions-nous nous sacrifier pour vous ?

Grâce se joignit à elle pour demander à son père de revenir sur sa décision.

— Qu'avez-vous donc toutes ? tonna-t-il. Partez, évacuez le pays ! Partez tant que les vapeurs sont encore là !

— Nous ne pouvons vous laisser, dirent en même temps les deux sœurs. Vous êtes un vieillard !

— Le Seigneur m'épargnera car il a besoin de moi pour réaliser son œuvre.

*

L'air sentait le brûlé. Les rues de Nankin avaient des allures spectrales. Les boutiques étaient fermées. Tous les étrangers étaient partis à l'exception de la famille de Perle. Ses serviteurs avaient demandé à rester, mais elle avait insisté pour qu'eux aussi s'en aillent. Elle leur promit de les reprendre une fois le danger passé. Ils partirent donc, sachant que s'ils restaient, on pourrait les tuer pour avoir servi des étrangers.

Papa et moi nous occupions à remplir les citernes d'eau et à entreposer de la nourriture. Chaque jour, nous rendions visite à la famille de Perle, préoccupée de voir Absalom refuser de rester chez lui. Il pensait que les événements favorisaient sa mission. « Les désespérés se tournent vers Dieu », proclamait-il.

Perle et Grâce sont venues demander de l'aide à papa et le supplier de trouver le moyen d'arrêter leur père.

Il décida de le défier sur sa traduction de la Bible en chinois, et les deux hommes eurent un violent affrontement verbal.

— Ce n'est pas une erreur, insistait papa. Certaines histoires n'ont aucun sens en chinois, voilà tout.

Absalom finit par se résoudre à rester dans son bureau pour réviser son travail.

En quelques jours, les rues s'emplirent d'étrangers. Les magasins barricadés étaient pris d'assaut. Des gens couraient, d'autres les pourchassaient. Jour et nuit, on entendait des cris et des hurlements. Des coups de feu claquaient dans le lointain.

Je me rendis à l'université pour voir ce qui s'y passait. Le campus était aussi calme qu'un cimetière. Dans le bâtiment des sciences, je vis des fenêtres criblées de balles. Des taches de sang constellaient le sol.

— À l'aide…

À ma grande horreur, je découvris un étranger caché derrière les buissons, baignant dans une mare de sang. Il avait été touché à la poitrine.

— Au secours, balbutia l'homme. Je suis le doyen de la faculté… je suis… un missionnaire américain.

Il s'évanouit avant même que je puisse lui demander son nom.

— Monsieur, monsieur ! criai-je en m'agenouillant auprès de lui.

*

L'homme mourut. La fusillade était si proche à présent que j'entendais le sifflement des balles. Je revins vers la ville.

Un vent frais rafraîchissait mes joues. Les camélias étaient en fleurs. Ç'aurait pu être une belle journée de printemps.

Une femme courait vers moi, visiblement agitée.

Je la reconnus.

— Lilas !

— Ils sont là ! me cria-t-elle. Ils recherchent les étrangers ! Ils en ont déjà tué un. J'ai entendu dire que c'était le doyen de l'université.

— Cet homme est mort dans mes bras.

Elle vit le sang sur mes mains et mes habits et blêmit.

Nous coupâmes à travers les collines pour gagner la maison de Perle. Je regrettais de ne pas avoir insisté pour que sa famille et elle s'en aillent quelques jours plus tôt. La panique s'empara de moi quand j'imaginai la foule déchaînée. Lilas me raconta qu'elle avait assisté au massacre de chrétiens chinois, nos amis, nos voisins.

*

Perle pensait qu'elle avait de la chance car tous les membres de sa famille étaient encore là. Par trois fois, leur maison avait été pillée par des soldats et des groupes d'individus incontrôlables. Le moindre objet de valeur avait été emporté. Le dernier groupe était reparti, dépité, parce qu'il ne lui restait plus rien à voler.

Absalom saignait du front. Il avait tenté de s'opposer à la foule et avait été jeté à terre, mais cela ne l'avait pas empêché de continuer à raisonner avec ses agresseurs, plus que jamais déterminé à faire valoir la grâce divine. Papa dut donner ses dernières économies pour que les pillards s'en aillent.

Perle fut anéantie en apprenant que le doyen de l'université, un ami personnel, avait été tué.

— D'autres soldats vont venir à Nankin, prédit papa.

Perle et Grâce tenaient leurs enfants près d'elles. Grâce pleurait. Les deux sœurs se demandaient s'il était sage de séparer la famille.

Papa apprit à Perle que les soldats et la population étaient partout et qu'il ne faisait pas bon être dehors.

— Ils tirent dès qu'ils voient un étranger.

Absalom reparla de la foi en Dieu.

Elle se détourna.

— Préparons-nous à affronter notre destin, dit-il avant de suggérer de prier tous ensemble.

Personne ne réagit.

Il alla s'enfermer dans son bureau.

Les deux sœurs se regardaient, les yeux pleins de larmes. J'avais peur et nul ne savait que faire.

Perle prit un papier et un stylo avant d'écrire à toute allure.

— Je vais sur les quais, annonça-t-elle. Un bateau étranger aura peut-être pitié de nous. Essayer ne coûte rien. J'inscris nos noms.

— Laisse-moi y aller, lui proposai-je. Tu feras une cible ambulante avec tes cheveux blonds.

Elle me tendit la lettre pliée.

— Donne-la à toute personne susceptible de nous aider.

— J'irai, proposa papa. Les soldats vont violer Saule. Et puis, elle est enceinte.

— Non, fis-je, tu es vieux et…

Je n'eus pas le temps d'en dire plus. Il avait pris la lettre et quitté la maison. Je ne l'avais jamais vu courir aussi vite.

*

Nous n'osions pas allumer de bougies. Les enfants dormaient. Perle et Grâce se tenaient derrière la porte d'entrée et guettaient le moindre son. Épuisée d'avoir porté de l'eau à la maison, je somnolais sur une natte en paille posée à terre. Je pensais à Dick et à papa, et je priais pour eux.

Quelques heures plus tard, des coups frappés à la porte m'arrachèrent d'un profond sommeil. Tout le monde sursauta, croyant à l'arrivée des émeutiers.

— Qui est-ce ? demanda Perle.

— Ouvrez la porte, je vous en prie ! C'est moi, Sooching !

— Je vous connais ?

— Oui, j'ai accouché de mon fils dans votre cour !

— Quoi ?

— Je m'appelle Sooching et mon fils, Confucius.

— Oh, Confucius, je m'en souviens !

Perle ouvrit la porte et Sooching entra, accompagnée d'une forte odeur de purin.

— Qu'est-ce qui t'est arrivé ? demanda Perle.

— Je me suis renversé un seau d'excréments sur la tête pour ne pas être embêtée, expliqua-t-elle.

— En quoi puis-je t'aider ?

— M'aider ? Non, moi, je vais vous aider sinon demain, vous serez tous morts !

— Qu'est-ce que tu veux dire ?

— Les soldats m'ont obligée à faire la cuisine pour eux. Ils préparent un grand banquet pour demain. Je leur ai demandé pourquoi et ils m'ont répondu qu'ils tueraient tous les étrangers de Nankin demain !

Perle devint blême.

— Je viens vous offrir une cachette, madame Perle.

— Oh, Sooching, fit-elle avant d'éclater en sanglots.

— Bouddha vous bénisse, madame Perle. Vous m'avez offert une goutte d'eau quand je mourais de soif. À mon tour de vous offrir un fleuve tout entier !

Elle se tourna vers son fils afin de le présenter.

— Confucius, viens saluer mon amie.

Confucius louchait et était aussi épais qu'une baguette. Il s'inclina devant Perle.

Les larmes aux yeux, toute la famille, Absalom compris, se réunit autour de Sooching avant de la suivre dans sa modeste chaumière.

À l'instant même où elle ouvrit la porte, des nuées de moustiques se précipitèrent sur nous, prenant pour cibles nos visages, nos bras et nos jambes. Leur bourdonnement était si fort qu'on aurait cru entendre dix *erhu* jouant en même temps.

— Tout le monde s'écartera de nous à cause de l'odeur, dit Sooching.

Une fois franchie la porte, Sooching roula des balles de foin contre celle-ci pour en rendre l'ouverture plus difficile. Puis elle apporta des seaux pleins d'urine d'âne qu'elle déversa sur le sol de terre battue.

*

Papa revint, harassé et bredouille. Je lui demandai ce qu'il avait fait de la lettre de Perle et il me répondit l'avoir confiée au charpentier Chan.

— Il trouvera un bateau s'il y en a un quelque part.

Il ajouta qu'il était temps de penser à notre survie.

— Tu as appris quelque chose de ton mari ? me demanda-t-il. Je croyais qu'il devait venir te chercher.

— Dick a envoyé un message, mais qui va s'occuper de Perle et de sa famille ?

— Nous avons fait de notre mieux.

— Pourquoi n'essaies-tu pas de te trouver un endroit où te cacher ?

— Je vais chercher.

Je n'aurais jamais imaginé ce qui se passerait alors. Papa et moi fûmes enlevés en plein jour. Incapable de résister aux charmes d'une récompense, une vague relation nous avait vendus aux pillards.

— Il sait exactement où se cachent les étrangers, dit l'informateur en désignant papa.

Nous comprîmes alors que nous avions affaire à des soldats de métier dont le chef n'était autre qu'un seigneur de la guerre de notre connaissance, l'empereur Pécore.

Une vingtaine d'années s'étaient écoulées depuis notre première rencontre. L'homme était devenu commandant régional des forces nationalistes et prétendait avoir tué plus d'étrangers que quiconque dans le pays. Il était responsable de la mort du doyen.

Les soldats se préparaient à nous torturer. Ils voulaient savoir où se terraient les étrangers. Je serrais les dents et priais. Ils m'arrosèrent d'eau poivrée jusqu'à ce que je m'évanouisse.

*

Je m'éveillai dans une pièce toute propre. Papa était assis à côté de moi. Je le sentais nerveux.

— Où sommes-nous ? lui demandai-je.

Je vis que l'extrémité de ses doigts était bandée.

— Bois un peu, Saule, dit-il en me tendant un bol.

— Non, explique-moi d'abord ce qui s'est passé.

— Je vais te faire sortir d'ici.

— Mais qu'est-ce qui se passe ? Dis-moi !

— J'ai passé un accord et nous allons tous deux être libérés.

— Un accord ? Mais de quoi parles-tu ?

Il évita mon regard.

— Papa, parle !

Je m'efforçais de ne pas laisser mon imagination prendre le dessus.

— Nous sommes tous les deux sains et saufs, insista-t-il, c'est tout ce qui compte. Regarde-toi, tu es couverte de sang. Tu aurais pu perdre ton enfant.

Il n'avait tout de même pas…

— Papa, ne me dis pas…

Il baissa la tête.

— Ce n'est pas possible !

Il se mit à pleurer comme un gamin pris en faute. Je sentais mon sang se glacer dans mes veines.

— J'ai commis un crime horrible, geignit-il. Je mérite d'aller en enfer !

— Papa !

— Ils m'ont enfoncé sous les ongles des aiguilles en bambou.

Il ôta les bandages pour me montrer ses mains ensanglantées.

— Ils ont menacé de te tuer si je refusais de coopérer.

— Tu leur as dit où Absalom et Perle se cachaient ?

Il tomba à genoux en faisant oui de la tête.

23

— IL N'Y A PAS D'ÉTRANGERS ICI ! crièrent Sooching et Confucius en tentant d'éloigner les soldats de la cabane.

Les villageois resserraient les rangs, terrorisés.

Un soldat frappa Sooching de la crosse de son fusil. Elle tituba et son nez se mit à saigner.

Confucius sauta sur le soldat et le mordit.

D'autres soldats s'emparèrent de l'enfant et le frappèrent au ventre.

Cachés dans la foule, papa et moi avions honte et peur à la fois.

— Brûlons la cabane ! proposa l'un des soldats.

— Les étrangers avec ! lança un autre.

— Non ! hurla Sooching

Les villageois se rapprochèrent.

— Il n'y a aucun étranger dans la cabane, dirent-ils aux soldats qu'ils tentèrent de repousser.

Un coup de feu claqua et un uniforme en tenue militaire à épaulettes fendit la foule. C'était l'empereur Pécore. Une rangée de boutons dorés étincelait sur sa veste. Des médailles barraient sa poitrine. Son chapeau ressemblait à une feuille de lotus.

— Quelqu'un a-t-il envie d'une balle ?

Ses grosses joues tremblaient quand il parlait.

— Respecté général, dit Sooching en se traînant à ses genoux, épargnez mon humble demeure, je vous en supplie !

— Seulement si tu me livres les étrangers, dit-il en agitant son pistolet.

— Je n'en connais aucun.

— Mère de toutes les vermines, comment oses-tu me mentir ?

Il la gifla de toutes ses forces avant de se tourner vers ses soldats.

— Et vous, bande d'idiots, qu'est-ce que vous attendez ?

— Pitié ! fit Sooching, accrochée aux jambes de l'empereur.

— Lâche-moi donc, truie puante !

Il lui donna un coup de pied.

Les soldats s'empressèrent d'ôter les balles de foin entassées devant la porte. Pécore s'avança et l'ouvrit d'un coup de pied.

Sooching se jeta à terre devant lui.

— Je mourrai avant que vous brûliez ma maison !

Il se dégagea et tira dans sa direction.

— Mère ! hurla Confucius.

Les soldats plaquaient au sol Sooching qui se débattait pour se libérer.

— Tu vas avoir une mort longue et douloureuse, pauvre folle. Écorchez ce lapin et mettez le feu à la cabane ! ordonna l'empereur en agitant son arme.

Les soldats commencèrent à la ligoter. Des torches enflammées furent jetées sur le toit de chaume.

— Arrêtez, au nom du Seigneur !

Pécore tourna la tête.

Absalom occupait tout l'encadrement de la porte. Derrière lui se tenaient Perle, Grâce et les enfants.

— Ligotez les étrangers, commanda l'empereur. Et faites-les s'aligner.

— Absalom ! s'écria papa en se jetant à ses pieds.

— Monsieur Yee, mon ami, répondit-il simplement.

— Je vous ai trahis ! dit papa en se frappant la poitrine de toutes ses forces. Je vous ai livrés sous la torture ! Je mérite le châtiment divin !

Papa se tourna alors vers l'empereur pour l'implorer.

— Ces étrangers n'ont fait aucun tort à la Chine. Ils ont toujours vécu à nos côtés. Regardez, voici Perle, vous vous souvenez d'elle quand elle était petite fille ? Elle a grandi à Chinkiang sous votre autorité.

— Éloigne-toi ou tu mourras avec eux !

— Votre seigneurie !

Les soldats entraînèrent au loin papa.

Perle, Grâce et les enfants furent alignés devant la cabane en feu.

Je ne savais plus où j'étais. Je ne pensais qu'au couteau de Dick caché dans un panier, dans ma cuisine. Mes jambes répondirent. Je me mis à courir.

À mon retour, une grande foule s'était amassée. La plupart des gens étaient des habitants de villages voisins venus se réfugier en ville, loin du chaos. Ils étaient bien plus nombreux que les citadins et croyaient pour la plupart que les étrangers avaient fait le malheur de la Chine. Plus tôt nous nous en débarrasserions, mieux ce serait, voilà ce qu'ils pensaient.

Je me frayai un chemin à travers la foule et marchai en direction de l'empereur Pécore. Mon intention était de le poignarder.

— Toi !

Il m'avait vue.

Je reculai et cachai le couteau de Dick sous ma chemise.

Pécore se tenait près de l'endroit où avaient été placés Absalom, Perle, Grâce et les enfants. Pendant mon absence, les soldats leur avaient attaché les mains dans le dos.

J'espérais pouvoir l'atteindre avant qu'il me tire dessus.

*

— Je mourrai en premier, prononça Absalom avec beaucoup de calme. Et nous serons auprès de Dieu, ajouta-t-il en se tournant vers sa famille.

Terrifiée, la foule regardait en silence.

Il se tourna vers elle et se mit à chanter en chinois un cantique que j'avais souvent entendu en anglais.

Le plus beau présent que le monde ait connu,
Est ce jour où le Dieu de gloire,
Seigneur de la compassion,
Nous a envoyé son Fils.

Perle, Grâce et les enfants se joignirent à lui.

L'amour est venu
Et l'espoir est là.
Son appel divin
Nous a délivrés du péché.

— Maître Absalom !

Les chrétiens chinois tombèrent à genoux pour chanter avec eux.

Le péché de l'homme nous a fait tomber,
Mais le Fils de Dieu
A vaincu la puissance de l'Enfer,
Et nous ne craindrons plus la mort !

Il chantait comme s'il était dans son église.

— Préparez-vous à tirer ! cria l'empereur, de plus en plus nerveux.

Je me glissai derrière lui et sortis mon couteau.

Il m'entendit et se retourna. Je vis ses yeux globuleux de crapaud.

Je n'ai aucun souvenir de ce qui s'est passé ensuite. Je sais seulement que j'ai brandi mon couteau et que tout est devenu noir.

« Tu n'es qu'une fourmi qui essaye de déplacer un pin ! », voilà ce qu'il m'aurait dit après qu'un soldat m'eut frappée sur la tête.

Quand je rouvris les yeux, ce fut pour entendre : « Tuez les chrétiens du riz ! »[1] Je découvris que l'on m'avait attaché les mains dans le dos et que j'étais à terre. Ma tête me faisait atrocement mal.

— Pitié, pitié ! entendis-je Perle supplier. Saule est enceinte !

— Enceinte ? fit-il en éclatant de rire. Parfait, cela m'économisera une balle !

Les soldats me relevèrent pour me placer auprès d'Absalom.

— Le Seigneur soit loué ! me dit celui-ci. Il t'a bénie en t'accordant le courage !

Papa se jeta à terre et s'inclina devant l'empereur.

— Laissez partir ma fille !

Les soldats le frappèrent à coups de crosse jusqu'à ce qu'il se taise.

— Saule, nous revenons au bercail, me dit Absalom.

Je le regardai dans les yeux et n'y vis aucune peur, rien que de la confiance et de l'amour.

— Les anges sont ici, murmura-t-il. Dieu nous attend.

Je fermai les yeux et m'appuyai contre lui. Je ne voulais pas mourir.

Les soldats nous mirent en joue.

— À mon commandement, hurla l'empereur, f…

Il n'eut pas le temps de terminer sa phrase. Le sol se souleva sous moi ; il y eut un éclair suivi d'un rugissement.

Je perdis l'équilibre et tombai.

Des mottes de terre s'abattaient sur nous.

— Mais que se passe-t-il ? entendis-je Pécore hurler.

— Ce doit être le Dieu des chrétiens qui montre sa colère ! lança papa.

Les soldats s'enfuyaient en tous sens comme des singes.

Quand la poussière fut retombée, je vis les collines proches

1. Nom donné aux convertis qui adoptaient le christianisme moins par conviction que pour les avantages qu'ils pouvaient en retirer.

du village en feu et des volutes de fumée noire s'élever vers le ciel.

*

— La flotte américaine est ici ! criaient Lilas et le charpentier Chan qui couraient le long du fleuve.

D'autres explosions se firent entendre. À nouveau la terre trembla. Il y avait encore plus de poussière, de fumée et de flammes.

Mes oreilles bourdonnaient comme si on y avait enfoncé du coton.

L'empereur Pécore courait à toute allure derrière ses soldats.

La foule se dispersa et nous nous retrouvâmes bientôt seuls devant la chaumière incendiée de Sooching.

Chan détacha Perle.

— Pardon d'avoir mis si longtemps à porter votre lettre !

— Quelle lettre ? lui demanda Absalom.

— Comment as-tu fait, Chan ? le pressa Perle.

— J'ai cru que je ne trouverais jamais de l'aide, mais j'ai eu de la chance. La flotte américaine est un peu en amont du delta du Yangtsé et j'ai réussi à faire parvenir votre mot à son chef. Il a envoyé une canonnière.

— Dieu a entendu nos prières ! lança-t-il de sa voix puissante de prédicateur.

Perle regarda le fleuve, puis elle se tourna vers Lilas qui soignait les pieds boursouflés de Chan.

La canonnière n'était pas très loin de la rive. Des flammes jaillissaient de la gueule des canons et d'autres explosions secouaient les collines. Le sol ne cessait de vibrer.

Je la vis remuer les lèvres.

— Merci, l'Amérique…

24

VINGT-QUATRE HEURES, voilà tout ce qu'elle eut pour dire au revoir. Elle allait être déracinée, transportée en Amérique, un pays qu'elle disait être sien mais dont elle ne connaissait pratiquement rien. Jusqu'à la fin de sa vie, ce dernier jour passé en Chine ne cesserait de la hanter. Jamais elle ne put dire : « Mes racines chinoises doivent mourir. »

La vie la reprit, tout simplement. Le capitaine américain ne pouvait attendre. Sa canonnière était le tout dernier bateau à quitter la Chine. Perle n'avait que quelques heures pour empaqueter quarante ans de sa vie.

Je m'efforçais de me convaincre que cette situation ne serait que provisoire. Rien de tel ne s'était jamais passé depuis notre enfance. Elle était partie à Shanghai puis en Amérique, et elle était revenue. Je ne doutais pas que nous nous reverrions un jour.

Elle disait qu'elle ne se sentait pas chez elle quand elle se trouvait ailleurs, même en Amérique, son pays natal. Quand elle parlait de sa patrie, c'était la Chine.

— Comment pourrais-je vivre là-bas alors que la tombe de ma mère est ici ? dit-elle un jour.

Elle avait l'habitude d'accepter la réalité. Elle savait que Pécore et sa clique reviendraient semer la mort.

— Il faut voir l'aspect positif de ce déménagement en Amérique, dit-elle. Carol bénéficiera de soins médicaux de meilleure qualité.

— Et John ?

— Je n'entends plus parler de lui. Il n'a même pas pris la peine d'envoyer un mot pour s'enquérir de la santé de sa fille.

Le capitaine américain insista pour que Perle et Grâce laissent tous leurs meubles derrière elles. Elle voulait emporter le piano de Carie mais il lui fallut y renoncer. En revanche, elle prit sa machine à coudre.

Absalom réunit ses fidèles et annonça que Chan le remplacerait. Il dirigerait l'église de Nankin tandis que papa serait à la tête de celle de Chinkiang.

Le charpentier n'avait pas confiance en lui.

— Vieux maître supplia-t-il, les larmes aux yeux, je ne ferai jamais un aussi bon travail que vous.

— Dieu m'a fait savoir que tu prendras les choses en main.

Il réconforta Chan en lui disant que papa serait là à la moindre difficulté.

Papa en fut très touché : il ne parvenait pas à croire que ses sentiments à son égard n'aient pas changé malgré sa trahison.

*

Absalom prononça son dernier sermon et les enfants de la chorale chantèrent. Pour la première fois, le fils cadet de Lilas, Triple-Chance Salomon, en serait le soliste. Ce garçon avait hérité de toute la beauté de sa mère. Carie aurait aimé sa voix douce. Nous souhaitâmes tous à la famille de Perle un bon voyage en Amérique.

Je lui dis que je prendrais soin de son jardin.

— Au printemps, je déposerai des fleurs fraîches sur la tombe de ta mère.

— Je serai bientôt de retour, me promit-elle.

Si j'avais su que nous nous voyions pour la dernière fois, je l'aurais serrée plus fort, plus longtemps contre moi. J'aurais fait un effort pour me rappeler son allure, les vêtements qu'elle portait, l'expression sur son visage. J'aurais peut-être essayé de la dissuader de partir.

Or, je n'en savais rien. En réalité, nous voulions abréger au maximum la douleur de nous dire au revoir. Plus tôt la séparation aurait lieu, plus vite nous pourrions travailler à nos retrouvailles. Perle n'était pas du genre à se complaire dans la tristesse. Grâce à Carie, elle avait appris à relever la tête et à réprimer ses larmes, aussi amères fussent-elles. Toujours regarder en avant et ne jamais perdre espoir…

Lilas arriva avec ses enfants, les deux frères Double-Chance, David et John, ainsi que leur cadet, Salomon. Sooching vint aussi avec Confucius.

Nous portâmes les bagages de la famille jusqu'au canot qui les emporterait vers la canonnière, au milieu du fleuve. Le bateau émerveillait les enfants pour qui c'était « un gros temple flottant ».

Chan suivit Absalom. Il n'avait cessé de pleurer et de supplier.

— Vieux maître, je ne peux rien faire sans vous !

— Absalom, surenchérissait papa, vous êtes notre boussole, sans vous, nous allons nous perdre !

— Ayez foi en Dieu, leur répondit Absalom.

— Il y a des qualités de pasteur que je ne possède pas, insista Chan. Les gens ne me suivront pas comme ils vous ont suivi. Les singes s'égaillent quand l'arbre va tomber ! J'ai bien peur que l'église ne résiste pas.

— Chan a raison, ajouta papa. Peu importe si nous travaillons dur, les gens voient l'esprit de Dieu en vous, Absalom, pas en nous.

*

Wang Ah-ma, l'ancienne nourrice de Perle, arriva, elle aussi, pour dire au revoir. La présence de cette femme de soixante-dix ans surprit tout le monde. Après la mort de Carie, elle était rentrée dans le petit village où elle avait grandi. Ayant appris que l'on tuait les étrangers à Chinkiang et à Nankin, elle était venue prendre des nouvelles d'Absalom, Grâce et Perle. Elle ignorait qu'elle n'arriverait que pour le grand départ de la famille.

— Wang Ah-ma ! s'écrièrent Grâce et Perle en se jetant à genoux pour se prosterner.

— Oh, mes filles chéries…

Elle posa ses mains tremblantes sur les deux sœurs, puis elle leur dit que sa vue déclinait au point qu'elle ne voyait pratiquement plus.

— Tu n'aurais pas dû faire tout ce chemin, dit Perle en essuyant ses larmes.

— Quand reviendrez-vous en Chine ? voulut savoir la vieille femme. Avant le Nouvel An ou après ?

— Quelle différence cela fait-il ? demanda toute la famille.

— La diseuse de bonne aventure m'a prédit que je rendrais l'âme peu après le Nouvel An.

— Grâce et moi aimerions te prouver que tu as gaspillé de l'argent en allant la voir, dit Perle.

Wang Ah-ma sourit et prit son visage dans ses mains.

— Mon enfant, promets-moi que tu reviendras dès que tu le pourras.

— Je te le promets.

Elle embrassa doucement la vieille servante sur les joues.

— Tout le monde à bord ! cria le capitaine de la canonnière dans son mégaphone. C'est maintenant ou jamais !

Le cœur brisé, elle laissa partir les deux sœurs.

La famille monta dans le canot qui devait la conduire jusqu'au bateau de guerre. Absalom s'installa à la proue, le dos tourné à la rive. Son regard se perdait dans le lointain et il se tenait immobile comme une statue.

La sirène retentit.

— Vieux maître ! gémissaient les chrétiens chinois.

Chan et papa sanglotaient comme deux enfants abandonnés.

— Puisse le vent vous être favorable ! cria la foule.

Le pasteur n'était plus à l'endroit où il s'était installé, comme s'il avait soudain disparu.

— Père ! appelèrent Perle et Grâce.

— Oh, mon Dieu, le vieux maître a changé d'avis, dit papa, stupéfait.

Absalon courait le long le long du plat-bord et brusquement, comme une chèvre des montagnes, il sauta dans l'eau et commença à nager en direction de la rive.

— Vieux maître ! lançait la foule. Vieux maître !

— Il a décidé de rester avec nous ! s'exclama papa.

— Capitaine, au secours, cria Grâce. Je vous en prie, arrêtez mon père !

La foule l'accueillit les bras ouverts.

Quelques minutes plus tard, le capitaine américain de la canonnière arriva sur un autre canot. Il parla avec Perle.

Je devinai ce qu'elle put lui dire : « Que l'ange combattant accomplisse son œuvre. »

Quand Perle, Grâce et les enfants furent montés à bord du bateau de guerre, Absalom sourit. De la main, il leur fit au revoir. Ses longs bras s'agitaient comme des mâts au vent.

Perle lui fit signe. Elle savait que le choix de laisser partir son père était judicieux.

Elle ignorait toutefois qu'elle ne le reverrait jamais. Il continuerait jusqu'à la fin de faire ce qu'il aimait. Un jour, il prononça un sermon, puis il fit signe à Chan qu'il voulait se reposer. Quelques minutes plus tard, le charpentier le trouva dans sa chambre, couché sur son lit comme s'il dormait. Il était mort.

Il avait vécu son rêve jusqu'au bout. Aidé de papa et de Chan, il avait construit la plus grande communauté chrétienne du sud de la Chine.

Quatrième partie

25

PERLE ÉTAIT PARTIE et moi je me sentais seule, abandonnée. Vivre à Nankin devint difficile. Pour débarrasser le pays des Japonais et des communistes, le gouvernement avait augmenté les impôts. Il fallait apporter trois sacs de papier-monnaie au magasin pour acheter un seul sac de riz. Dick ne cessait de m'écrire de venir le rejoindre. Un jour, je me décidai. Je lui répondis que j'étais prête à devenir « la femme d'un bandit ». Soulagé, il me prépara au paysage hostile et aux difficultés de la vie à Yenan.

« Efforce-toi de voir le bon côté des choses, m'encourageait-il. Après tout, le premier empereur de Chine a été inhumé non loin d'ici il y a deux mille ans ! »[1]

Je dis à papa que j'allais m'inquiéter pour lui mais il me répondit qu'il ne fallait pas. Avant mon départ, il revint à Chinkiang. Même Absalom convint que c'était un homme nouveau. Pour se racheter, papa ne songea plus qu'à œuvrer pour l'église. Son dévouement lui permit de s'aventurer

1. Qin Shi Huangdi, bâtisseur de la Grande Muraille, repose à Xi'an, protégé par sa célèbre « armée en terre cuite ».

encore plus loin à l'intérieur des terres. Pendant son absence, il demanda à Chan de construire un vitrail représentant Jésus-Christ. Une fois achevée, l'œuvre fit l'admiration de tous. Chaque matin, le soleil venait frapper le vitrail et le Christ avait l'air de flotter sur les nuages.

Le nombre de fidèles augmenta parce qu'ils aimaient le « Dieu étranger qui danse ». Le service dominical était une heure de gloire pour papa. Chacun lui disait préférer ce Jésus-Christ et se sentait plus proche de lui. Il faut dire qu'il avait quelque peu modifié les traits du Christ. Sur le vitrail, il avait les yeux en amande, un nez plus plat et des lèvres pleines. Il avait aussi la peau plus brune et des lobes d'oreille plus allongés.

*

Ma fille est née dans une grotte de Yenan par un jour de neige[1]. J'essayais de lui trouver un nom favorable mais rien ne me venait à l'esprit. Dick fut fou de joie quand il tint le bébé pour la première fois.

— Quelle merveille ! s'exclama-t-il. Au lieu de mes yeux de lézard et de mon nez crochu, elle a les traits de sa mère : les yeux en amande d'une princesse chinoise, le nez fin et délicat et les lèvres bien roses ! Quel bonheur !

Il travaillait avec les proches de Mao et celui-ci disait qu'il était son arme secrète. Grâce à lui, l'image de Mao avait évolué : de chef de la guérilla, il était devenu héros national. Il avait convaincu les masses que Mao et non pas Tchang Kaï-chek avait combattu les Japonais.

Vers la fin de l'année 1936, ses agents avaient réussi à infiltrer l'organisation nationaliste et à persuader plusieurs de ses généraux de rejoindre Mao. L'un d'eux arrêta même

1. En dehors de la ville, la cité troglodyte, préservée dans son authenticité, est depuis un lieu de pèlerinage politique pour les communistes chinois.

Tchang Kaï-chek. L'histoire retiendrait cet événement sous le nom d'incident de Xi'an.

Le nom de Mao commença à faire régulièrement la une des journaux. Sous la pression, Tchang Kaï-chek l'invita à des pourparlers de paix. Dick en profita pour embellir l'image de son supérieur et en faire un personnage mythique.

Il travaillait toutes les nuits, rédigeant ses discours et mettant au point ses interviews. Souvent, dans une grotte protégée des bombes, il tirait des tracts jusqu'à l'aube. Il profitait aussi de ma connaissance de l'anglais pour traduire les articles de Mao et les communiquer aux agences de presse. Les journalistes occidentaux venaient à Yenan pour avoir des entretiens privés avec lui.

La ville de Yenan n'était plus un point anonyme sur la carte de la Chine. C'était devenu le quartier général de la lutte de la nation contre le Japon. Mao était à présent l'égal de Tchang Kaï-chek.

Mao s'en réjouissait au point qu'il dédia à Dick un poème de sa composition. Dans la tradition chinoise, il s'agissait là d'un honneur suprême. Il avait pour titre : *À l'inverse du poète Lou Yeou.* À Lou Yeou, ce lettré né en 1125, on doit le vers célèbre : « *Qui aurait cru qu'en cette vie, j'aurais toujours un projet comme une montagne, et une vieille carcasse mortelle !* »

Lac Tongting
Lac d'herbe verte
Nuit proche de l'équinoxe d'automne
Imperturbable nul vent de souffle
Trente mille arpents de lumière de jade
Ponctuée de mon bateau telle une feuille
Le ciel au pur rayon de lune
Recouvre la surface de l'eau pavée de clarté lunaire
Boire le vin du fleuve d'Occident
À la coupe céleste
La félicité de le partager avec toi mon ami
Et d'oublier l'amer poète Lou Yeou
L'éclat dans le ciel
L'éclat sur cette terre

La vie était dure pour la population de Yenan alors que Dick et moi vivions comme des rois. On nous avait attribué l'une des meilleures grottes. Avec ses deux pièces, elle faisait face au sud et était inondée de soleil. Nous avions de la viande une fois par semaine alors que les autres mangeaient des feuilles d'igname mêlées à du millet. Dans un premier temps, j'appréciai ce luxe et le nouveau statut de mon époux. Chaque heure, les gens venaient le trouver pour recevoir ses instructions. Bientôt, pourtant, j'y vis une intrusion. Dormir était difficile avec tant d'allées et venues. J'avais également du mal à lire et à écrire à la lueur d'une bougie. Dick avait si mauvaise vue qu'il lui fallait maintenant porter de grosses lunettes donnant à ses pupilles l'aspect de haricots mungos. Quand il les ôtait, le soir, ses yeux ressemblaient à des œufs de pigeon.

Il s'en moquait bien. Il voulait que je prenne davantage conscience des sensibilités politiques de ses camarades et me demandait de faire taire mes habitudes bourgeoises, mon désir d'intimité par exemple.

— Qualifier ainsi le calme, l'hygiène la plus simple et l'amour de la nature, est tout à fait ridicule, protestais-je.

Les vrais affrontements débutèrent le jour où il fallut donner un nom à notre fille. Je penchais pour Petite Perle mais il avait une autre idée. Il voulait que notre fille se prénomme Art Nouveau. Par « nouveau », il entendait « prolétarien ». Créer un art prolétarien, voilà ce qu'il comptait faire pour Mao.

Il décida de lui demander de trancher. Il vivait trois grottes en dessous de la nôtre.

Bien qu'il fût plongé dans l'étude de la Révolution française, il nous reçut cordialement. Quand on lui demanda son opinion sur le prénom de notre fille, il nous répondit que ni l'un ni l'autre choix n'était bon. Il prit alors un pinceau et traça un nom à l'encre rouge.

Et Rouge devint le prénom officiel de notre fille.

Il ne me plaisait pas. La paix et la sérénité, voilà ce que j'avais à l'esprit. J'associais Rouge à la révolution, à la violence et au sang.

— « Nous combattons avec notre sang », déclara Dick en reprenant des propos de Mao. Tous les parents vivant à Yenan donnent à leurs enfants des noms révolutionnaires : Base Rouge, Yenan, Avenir Radieux ou encore Soldat de Mao. La prochaine génération devra brandir le drapeau rouge du communisme jusqu'à ce que…

— Quoi ?

— Jusqu'à ce que le monde soit rouge, jusqu'à la Révolution !

Je pouvais supporter l'âpreté de la vie à Yenan mais pas le lavage de cerveau. Je n'appréciais pas de n'avoir même pas le droit de mentionner le nom du Seigneur. Mon mari faisait de son mieux pour cacher que j'étais chrétienne.

— Cela pourrait me coûter mon poste, pire encore ma vie, si tu ne fais pas attention.

Il me fit promettre de ne jamais raconter que je connaissais des étrangers comme Perle et sa famille.

— À Yenan, celui qui *était* est plus important que celui qui est, m'expliqua-t-il. Ta conduite doit être pure si l'on veut te faire confiance.

*

Au jardin d'enfants, ma fille était appelée Camarade Rouge Lin. Comme les autres bambins, il lui fallait porter un uniforme en coton gris mal taillé. Devenu trop petit pour elle, il échut à un enfant plus jeune. Elle apprit à se battre dès l'instant où elle put marcher. Les premiers mots qu'elle prononça furent : « Je suis un brave soldat. » À deux ans, elle chantait *Mon frère de l'Armée rouge est de retour.* Apprendre *Douce nuit* ne l'intéressait pas. Elle me trouvait étrange et se sentait plus proche de son père. À quatre ans, elle remporta un concours pour avoir récité la formule de Marx, « Le capitalisme est un monstre répugnant ».

Je lui racontais comment j'avais grandi et elle savait que Pearl Buck avait été ma meilleure amie, mais elle ne connaissait aucun étranger et n'avait jamais vu quelqu'un habillé différemment. À la Base Rouge, même la façon de se couper les cheveux était identique pour tout le monde. Chacun ne pensait qu'à la révolution et à rien d'autre. Pour ma fille, le monde était soit rouge soit blanc. On était soit un camarade soit un ennemi. Dès l'âge de huit ans, elle sut très exactement qui elle était et ce qu'elle voulait faire de sa vie. Elle adulait Mao et voulait libérer les pauvres.

Je m'inquiétais d'entendre Dick dire à notre fille de dix ans que communistes et chrétiens étaient ennemis.

— Les chrétiens ne pensent pas tous que la Chine sera mauvaise tant qu'elle n'aura pas accepté Dieu, répliquai-je. Pearl Buck, par exemple, est chrétienne mais cela ne l'empêche pas de critiquer les pires pratiques du christianisme.

Pour mieux argumenter, je lui lus un texte qu'elle avait publié quelques années auparavant dans le *Magazine des missions en Asie du Sud-est* : *« J'ai vu des missionnaires parfaitement implantés dans l'église mais manquant totalement de sympathie à l'égard des hommes qu'ils étaient censés sauver, si méprisants de toute civilisation à l'exception de la leur, si durs dans leurs jugements sur autrui, si brutaux et si peu sensibles devant une civilisation aussi cultivée, que mon cœur en saignait de honte. »*

Il fut surpris.

— La fille d'Absalom a vraiment écrit ces lignes ?

J'acquiesçai.

— Plutôt inattendu, reconnut-il.

— Si seulement Mao pouvait avoir l'esprit plus ouvert…

Il m'interrompit.

— Mon épouse chérie, murmura-t-il, tu n'es ni à Shanghai ni à Nankin. Souviens-toi que j'ai des rivaux. Des cœurs jaloux au point d'assassiner. Rappelle-toi ton Shakespeare.

Il pensait que Mao serait plus détendu et s'autoriserait une plus grande liberté une fois certain de son pouvoir.

— Car il faut s'unir et ne faire qu'un pour survivre, ajouta-t-il en se tournant vers Rouge. Désormais toute critique du Parti communiste passera pour un manque de loyauté et une trahison.

Rouge ouvrit tout grand les yeux et hocha la tête avec beaucoup de sérieux.

— Papa a raison et maman a tort, dit-elle.

— Qu'est-ce que tu fais de ton nom, *Dick* ? le défiai-je. Il n'a vraiment rien de prolétarien !

— Mes camarades savent que « Dick » est un nom d'emprunt.

— Que veux-tu dire, un nom d'emprunt ? Tu as un autre nom ?

— Oui.

J'éclatai de rire.

— Et pourquoi je ne le connais pas ? Je suis ta femme après tout.

— Telle est la vie d'un communiste.

Il s'étira longuement.

— Dis-moi ton vrai nom, papa, demanda Rouge avec curiosité.

— On parle de nom d'emprunt et de nom courant.

— Ton nom courant alors, fis-je.

— Eh bien, je m'appelle... Xing-hua.

— Xing-hua, *Chine nouvelle* ?

J'éclatai de rire.

— Je trouve que *Chine ancienne* t'irait beaucoup mieux. Dans tes ancêtres, il n'y a que lettrés, propriétaires terriens et capitalistes ! Tu as étudié Confucius et Shakespeare à l'université ! La Chine ancienne coule dans tes veines ! Tu as des amis occidentaux et tu parles anglais !

— Je ne ferai aucun commentaire, dit-il, embarrassé.

*

Par les quelques lettres qui me parvinrent, j'appris que Perle s'était conformée à la vie en Amérique. Les États-Unis connaissaient leur troisième année de crise économique, mais cela ne l'empêcha pas de publier, et ses livres se vendaient bien. Elle remporta en 1932 le prix Pulitzer avec *La Terre chinoise* et, en 1938, elle se vit décerner le prix Nobel de littérature. Elle me l'apprit avec une certaine désinvolture et son ton n'était pas différent de celui qu'elle employa un jour pour me parler de façon élogieuse de la plomberie américaine. Elle ne m'expliqua jamais l'importance de ces récompenses et il me fallut attendre bien des années pour découvrir qu'elle était devenue une célébrité internationale. Elle s'intéressait surtout à Rouge et voulait savoir quelle était sa vie, si elle avait des amis. Elle m'avoua qu'elle ne s'était jamais rendu compte de notre chance de nous être connues enfants.

Je mourais d'envie de lui parler de ma fille mais je ne voulais pas lui rappeler toutes les choses à côté desquelles elle passait avec Carol. Je l'interrogeai plutôt sur son mode d'écriture et elle me répondit que sa méthode à elle, c'était penser comme un paysan chinois. « Avant même de commencer, le paysan sait déjà quoi, où et combien de choses il va planter, il connaît le budget attribué aux graines, aux engrais, aux bêtes et aux journaliers, écrivit-elle. En d'autres termes, je dois faire le meilleur usage possible de mon matériau. »

À propos de sa fille, Perle me dit que les médecins américains avaient confirmé le premier diagnostic, à savoir qu'elle n'aurait jamais la chance de mener une vie normale. Cela ne m'apprenait rien de nouveau mais elle semblait désespérée : « Cette conclusion a chassé tout le bonheur qu'auraient pu apporter mes efforts. »

Elle était quelque peu rassurée parce que le revenu de son travail lui permettrait de lui fournir une assistance de chaque instant. « Depuis qu'elle aime la musique, j'ai fait en sorte que la petite maison que mon argent m'a permis de construire soit équipée d'un phonographe et d'une collection de disques. »

Perle et moi continuions de parler de Xu Zhimo. Elle me fit savoir qu'elle avait enfin pu faire son deuil. « Un nouvel homme est apparu à l'horizon de ma pauvre vie amoureuse, mais je ne peux rien faire tant que mon divorce avec John ne sera pas prononcé. »

Ce nouvel homme était son éditeur, Richard Walsh. Perle était fière qu'ils aient été d'excellents amis avant d'être amants.

Très heureuse pour elle, j'écrivis afin de la féliciter. Dans ma lettre, je me plaignais aussi de Dick et de la Base Rouge.

J'eus la désagréable surprise de voir ma lettre interceptée par les agents de renseignements communistes. Mon mari eut des ennuis.

— Je t'avais pourtant prévenue, me dit-il. Nous autres communistes ne faisons pas confiance aux Américains. Ils soutiennent l'ennemi ! C'est donc si difficile à comprendre ? La sécurité de Yenan est la clef de la survie de Mao !

Avant, il me décourageait d'écrire à Perle. À présent, il me l'interdisait.

*

Je refusais de signer le formulaire d'adhésion au Parti communiste que Dick déposait devant moi. Peu importe le nombre de fois où il m'en avait expliqué les bienfaits et la nécessité, je ne prenais pas la plume.

Finalement, après des mois d'obstination, je cédai. Je l'avais fait par loyauté à l'égard de mon mari. Il n'aurait jamais toute la confiance de Mao si moi je n'appartenais pas au Parti.

J'avais beaucoup de mal à suivre la ligne politique du Parti en question. J'avais l'impression de toujours dire ce qu'il ne fallait pas. Je louais ceux qui ne le méritaient pas et critiquais les autres. Par exemple, je déclarais avoir honte des héros de haut rang parce qu'ils n'avaient accédé à ce statut qu'en tuant un grand nombre de gens. Je disais aussi que toute guerre était mauvaise. À la suite de ces commentaires, je reçus l'ordre de faire mon autocritique publique.

Dick fut, bien entendu, rétrogradé. Il lui était impossible de garder son calme. Au lieu de m'affronter, il se noyait dans le travail. Il demanda à être transféré plus près des combats parce qu'il avait hâte de participer aux affrontements : il voulait être le premier à se lancer sur l'ennemi et le dernier à battre en retraite. L'ironie de la chose voulut que cela fût bénéfique à sa carrière. Il gagna des médailles et des promotions. Son courage força le respect de la direction communiste et il recouvra son emploi premier. Mao l'accueillit à son retour et le surnomma « le Prince rouge ».

— Cela veut-il dire que Mao est l'Empereur rouge ? dis-je sur le ton de la plaisanterie à l'instant même où Dick entrait dans notre grotte.

Il ne commenta pas ma remarque et me demanda seulement de m'abstenir de ce genre de propos.

Comme me l'avait prédit un jour une diseuse de bonne aventure, ma vie serait marquée par un changement constant de *feng shui*, ce qui signifiait que mon destin évoluerait sans cesse. Mon avenir de communiste ne tarderait pas à lui donner raison. Dans la section « milieu familial » du formulaire d'inscription, j'écrivis très honnêtement « Mendiants ». Cela faisait de papa un prolétaire, statut qui s'étendait à Rouge et à moi-même. Si mon grand-père n'avait pas perdu tout son argent, papa aurait hérité de ses terres et serait devenu un ennemi du communisme. J'aurais été dénoncée, peut-être même fusillée comme espionne.

Les tensions entre nous avaient souvent pour origine les innocents que Mao faisait assassiner à la Base Rouge. Je l'ai vu de mes propres yeux. Les personnes arrêtées en plein jour étaient mises à l'écart avant de disparaître définitivement. Ces jeunes gens, anciens étudiants et penseurs indépendants, tous recrutés personnellement par Dick, avaient rejoint Mao pour se battre contre les Japonais. Du jour au lendemain, ils étaient qualifiés d'ennemis, dénoncés, arrêtés en secret, assassinés.

Il disait que mes valeurs chrétiennes causaient ma perte. Je lui rétorquais qu'il se trompait, pas moi. Il refusait de voir les défauts de Mao et d'admettre qu'il était devenu une brute et tenait cela de Staline, un homme qui supprimait quiconque était en désaccord avec lui. La moitié de ses amis étaient en prison et interrogés, un tiers exécutés comme traîtres.

— Comment peux-tu dormir la nuit ? demandais-je à mon mari.

*

Il m'encouragea à devenir l'amie de madame Mao. « Elle est autrement plus intéressante que Pearl Buck », expliquait-il.

J'essayai bien, mais je ne parvenais pas à me faire aimer de cette femme. Elle était tout le contraire de Perle, catégorique, avec des opinions très arrêtées. Derrière son allure accueillante, elle était tapageuse, prétentieuse et égotiste. Cette ancienne actrice savait parfaitement jouer la comédie. Elle se faisait appeler « l'humble étudiante du président Mao » et s'enorgueillissait d'être son trophée. Elle n'était pas timide à propos de son « capital ». Sa peau ne virait pas au brun comme la nôtre, exposée à la rigueur du vent et du soleil. Ses sourcils étaient aussi minces que des antennes de crevette. Mao et elle formaient un couple parfait. Tous d'eux voulaient le pouvoir et la renommée. Madame Mao aimait à dire qu'elle était un paon parmi les poules. Par poules, elle parlait bien entendu des femmes de Yenan, moi comprise.

Ma plus grande déception fut que Mao ne se révéla pas être le héros que j'attendais. Sous l'apparence d'un lettré, il vendait de la confiance au peuple. Les soldats-paysans entendaient leur propre voix lorsqu'il s'adressait à eux.

Quand j'écoutais Mao, je m'intéressais à ses yeux. Ils semblaient sourire même lorsqu'il prononçait les phrases les plus terribles. Il avait le front large, un visage en forme de gâteau de lune et une bouche féminine. Il ne regardait jamais les gens dans les yeux quand il leur parlait et les laissait l'observer. Je ne l'ai jamais entendu formuler de réponse précise à une question même s'il encourageait les autres à le faire. Il était un maître quand il s'agissait de louvoyer. Lui-même disait qu'il aimait prendre l'ennemi par surprise, dans la conversation comme sur le champ de bataille.

Dick était le meilleur interlocuteur de Mao parmi ses familiers. Tous deux parlaient souvent jusque tard dans la nuit. « Nous apprécions nos tournures d'esprit réciproques », me dit un jour mon mari. Il oubliait seulement que Mao détestait perdre.

Il avait encore à découvrir que Mao désirait le pouvoir absolu, alors qu'il paraissait aspirer au contraire en répétant inlassablement la même phrase aux journalistes étrangers : « Mon rêve est de devenir maître d'école. » Il ouvrait chaque conversation par un poème chinois et la clôturait en citant Marx ou Lénine. Les gens tombaient facilement sous son charme. Ses vastes connaissances et son esprit aiguisé les désarmaient. Un jour, Dick l'aida à envoyer un télégramme au front. Il fut ébahi de le voir terminer le communiqué par un poème ancien : *« Seules les mouches ont peur de l'hiver, alors tant pis, qu'elles gèlent et meurent. »*

Il me confia plus tard la chose suivante : Mao avait du mal à donner des directives pendant les combats et télégraphiait des poèmes à ses généraux. Confus, ceux-ci n'avaient d'autre choix que prendre eux-mêmes la décision de charger ou de battre en retraite.

— Tel est son éclat, me disait-il, admiratif.

*

Dick fit connaître à madame Mao le chanteur local auteur de *L'Orient est rouge*. Il n'aurait jamais pensé que cela deviendrait un jour l'hymne de la République populaire de Chine !

J'allai écouter *L'Orient est rouge* lors d'une réception donnée pour des officiels de haut rang. Madame Mao présenta le chanteur, un certain Li You-yuan. Ce paysan en haillons, le front ceint d'une serviette sale, avait une quarantaine d'années, et trois dents lui manquaient sur le devant. Dick avait enquêté sur son passé et découvert que Li n'était pas prolétaire à cent pour cent parce que sa famille possédait un demi-arpent de terre.

Il le signala à madame Mao et elle répondit : « Puisque je dis que Li est un paysan, il sera paysan. »

L'Orient est rouge fut le cadeau d'anniversaire de madame Mao à son époux.

Quand le paysan ouvrit la bouche, les auditeurs furent stupéfaits. Sa voix ressemblait au cri de la chèvre.

Mao resta assis parce qu'il avait confiance dans la capacité de sa femme à faire des miracles.

Quand Li eut quitté la scène, elle donna sa propre version de ce chant. Il fut interprété par une chorale placée sous sa propre direction.

L'Orient est rouge
Le soleil se lève
La Chine a vu naître Mao Tsé-toung
Il œuvre pour le bonheur du peuple
Il est la grande étoile sauvant le peuple

Li You-yuan n'avait pas écrit plus que la première ligne. Ce paysan ne savait rien de la Base Rouge ni de son leader, Mao. Il fredonnait cet air pour passer le temps quand il labourait son champ. Dick avait croisé son chemin par hasard et l'avait entendu. Comprenant l'utilité d'un tel chant, il en avait parlé à madame Mao.

Pour faire montre de sa modestie, Mao refusa la proposition de sa femme de rendre obligatoire son apprentissage par les soldats.

Elle insista que la volonté du peuple était de voir en lui le soleil levant de la Chine.

*

Madame Mao demanda à Dick de me faire porter un message. Elle critiquait mon arrogance et je m'efforçai de dissimuler mon dégoût pour ne pas nuire à mon mari.

Elle ignorait que je connaissais vaguement son histoire personnelle. Avant de venir à Yenan, elle avait été une petite actrice de cinéma à Shanghai et avait eu une liaison avec un journaliste de la presse écrite qui était par hasard un ami de Dick. À la Base Rouge, son passé était pareil à une tache sur une broderie délicate. Pour s'en débarrasser, elle se comportait en révolutionnaire passionnée. Elle m'invita à venir la voir s'adonner à son nouveau passe-temps, filer le coton.

Elle me demanda d'assister à son travail au lieu de passer du temps avec ma fille. Assise à côté d'elle, je me sentais misérable. Elle actionnait le rouet et citait son mari : *« Nous ne comprendrons jamais les paysans si nous ne trempons pas nos mains dans le fumier, ne filons le coton et ne suons aux champs. Nous ne pourrons être considérés comme membres de la classe prolétarienne tant que nous ne sentirons pas le fumier et l'ail au lieu de parfum. »*

*

J'agis en cachette de Dick. J'achetai le postier de la base qui se faisait passer pour un négociant afin de mieux circuler entre Yenan et Shanghai. L'homme emportait discrètement mes lettres à Shanghai, puis les envoyait en Amérique à une adresse secrète où Perle les récupérait. Je lui disais avoir commencé à raconter des histoires chrétiennes à Rouge. Je confiai aussi à Perle ma joie le jour où ma fille était tombée amoureuse d'*Amazing Grace*.

Comme une averse de pluie en plein désert, je reçus une lettre de Perle. Elle me réconforta et apaisa mes angoisses car je n'avais pas d'amies. Elle me raconta qu'elle voyageait dans le monde entier et avait passé beaucoup de temps en Inde, en Asie du Sud-Est et au Japon. J'avais les yeux pleins de larmes en lisant qu'elle « mourait d'envie de revenir en Chine ».

26

DICK M'AVAIT DIT EN 1948 que les communistes s'empareraient bientôt de la Chine. En 1949, ce fut une réalité quand Mao défia Staline et franchit le Yangtsé à la poursuite de Tchang Kaï-chek. Le peuple souffrait depuis douze ans : huit années à se battre contre le Japon et quatre autres de guerre civile. Il était difficile de croire la guerre terminée. Qu'ils soient russes ou américains, les conseillers des deux bords venaient reconnaître leurs torts. Mao croyait qu'un seul tigre pouvait régner dans la montagne. Il ne partagerait jamais le pouvoir avec lui.

Après la chute de Nankin en avril et celle de Chengdu en décembre, le leader nationaliste s'enfuit à Taiwan. Mao aurait continué de le traquer si les Américains n'avaient eu de base dans l'île. Prudent et ne voulant pas trop se disperser, il proclamerait en octobre la République populaire de Chine.

Je reçus l'ordre de faire mes paquets et de me rendre immédiatement au nord. Rouge était tout excitée. À quinze ans, elle n'avait jamais mis les pieds en dehors de Yenan. L'année précédente, elle était entrée dans la Ligue de la jeunesse communiste et avait travaillé comme journaliste pour *Le*

Quotidien de Yenan. À plusieurs reprises, elle s'était vue distinguer en tant que « Camarade exceptionnelle » et avait même reçu la Médaille de Mao. Ses chansons favorites étaient des hymnes soviétiques et elle aimait porter une veste à la Lénine.

Nous devions retrouver Dick à Pékin. Mao avait décidé de faire de la ville sa nouvelle capitale, et il en imposa le vrai nom, Beijing[1]. Il y eut également des changements dans les Quatrième et Huitième divisions militaires qui, précédemment placées sous le commandement de Tchang Kaï-chek, se retrouvèrent incorporées dans l'Armée populaire de libération.

Mon mari vint nous chercher dans une jeep américaine. Ses ulcères à l'estomac lui avaient bruni la peau et l'avaient amaigri, mais il était heureux. Il nous dit que l'épouse de Tchang Kaï-chek était l'ancienne propriétaire de ce véhicule.

L'Armée populaire de libération fut accueillie dans la joie par les habitants de la ville. La jeep fit partie du défilé quand nous entrâmes dans Beijing. La foule nous acclamait, les enfants jetaient des fleurs. « Longue vie au président Mao ! » criaient-ils, « Longue vie au Parti communiste chinois ! ».

Le 1er octobre 1949, du haut de la porte Tian'anmen, Mao annonça au monde entier la naissance de la nation chinoise. Il promit la liberté et le respect des droits de l'homme. Dès lors, il passa pour le dirigeant le plus sage que le ciel ait jamais accordé au pays. Peu de gens savaient que Dick était responsable de cette transition pacifique.

Il avait travaillé en secret avec le général Chu, qui avait protégé Pékin au nom de Tchang Kaï-chek, puis il lui avait parlé de reddition et l'avait convaincu que son chef l'avait abandonné. Pour lui, de nouveaux combats entraîneraient des bains de sang et Chu en sortirait vaincu, quoi qu'il fasse. Au nom de Mao, il promit au général un poste à responsabilité

---

1. « La capitale du Nord », par opposition à Nankin, ou Nanjing, « la capitale du Sud ».

au sein de l'Armée populaire de libération et apposa son nom sur ce document secret. Dès l'instant où il fit hisser le drapeau blanc, Chu fut considéré comme un héros du peuple.

Je n'en croyais pas mes yeux quand Dick nous emmena voir notre nouvelle demeure, à l'intérieur de la Cité interdite. Nous devions en occuper l'un des palais. Il m'apprit que Mao et son épouse, mais aussi le vice-président, ses ministres et leurs familles s'y étaient déjà installés.

Il me fallut des jours pour me convaincre que mon existence avait vraiment changé. Je n'avais plus à vivre dans une grotte ni à subir les raids aériens. La nourriture ne poserait plus jamais de problème. Je me regardai dans un miroir et vis un visage que j'avais du mal à reconnaître. À cinquante-sept ans, je pouvais enfin me reposer.

Au lieu d'appeler les palais par leurs anciens noms impériaux, les autorités communistes responsables du logement leur attribuèrent des numéros. Notre résidence n'était plus le palais de la Paix et de la Tranquillité mais le Bâtiment 19.

Je me promenais dans ma nouvelle demeure et admirais les splendeurs de l'architecture impériale. Ce palais était une œuvre d'art vivante et son aspect changeait selon la lumière. Ses arcs immenses et ses colonnes de brique me faisaient penser aux décors d'opéra. Rouge était impressionnée par l'immense porte en bois et courait partout en criant et en chantant. Nous disposions de quatre pièces principales spacieuses et de sept pièces secondaires. Une allée couverte menait à un jardin planté de conifères, de buissons touffus et de fleurs odorantes.

— Comment pouvons-nous nous permettre de vivre ici ? demandai-je à Dick.

— Le logement est gratuit, fit-il en souriant.

— Qu'est-ce que tu veux dire par gratuit ?

— Je n'ai pas choisi cet endroit. Le président Mao en a décidé ainsi. Il y a là un intérêt pratique, expliqua-t-il en voyant mon air d'incompréhension. Il veut que je sois près de lui. Je pensais que cela te ferait plaisir. Combien de personnes en Chine peuvent-elles vivre dans un palais comme celui-ci ?

J'aurais personnellement préféré un endroit plus intime mais je comprenais qu'il n'avait pas le choix. Rouge retrouverait les enfants des officiels de haut rang dans une école privée où on lui enseignerait plus de russe que de chinois. Cet établissement avait pour objectif de préparer ses diplômés à l'université de Moscou.

Je sentais ma fille s'éloigner de moi. Elle ne voulait plus prier à mes côtés et avait jeté la petite image de Jésus que je conservais dans la salle de bains. Elle m'apprit qu'elle avait été élue capitaine de sa classe. Le matin, au lieu de m'enlacer et de me dire au revoir, elle portait la main droite à sa tempe et lançait un « Salut, camarade ! ». Un jour, je trouvai un portrait de Mao dans ma chambre à coucher à la place du tableau représentant des lotus que j'aimais tant. Comme je protestais, Rouge me dit : « Je fais ça pour ton propre bien, mère. Tu ne sembles pas comprendre ce qui se passe en dehors de notre famille. »

*

Je n'étais pas habituée à mon nouveau rôle d'épouse de révolutionnaire. Pour des raisons de sécurité, je n'avais pas le droit de donner mon adresse à qui que ce soit, pas même papa. Je m'en plaignis à Dick et lui dis que mon père me manquait. Un mois plus tard, il était déposé sur le seuil de ma porte comme un vulgaire paquet. Bien qu'en parfaite santé et heureux de me voir, il me raconta comment il avait été « enlevé ». Des agents secrets de Mao l'avaient fait sortir de Chinkiang et conduit à Beijing. Il ne savait pas où il allait ni qui il allait voir. Pendant son séjour dans la Cité interdite, il fut réprimandé pour avoir voulu en franchir les portes sans autorisation. Il se disputa avec les gardes et leur déclara qu'il ne voulait pas être prisonnier. En fin de compte il me supplia de lui acheter un billet de train pour revenir à Chinkiang. Je fus triste quand il ne tourna pas la tête au moment de monter dans le wagon. Nous avions à peine eu le temps de nous parler et je n'avais même pas pu lui demander comment la vie se passait à Chinkiang.

J'essayai de trouver le moyen de faire savoir à Perle que je vivais maintenant à Beijing. Elle était au courant de la victoire de Mao, j'en étais certaine, mais que pensait-elle de la défaite de Tchang Kaï-chek ? D'une certaine façon, elle avait prédit l'issue de l'affrontement dans ses précédentes lettres. Madame Tchang en avait impressionné plus d'un lors de sa campagne en Amérique et elle avait réussi à rallier le grand public, mais Perle ne croyait pas en elle. Elle avait souvent dit dans le passé que les Tchang ne voulaient le pouvoir que pour eux-mêmes. Elle croyait qu'il y avait un précipice entre eux et les paysans chinois. Bien des années auparavant, elle avait déclaré que la puissance de Mao tenait à ce qu'il comprenait le monde rural.

Perle n'avait jamais fait confiance aux communistes. Elle goûtait l'amitié de Dick et m'avait encouragée à l'épouser parce qu'elle voyait bien qu'il m'aimait. En revanche, elle n'appréciait pas qu'il pratique sur moi le lavage de cerveau. Quand je mentionnai dans une lettre son adoration pour Karl Marx, elle me répondit en me demandant : « Sais-tu qui est Karl Marx ? Un étrange petit homme, mort depuis longtemps, qui a mené une petite vie étriquée mais qui, par la puissance de son cerveau, a réussi à mettre la main sur des millions de vies humaines ! »

Pour moi, son analyse était claire, mais rien de ce que je disais ne pouvait faire changer d'avis Dick. Avec la victoire de Mao, il avait entrepris ce que j'appellerais un voyage sans retour.

*

Une réception commémorant l'indépendance nationale était inscrite sur l'agenda de Mao. Mon époux fut chargé de l'organisation. Il était heureux de se voir confier ce travail. Il faisait enfin ce qu'il aimait : réunir des gens de talent. J'avais rarement l'occasion de le voir en pleine lumière. Je me dis que j'avais de la chance qu'il ne fût pas mort au combat et que je devais être heureuse de voir nos vies prises en charge par le Parti communiste. On nous accordait cuisiniers, chauffeurs, médecins, couturières, gardes du corps et femmes de ménage.

J'écrivis à Perle dès que j'en eus l'occasion. Beijing était une ville immense où je pouvais facilement me fondre dans la foule lorsque je me rendais à la poste. Je dis que Dick était un communiste toujours plus dévoué mais que je m'obstinais à être une bourgeoise libérale et indépendante. Pire encore, j'étais toujours chrétienne. « Cette Chine changeante me passionne autant qu'elle me terrifie, lui avouai-je. Mao se présente au peuple comme un dieu. Je sens que je cède mon mari et ma fille à cet homme mais moi, je passe pour folle ! »

Pour Rouge, j'arrêtai de chercher dans Beijing des églises où prier ; mais même si je l'avais voulu, je n'aurais pu abandonner ma foi en Dieu. Je priais dans le noir. Je m'agenouillais quand Dick et elle étaient endormis. J'étais également décidée à correspondre le plus longtemps possible avec Perle.

*

Les douleurs à l'estomac de Dick empirèrent et il dut finalement recourir à la chirurgie. On lui enleva deux tiers de l'estomac mais il continua à travailler de son lit d'hôpital. Il rencontra quelques-unes des personnalités les plus influentes de l'époque, qu'il s'agisse d'anciens ministres de Tchang Kaï-chek ou d'artistes célèbres. Il avait pour objectif de donner une légitimité nationale et internationale à son chef. « Le président Mao doit avoir davantage d'amis. À tout moment, l'Amérique peut transformer Taiwan en une base militaire d'où lancer une attaque contre la Chine », expliqua-t-il à Rouge.

En tant que nouveau ministre du Bureau de la culture, des sciences et des arts, Dick encouragea les Chinois de l'étranger à revenir au pays natal. Au cours des dix années suivantes, il écrivit des centaines de lettres où il expliquait à ses amis du monde entier que Mao était « un dirigeant sage et clément qui reconnaît et apprécie le talent ».

Parmi ceux qui revinrent, il y avait des intellectuels et des savants, des architectes et des dramaturges, des romanciers et des artistes. Au nom du Parti communiste, il garantit leurs salaires et leur offrit à la fois liberté d'expression et mode de vie privilégié. Il les nomma à la tête des universités et des théâtres nationaux. Chaque matin, il partait en jeep accueillir les nouveaux arrivants ; chaque soir, il donnait une réception animée.

Au cours de l'une d'elles, Dick but trop. Le lendemain matin, il avait les yeux gonflés et injectés de sang.

— Si Xu Zhimo n'était pas mort, me dit-il, je l'aurais invité. Il se serait amusé.

— Il ne se cacherait pas comme moi, lui répondis-je. Il aurait critiqué Mao, il lui aurait dit dans les yeux que ce n'était qu'un poète amateur.

— Qui cherches-tu à défier ? me lança-t-il, irrité. Pourquoi es-tu cynique tout le temps ?

— Je me demande seulement ce qu'est la vraie liberté d'expression en Chine. Es-tu certain de pouvoir tenir des promesses faites à un si grand nombre ?

Il comprenait mon inquiétude et ne pouvait répondre à ma question parce que, en son for intérieur, il savait bien que « la volonté de Mao » serait « la volonté de la nation ».

— Tu pourrais bien finir par porter le rocher qui te broiera le pied, lui dis-je, inquiète.

Il me prit par l'épaule et convint qu'il était d'accord avec moi.

— Je dois avoir foi en ce que je fais.

Je frottai ma joue contre sa main et l'assurai que je le comprenais.

— Et je dois croire que d'autres partageront mes valeurs, dit-il d'une voix douce.

— Tu es bien naïf !

— Je sais, je sais ! Tes inquiétudes sont légitimes mais superflues.

— Je ne crois pas.

— Saule, tu as toujours eu beaucoup d'imagination, mais ne la laisse pas avoir le dessus.

— Je ne le redirai plus. Je suis ta femme et je te connais assez pour voir que Mao et toi êtes très différents.

— Nous nous complétons.

— Ce n'est pas ce que je veux dire.

— Je sais ce que tu veux dire, chérie.

— Laisse-moi finir, veux-tu ? Pour arriver à ses fins, il n'hésitera pas à persécuter ou plutôt, oserais-je le dire ? à assassiner. Il l'a déjà fait.

Dick se leva et mit une certaine distance entre nous.

— Mao ne détient pas le Parti, déclara-t-il d'une voix ferme. Le communisme est justice et démocratie.

Il m'emmena dans son bureau et ouvrit le tiroir supérieur de sa table de travail. Il en sortit une enveloppe. Je vis tout de suite que l'écriture chinoise était celle de Perle. Les timbres indiquaient que la lettre était arrivée deux mois plus tôt et la lettre avait déjà été ouverte. L'enveloppe était vide.

— Je vois là une violation de ma vie privée, protestai-je.

— Les agents de la sécurité intérieure l'ont interceptée.

— Où est cette lettre ?

— Au bureau central. Ils m'ont notifié qu'elle serait confisquée.

— Tu n'as rien dit pour ma défense ?

— Tu ne serais pas ici si j'étais resté muet !

Je savais qu'il avait fait de son mieux.

— Voici d'autres preuves, dit-il en produisant plusieurs documents. Ce n'est pas une mais plusieurs fois que je me suis battu pour toi.

Pourquoi avais-je tant de souci à me faire ? Je n'en avais pas la moindre idée.

— La sécurité intérieure te surveille, poursuivit-il. Tu es à deux doigts de devenir une sympathisante avec l'ennemi. Ton amitié avec Pearl Buck passe pour une menace à la sécurité du pays. Son statut en Amérique et sa critique publique de Mao et du Parti communiste ont fait d'elle l'adversaire de la Chine.

— Est-ce que je suis suspecte ?

— À ton avis ? On t'a prise à transmettre des informations.

*

Je me souvins que dans mes lettres, je partageais avec Perle mes doutes sur les efforts déployés par Dick pour rallier le peuple à la cause communiste. Je lui avais confié que je n'oublierais jamais ce qui s'était passé à Yenan dans les années trente. Plusieurs jeunes gens de Shanghai recrutés par ses soins avaient été arrêtés comme espions et fusillés. Depuis, leurs familles ne cessaient de lui écrire pour lui demander des nouvelles. Il se montrait toujours très vague parce qu'il n'avait aucune réponse à leur fournir. Il se sentait responsable et ne pouvait se pardonner, et peu importe le nombre de fois où il s'était dit que ces meurtres étaient la conséquence de la guerre avec le Japon.

Je ne voulais pas envoyer d'autre lettre à Perle. Je savais que c'était trop dangereux. L'atmosphère politique commença à changer après l'expérience de Mao portant le nom de Grand Bond en avant. Elle débuta en 1957 et dura trois ans avant d'échouer. Elle contraignit la nation tout entière à adopter un style de vie communautaire, avec des millions de morts et une nation affamée pour tout résultat. Vers la fin de l'année 1962, le respect à l'égard de Mao déclina et des voix appelèrent à la venue d'un « dirigeant compétent ».

Sentant son pouvoir menacé, il supprima toute critique. Madame Mao organisa une conférence nationale destinée à « dissiper toute confusion ». Dick devait élaborer un « plan de bataille ». La première chose qu'il ordonna fut de fermer la Chine au monde extérieur. Il dut s'excuser personnellement auprès des diplomates et des journalistes étrangers dont il annulait les visas d'entrée. « Ce n'est que provisoire, leur assura-t-il. Le pays sera rouvert au commerce plus tôt que vous ne le pensez. »

Il m'avoua cependant ne pas croire vraiment à ce qu'il avait promis à ses amis. Mao n'avait pas l'intention de rouvrir la porte de la Chine. J'en fus à penser que cette lettre serait ma dernière chance de contacter Perle.

À l'instar d'un agent secret, je me grimai en paysanne et allai déposer ma lettre dans une poste de la banlieue de Beijing. Les rayons du soleil d'avril se diffusaient à travers les nuages et les arbres s'embellissaient de jeunes feuilles. Des enfants portant au cou des foulards rouges chantaient des chants joyeux. Pour renforcer ma protection, je pris plusieurs autobus. Sur le chemin du retour, je ne pus qu'essuyer mes larmes. Je sentais que je n'entendrais plus jamais parler de Perle.

*

Je faisais de mon mieux, mais il m'était désormais impossible d'afficher un visage radieux et de conserver une attitude positive, de me montrer politiquement correcte à chaque instant, en un mot. Chaque jour était de plus en plus dur. J'agressais Dick à la maison et je répandais ma bile.

— Mao vole la vie des innocents ! me mis-je à hurler en jetant mes baguettes contre le mur. C'est de la sauvagerie !

— Sacrifice est un mot qui conviendrait mieux.

Mon mari me fit taire et alla fermer les fenêtres.

— Parle-moi sans masque, dis-moi si au fond de ton cœur tu as des questions, des doutes, des réserves à émettre.

Il garda le silence.

— Comment peux-tu supporter l'idée d'avoir tué pour Mao ? Tu te débats pour te justifier !

— Cela suffit, Saule, on est en 1963, pas en 1936 ! Le prolétariat est le maître aujourd'hui. Notre Président marche dans les pas de Staline. Un mot de travers et tu risques de perdre ta langue sinon ta tête !

— Tu n'as pas répondu à mes questions.

— Je suis fatigué.

Nous restâmes longtemps l'un en face de l'autre. Notre dîner était posé sur la table mais nous n'avions pas d'appétit.

— Quand Mao prend peur, il va trop loin, dit-il après avoir pris son souffle. Il avait besoin de purger les milieux anticommunistes.

— Est-ce qu'il a bien agi en faisant assassiner les jeunes gens que tu avais recrutés ?

— À l'époque, oui, mais aujourd'hui je te répondrais que non. Cette tragédie fatale pour le Parti n'a profité qu'à nos ennemis.

— Dick Lin, je t'ai vu t'échiner à tenter de faire revenir en Chine les Chinois de l'étranger. Que se passera-t-il s'il change d'avis ? Si ces gens disent et font des choses qui lui déplaisent et l'offensent ? Et toi, tu joueras le rôle du bourreau ?

— Cela n'arrivera pas.

— Je croyais que tu le connaissais bien.

— Oui.

— Dans ce cas, tu es assez mauvais pour le suivre.

— Je chevauche un tigre. Je mourrai si je veux mettre pied à terre.

— Quel égoïsme !

Il se détourna et alla s'asseoir dans un fauteuil. Il se prit la tête dans les mains.

— Tu n'as jamais approuvé mon action.

— Tu refuses d'admettre la vérité.

— Quelle vérité ?

— Il n'y a pas de communisme, seulement ce que Mao désire !

— Camarade Saule, dit-il en se levant, je n'ai jamais insulté ton Dieu, alors cesse d'insulter le mien.

27

JE FUS ARRÊTÉE CHEZ MOI alors que je faisais la vaisselle. Je ne me serais jamais attendu qu'un agent des postes me dénonce. On m'accusait d'être une espionne à la solde de l'Amérique. Sans le moindre procès, je fus jetée en prison. J'avais déjà vu ce genre de chose arriver à autrui mais je fus choquée d'en être moi-même la victime.

Dick tira des ficelles mais personne n'osa l'aider. Mon crime était mon amitié avec Pearl Buck. Il m'expliqua que ce n'était pas son succès littéraire qui en faisait l'ennemie de la Chine, mais son refus d'être l'amie de Mao.

Depuis qu'il s'était emparé de la Chine, le couple Mao voulait voir Perle soutenir le régime, mais elle gardait ses distances. Des agents chinois l'avaient plusieurs fois contactée pour qu'elle fasse comme les journalistes Edgar Snow[1] et Anna Louise. Mon amie les connaissait bien sans toutefois partager leur vision politique. À la fin des années 1950, quand des

1. Son livre le plus célèbre, *L'Étoile rouge au-dessus de la Chine*, paru en 1937, retrace l'histoire du mouvement communiste chinois depuis sa fondation jusqu'à la fin des années 1930.

millions de Chinois moururent de faim pendant le Grand Bond en avant, elle critiqua Mao et insista sur un point important que d'autres avaient dédaigné : « Mao a laissé son peuple mourir de faim tout en aidant les Nord-Coréens à mener la guerre contre les Américains. »

« Pearl Buck est-elle une amie ou une ennemie ? » Voilà ce que, selon Dick, Mao lui aurait demandé.

Il lui répondit avec sincérité que Pearl Buck aimait le peuple chinois mais qu'elle ne croyait pas au communisme.

Le Président lui avait ordonné de s'attaquer à elle. Il voulait connaître le même succès que lorsqu'il avait obtenu du général Chu qu'il change de camp, en 1949. Il faisait de Perle le prochain défi de Dick. Il n'aurait pu être plus clair : « J'aimerais avoir un prix Nobel comme camarade. »

Derrière mon dos, il avait écrit à Perle. Elle ne lui avait pas répondu et n'avait d'ailleurs pas fait état de ses efforts dans les lettres qu'elle m'avait adressées.

Frustré, il demanda à Mao pourquoi il voulait Pearl Buck.

— Il n'y a pas la moindre comparaison entre elle et Edgar Snow, lui répondit Mao. Elle est lue dans chaque pays du monde. Ses livres ont été traduits dans plus de cent langues différentes ! Si ce journaliste est un char d'assaut, elle, c'est une bombe atomique !

Il échoua dans sa mission parce qu'elle connaissait trop la Chine pour se laisser duper. Elle jugeait Mao à l'aune de ses actions, pas de ses slogans. « Servir le peuple avec son cœur et son âme », cela ne signifiait rien pour elle. Comme son père, Absalom, elle refusait de se laisser acheter. Les romans qu'elle écrivit dans les années 1960 dépeignaient la tragédie de la vie sous le régime communiste, même si elle était de l'autre côté des mers et ne faisait que deviner la situation. Il semblait que ses sens s'affûtaient au fur et à mesure qu'elle vieillissait.

Dick n'avait jamais partagé avec Mao l'idée qu'elle fût la seule Occidentale capable de décrire la réalité chinoise avec humanité et précision. Il n'a jamais avoué qu'il admirait Perle, mais je savais que c'était pourtant le cas.

Il n'avait pas non plus le courage de défier madame Mao quand elle qualifiait les derniers romans de Perle d'attaques contre la Chine. Elle croyait qu'elle faisait partie de la conspiration américaine contre la Chine. Il reçut l'ordre d'encourager une contre-attaque et Pearl Buck fut considérée comme une « impérialiste culturelle ».

Madame Mao faisait d'elle un contre-exemple. Elle était prête à aider son mari à lancer la grande Révolution culturelle prolétarienne. L'objectif était d'asseoir son pouvoir en Chine et au-delà des frontières.

Mao excella à faire passer pour l'obsession de la nation son propre désir de destruction de ses ennemis. Dick me dit que j'étais mieux en prison. Quand Rouge me rendit visite, en mai 1965, ce fut pour m'annoncer que le monde extérieur était en plein bouleversement. Des foules d'adolescents se donnant le nom de Gardes rouges criaient à tue-tête : « Rejetons ce que notre ennemi accepte et acceptons ce que notre ennemi rejette. » Ils scandaient les slogans de Mao et s'en prenaient à toute personne soupçonnée de lui être hostile.

Rouge s'inquiétait de voir ma santé décliner sans que je puisse rencontrer un médecin. Elle pria avec moi pour la première fois depuis des années et me dit qu'elle voulait apprendre à mieux connaître Dieu, mais je craignais qu'elle eût subi un lavage de cerveau trop poussé et que cela se retourne un jour contre moi.

Un matin, très tôt, on me tira de ma cellule. On m'apprit que les Gardes rouges s'étaient emparé des prisons. Je serais battue à mort si je ne dénonçais pas Pearl Buck.

*

Une sorte de bouillie de riz rance, voilà tout ce qu'on me donnait à manger, et il n'y en avait jamais assez. La faim me rongeait les entrailles. Je n'avais ni l'eau ni l'électricité. Ma cellule était un cube de béton sombre et aveugle. Je perdais toute notion du temps. Je savais que bien des gens étaient devenus fous avec un tel traitement.

Pour préserver ma santé mentale, j'entrepris d'entonner des cantiques chrétiens. Quand les gardes m'interdirent de chanter, je recourus à une autre méthode. Je pratiquai la calligraphie avec les doigts et fis appel à des citations tirées de la Bible. Comme je n'avais pas d'eau, je plongeais mon index dans le seau d'urine et écrivais les mots sur le sol en béton comme s'il s'agissait de papier de riz. Quand j'arrivais au coin inférieur, celui du haut était déjà sec, et je pouvais recommencer[1].

Le temps passa sans que je puisse le mesurer. Il n'y avait pas de miroir et j'ignorais à quoi je ressemblais. Un jour, je remarquai des mèches de cheveux tombés à terre : ils étaient devenus blancs.

Un garde vint me chercher pour me conduire dans une autre pièce où il y avait une chaise, une table et un évier. On me donna un peigne et une brosse à dents et on me demanda d'être présentable.

— Tu as rendez-vous, me dit le garde.

Je devais rencontrer un membre important du Parti.

Quand j'eus terminé ma toilette, deux hommes en uniforme militaire m'escortèrent vers une voiture. L'un d'eux me banda les yeux.

La route fut longue et les chaos nombreux.

Quand on m'ôta le bandeau des yeux, je vis que nous étions arrivés devant un complexe militaire. Nous franchîmes une porte étroite. On y sentait la cuisine. Les soldats m'emmenèrent dans une grande pièce décorée d'un tapis taché, d'un canapé rouge et de rideaux vert sombre. Un panier rempli de bananes était posé sur la table.

---

1. Aujourd'hui encore, on peut voir dans la rue des artistes pratiquer la calligraphie à l'eau. À peine écrit sur le trottoir, le texte s'évapore, symbolisant ainsi le principe bouddhique de l'impermanence de toute chose.

— Servez-vous, me dit une servante dans un mandarin parfait.

Je n'aurais touché à rien si je n'étais pas morte de faim. Comme un singe, je m'emparai d'une banane que je m'empressai de peler avant de la fourrer tout entière dans ma bouche. J'étais tellement occupée à mastiquer que je ne voyais rien d'autre. Quand je pris une seconde banane, je vis quelqu'un assis sur le canapé. Je crus d'abord à un homme parce que cette personne portait un uniforme de l'armée et une casquette verte frappée de l'étoile rouge.

— Prenez votre temps, me dit-elle.

Je ne pouvais en croire mes yeux.

— Ma vieille amie, m'avez-vous déjà oubliée ? fit-elle en souriant.

Je reconnus les longs doigts osseux.

— Madame Mao, vous ?

— Oui. Cela fait si longtemps. Vous voyez, je ne vous oublie pas.

Elle voulut me serrer la main.

Je retirai la mienne en expliquant d'un air gêné que mes doigts sentaient l'urine. Madame Mao eut un geste de dégoût.

— Le Président vous adresse ses salutations. Comme vous pouvez l'imaginer, il est très occupé. J'aimerais travailler avec vous à une solution susceptible de lui plaire.

— En quoi pourrais-je vous être utile ?

— Camarade Saule Yee, je vous donne une grande chance. Vous pouvez transformer votre vie en prouvant votre loyauté au Président.

J'avais du mal à comprendre le sens de ses paroles. Elle paraissait changée depuis nos rencontres à Yenan. Toujours imposante, la madame Mao qui se présentait à moi aujourd'hui avait teint ses cheveux en noir. « Je suis puissante », disait son regard. Elle était en excellente forme physique mais ce n'était plus une beauté. Même si ses sourcils étaient toujours aussi minces que des antennes de crevette, ses grosses lunettes lui ôtaient toute féminité.

— Je vois que vous avez faim, dit-elle en dévoilant des dents d'un blanc éclatant. Voulez-vous déjeuner ?

Avant même que j'aie le temps de répondre, elle frappa dans ses mains.

Une porte s'ouvrit à l'autre bout de la pièce.

— Un banquet privé vous attend, me dit madame Mao d'un ton joyeux comme si nous étions dans une réception.

Des serviteurs entrèrent et s'alignèrent le long du mur.

Madame Mao tendit les bras et me prit par les mains.

— Bavardons un peu, rien que nous deux, comme deux vieilles amies.

*

— Nous menons une guerre culturelle contre les pays occidentaux conduits par l'Amérique, dit madame Mao d'un air grave.

Ses lèvres minces frémirent. À nouveau, elle me prit les mains.

— Nous vaincrons les impérialistes culturels américains. Nous les repousserons au bout de l'univers. Ils n'auront pas le temps de reprendre leur souffle !

Elle frissonna comme si elle avait froid.

— Pardonnez-moi… balbutiai-je, ne sachant que dire.

Elle leva la main pour me signifier de la laisser terminer.

— Quand nous y serons parvenus, ce sera pour nous emparer de la machine de propagande capitaliste. Nous ferons entendre notre voix et nos opinions seront imprimées dans les journaux du monde entier. Imaginez… le *New York Times*, le *London Times*… Ce sera la victoire des prolétaires du monde entier ! Le Président sera si fier de vos efforts !

— Je ne vous suis pas très bien, madame.

— Mangez, mangez.

Madame Mao déposa devant moi un plat de canard laqué.

— Si possible, j'aimerais savoir ce que vous attendez de moi.

— Détendez-vous, chère camarade, dit madame Mao avec

une certaine jubilation. Croyez-moi, je ne vous demanderai rien que vous ne puissiez exécuter.

— De quoi s'agit-il exactement ?

— Votre tâche sera la suivante, écrire deux articles. Le premier s'intitulera « *La Terre chinoise* est une plante vénéneuse », et l'autre « Exploitation : Pearl Buck, quarante années de méfaits en Chine », avec pour sous-titre « Ses crimes révélés par une amie d'enfance ».

Je ne savais au juste ce qui se passait mais j'avais l'impression que Perle avait offensé personnellement madame Mao en refusant d'avaliser la politique chinoise du Président. Bien des années après, j'apprendrais qu'elle avait rêvé de voir Pearl Buck rédiger sa biographie. *La Terre chinoise* avait été adaptée par Hollywood et elle se voyait bien en prochain sujet de la romancière lauréate du prix Nobel. Avec la confiance qui la caractérisait, elle avait demandé à ses agents d'approcher l'auteur. Le titre du livre serait *La Reine rouge* et le personnage de madame Mao aurait le charme et la personnalité de Scarlet O'Hara dans *Autant en emporte le vent.*

Le refus de Perle n'avait pas tardé. Madame Mao regardait ce film pour la quatorzième fois. Elle imaginait bien Vivien Leigh interpréter son personnage.

Les graines de la vengeance avaient germé. Elle ne songeait plus qu'à la destruction.

— En plus d'attaquer le président Mao à travers ses écrits, Pearl Buck a été prise à aider des dissidents chinois à s'enfuir en Amérique, me dit madame Mao.

Je lui demandai le temps de « digérer » ses paroles.

— Je ne vous demande pas si vous voulez ou non le faire, dit-elle en relevant le menton vers le plafond. Je vous demande seulement à quelle date vous me livrerez cette arme.

*

Je retrouvai mon mari et ma fille. On nous donna une chambre dans le complexe militaire. Si je ne coopérais pas, mon châtiment ne saurait tarder. Dire non à madame Mao, c'était dire oui à un nouveau séjour en prison, peut-être même à la mort. Mon âge ne m'avait jamais préoccupée jusqu'à ce jour. Mon corps était fatigué et malade. J'avais plus de soixante-dix ans et l'idée de mourir dans une cellule glaciale me terrifiait.

— Tu ne devrais pas voir là un acte de trahison.

Dick faisait de son mieux pour me convaincre.

— Tu ne nuiras pas à Perle en la dénonçant, reprit-il. Elle comprendra. Elle n'est pas en Chine. Il est évident que vous deux ne vous reverrez plus jamais. Elle ne saura même pas que tu as écrit cette critique.

— Dieu le saura, lui.

— Réfléchis. Nous devons protéger notre peuple de l'influence de Pearl Buck. Ses livres ont nui à la réputation du Parti dans le monde entier. Elle n'est plus l'amie que tu fréquentais.

— Malheureusement, j'ai lu *La Terre chinoise*, répondis-je. J'ai lu ce livre alors que ce n'était encore qu'un manuscrit, il y a trente ans. Pearl Buck n'a pas insulté les paysans chinois comme le prétend madame Mao. Bien au contraire, elle a montré qui ils étaient vraiment.

— Tu laisses tes sentiments personnels influer sur ton jugement politique, me prévint-il.

— Au diable mon jugement politique !

Rouge arriva pour me soutenir.

— Personne ne dit non à madame Mao, répéta-t-il.

— Je ne peux pas.

— Invente des histoires, mens !

— Je refuse de dire au monde que Perle et sa famille étaient mauvaises.

— Il le faut pourtant si tu veux vivre, Saule. Plus tard, tu pourras lui dire que tu n'en pensais rien.

Je regardai mon mari et me sentis submergée par une immense tristesse. Mentir, voilà à quoi se résumait désormais la vie de Dick.

— Je ne veux pas donner de leçons de trahison à ma fille, conclus-je.

— À cause de toi, Rouge a du mal à trouver quelqu'un qui veuille l'épouser, et elle a déjà vingt-neuf ans !

Ces mots me firent l'effet d'un coup de poignard. Je m'en voulus d'avoir gâché la vie de Rouge. Ma fille avait eu tant de fois le cœur brisé. Les jeunes gens tombaient amoureux de Rouge dès l'instant où ils la voyaient ; mais ils ne tardaient pas à apprendre que sa mère était une ennemie du peuple, et ils l'évitaient comme un virus. En me comportant ainsi, je vouais Rouge à une vie de rigueur et de privation.

*

Ma peine de prison fut augmentée à dix ans puis réduite à cinq parce que j'étais la femme de Dick. Je fus envoyée dans un camp de travail dans une province lointaine, non loin du Tibet. Je passais mes journées dans les champs à planter du blé et du coton ; la nuit, je grappillais de la nourriture tout en me battant contre le froid, la chaleur ou la vermine. Notre famille était dispersée sur des centaines de kilomètres. Dick était au nord, Rouge au sud et moi au sud-ouest. Ils me rendaient visite à tour de rôle tous les trois mois et à l'occasion du Nouvel An. Ma fille ne se plaignait jamais mais la douleur était inscrite sur son visage. Elle était devenue une femme paisible, bien plus mûre que ses semblables. Après un diplôme en médecine à l'université de Beijing, elle s'était vue refuser le droit d'exercer et travaillait comme simple ouvrière dans une usine de textile. Dick ne me parlait pas de sa condamnation mais je découvris tout de même de quoi il s'agissait. Rétrogradé, il avait été envoyé en poste dans une obscure ville de province. Au bout d'un an, Mao le rappela, et il travailla dur pour regagner la confiance du Président.

Rouge et moi tâchions de ne pas nous décourager. Notre famille n'était pas la seule à souffrir. Des millions d'autres

Chinois connaissaient le même sort. Vers la fin de l'année 1969, la Révolution culturelle se révéla être un des épisodes les plus meurtriers de l'histoire millénaire de notre pays. Dick avait raison de dire que l'histoire était juste.

Après cinq ans de camp, on m'ordonna de retourner dans ma ville d'origine, Chinkiang. Ma peine n'était pas achevée. Je devais me réformer par le travail physique tant que je vivrais. J'avais plus de soixante-quinze ans.

Rouge eut le choix, rester là où elle était ou venir avec moi. Elle choisit cette dernière option et quitta son travail. Elle me dit que de toute façon elle gagnait à peine assez pour vivre.

Nous avons pris le train. Ma peau était burinée et mon dos me faisait mal en permanence. Je ne pouvais marcher droit. Mes articulations, ma colonne vertébrale et mes jambes étaient blessées mais mon esprit était indemne. J'étais fière d'avoir payé le prix de l'honnêteté : je n'avais jamais trahi Dieu, et Dieu ne m'avait jamais abandonnée.

Dick ne put que rester à Beijing aux côtés de Mao. Pendant quinze ans, il avait dirigé la propagande. C'était lui qui écrivait les discours et les articles du Président et de sa femme. Quand il supplia qu'on me libère pour que je le rejoigne, madame Mao se contenta de répondre par la citation d'un poème ancien, quelque peu imprécise par ailleurs : « Appréciez la beauté de la neige mais ne vous affligez pas pour les mouches qui meurent de froid. »

Je croyais qu'il avait souffert de mon absence et m'avait patiemment attendue, mais j'avais tort. Un an après mon arrivée au camp de travail, le Parti lui donna comme infirmière et secrétaire une femme trois plus jeune que lui, nommée Pâquerette. Au début, il ne vit pas le piège qu'on lui tendait mais quand il comprit, il était déjà tombé amoureux.

28

L'ÉTÉ À CHINKIANG ÉTAIT CHAUD et humide, comme si l'on vivait dans un bain de vapeur. Papa vint nous attendre à la gare. Nous ne nous étions pas vus depuis de nombreuses années. Il était incroyable qu'il fût encore vivant. Il avait rapetissé et s'était voûté. Et puis il était chauve. Nos larmes coulèrent quand nous nous sommes enlacés. Rouge était tout excitée de voir son grand-père même si elle ne savait pratiquement rien de lui.

— J'ai oublié ton âge, grand-père, combien as-tu exactement ?

— Plus de quatre-vingt-dix ans mais moins de cent ! déclara papa en se redressant.

— Je ne me souviens pas que tu étais si petit, lui dis-je.

— J'étais deux fois plus grand.

— Pourquoi ? lui demanda Rouge.

— Parce que mon corps a su se préserver quand les temps étaient difficiles.

— Je me vois mal rapetisser comme toi ! fit Rouge en éclatant de rire.

— Trente ans dans la rivière de l'est, trente ans dans la rivière de l'ouest, déclara papa en citant Confucius.

— Je ne comprends pas.

— En matière de *feng shui*, cela signifie qu'il y a des occasions égales dans le cercle de la vie.

— Quel est le secret de ta longévité, grand-père ?

— La foi, dit tout bas papa.

— La foi en Bouddha ? fit Rouge pour le taquiner.

— Oses-tu oublier qui je suis ? répondit papa en prenant l'air offusqué.

— Comment allons-nous vivre ? dis-je en changeant de sujet. Où allons-nous habiter ?

— Dans l'église, me répondit papa.

— L'église de Chinkiang ?

— Oui, celle d'Absalom.

— Mais elle n'a pas été construite dans ce but.

Je compris immédiatement la stupidité de mes propos. Les conditions de vie en Chine s'étaient détériorées à tel point que les gens transformaient même les étables en maisons.

— Pour bien des gens, ce n'est plus une église, expliqua papa. Elle a servi de quartier général aux nationalistes pendant la guerre contre le Japon. Les Japonais en ont fait une caserne. Après la Libération de 1949, les communistes l'ont reprise. Depuis elle a servi à beaucoup de choses, garnison militaire ou entrepôt. Quand Mao a institué les communes, l'église s'est transformée en cafétéria. Après, elle devint un refuge pour les sans-abri. Au début de la Révolution culturelle, des Gardes rouges extérieurs à la province s'en sont emparés. Ils ont cassé les vitraux et peint des portraits de Mao sur les images de Jésus. Ils sont montés sur le toit pour renverser la croix.

— Des familles y vivent, dis-tu ?

Papa hocha la tête.

— Combien ?

Papa leva deux doigts.

— Deux familles ? proposa Rouge.

— Vingt.
— Vingt familles ?
— Oui, vingt familles. Cent neuf personnes.
— Comment se débrouillent-elles ?
— Oh, on s'arrange, comme des pigeons en cage.

*

Le souvenir d'Absalom et de Carie me submergea à la vue de l'église de Chinkiang. Je fis halte un instant pour me ressaisir. La bâtisse paraissait solide même si les marches de l'entrée étaient si usées qu'elles en brillaient.

Papa m'avait prévenue mais je fus tout de même abasourdie par ce que je vis. J'étais prête à voir un pigeonnier mais ce qui se présentait à moi ressemblait plutôt à une ruche. Il n'y avait pas de fenêtre sauf tout en haut des murs, à l'emplacement des vitraux. C'était la seule source de lumière. Du sol au plafond, les murs de l'église avaient été transformés en une multitude d'alvéoles en bois où l'on pouvait seulement se tenir couché. Pour y pénétrer, les gens devaient grimper à des échelles de corde. Les plus jeunes occupaient les niveaux supérieurs tandis que les aînés couchaient en bas. Chaque espace était utilisé. L'emplacement réservé à la toilette était constitué d'un vaste évier, en fait une grosse canalisation de six ou sept mètres de long ouverte sur le dessus. Dix robinets laissaient couler de maigres filets d'eau. Sous l'évier, un trou recouvert d'une grille recueillait les eaux sales. Les tuyaux et une cheminée en aluminium pareille à un dragon étaient accrochés par des fils. À la place des bancs de l'église, il y avait une grande salle à manger communautaire. L'estrade de l'autel accueillait la cuisine. Du bois fendu était empilé contre le mur du fond. Le charbon débordait des cuves. Seaux, poêles et woks étaient suspendus à des cadres en bois. Un fourneau occupait l'emplacement d'où Absalom prêchait. Derrière l'estrade, des rideaux masquaient une pièce emplie de pots de chambre.

— Qu'est-ce que vous en dites ? demanda papa.

— Que d'ingéniosité ! fit remarquer Rouge.

Je tentai d'ignorer l'odeur épouvantable qui se dégageait de la pièce aux pots de chambre et dis à papa que j'étais impressionnée.

— Pas de fenêtre et il fait si chaud !

Rouge s'épongea le visage. Sa chemise était trempée.

— Bienvenue à la maison, dit papa.

*

Rouge et moi eûmes droit à l'une des plus grandes alvéoles. Ma fille essaya de s'y glisser et se cogna la tête.

Nous n'avions pas encore déballé nos affaires que des coups furent frappés à la porte. Papa alla ouvrir. Un groupe se précipita dans l'église. Les hommes allaient torse nu et les femmes portaient des chemises légères. Tous avaient des souliers en bois. Ils m'appelaient joyeusement par mon nom.

— Ne me dis pas que tu ne te rappelles pas de moi ! me lança une petite vieille toute ridée.

— Lilas ?

— Mais oui ! Et toi, tu es bien Saule ? Comme tu as vieilli ! Tes cheveux sont tout blancs. Où étais-tu ? Où est Perle ?

À ce nom, je me mis à pleurer.

— Je n'arrive pas à croire que j'ai vécu assez longtemps pour te revoir ! Vous trois, venez saluer votre tante Saule !

Elle se tourna vers ses fils. Je ne reconnus pas les trois hommes qui se présentaient à moi, même si je savais qu'il s'agissait des jumeaux Double-Chance, David et John, ainsi que de leur cadet, Salomon.

— Où est Chan ? demandai-je.

— Oh, il nous a quittés depuis longtemps, me répondit un vieillard édenté.

— Mort ? dis-je avant de reconnaître le charpentier en personne.

— L'ivoire de l'éléphant ne risque pas de pousser dans la

gueule du chien, dit Lilas en tapant dans le dos de son mari. Depuis la disparition d'Absalom, Chan n'est plus bon à rien.

— Quand vous a-t-il quittés ? Comment furent ses derniers jours ?

— Le vieux maître a connu une fin sereine, me dit Chan.

— Il n'a pas souffert ?

— Non. J'ai été avec lui jusqu'au bout. Le vieux maître a fait son sermon, ensuite il est allé se reposer. Quand je suis revenu, il était déjà avec Dieu.

Une femme à cheveux blancs fendit la foule dans ma direction. Elle pressa ses paupières et tira sur les coins comme pour ouvrir les yeux mais elle n'y parvint pas.

— Vous me reconnaissez ? dit-elle en s'approchant si près de moi que je sentais son haleine pourrie.

Je secouai la tête d'un air navré.

— Je suis Sooching, la mendiante !

— La mendiante, oui ! Comment vas-tu ? Qu'est-il arrivé à tes yeux ?

— Je ne vois plus que votre ombre, Saule. Je suis pratiquement aveugle mais je me souviens bien de vous.

— Qu'es-tu devenue pendant tout ce temps ?

— Je suis croyante, je crois en Jésus-Christ. Et comment va Perle ? Elle est avec vous ? J'étais triste que vous ne veniez plus nous voir.

— Mais où est ton fils, Confucius ? dis-je pour ne pas répondre.

— Vous vous souvenez de lui ? Quel bonheur !

— Comment en serait-il autrement ? Il a un nom si original.

— Il ne s'appelle plus Confucius, m'expliqua-t-elle. Il a changé son nom en Avant-Garde.

— Avant-Garde ? Pourquoi ?

— Confucius n'est plus le fils d'une mendiante, me murmura-t-elle à l'oreille. Il est devenu quelqu'un d'important.

— Elle dit vrai, confirma papa. Avant-Garde est la

première personne de Chinkiang à avoir rejoint le Parti communiste et il est le chef de la ville aujourd'hui.

— Pourriture, oui !

Sooching se racla la gorge et cracha à terre.

— Je regrette de l'avoir appelé Confucius, il ne le mérite pas. Saule, vous aurez bien le temps de le voir.

— Comment va votre mari, Dick ? me demanda tout le monde.

J'hésitai parce que je ne savais quoi répondre.

— Oh, mon père va bien, dit Rouge à ma place. Il est occupé à travailler à Beijing.

Papa s'assit et me dit à quel point Chinkiang avait changé pendant toutes ces années.

— Ce n'est plus qu'un lieu d'exil, commença-t-il. Le gouvernement renvoie les gens dans leur ville natale quand ils ne servent plus à rien.

— Il semble penser que les indésirables doivent retrouver leur village et leur famille pour survivre, expliqua Chan.

— Et ils n'ont pas à payer pour une prison. Il a fallu qu'on construise tout nous-mêmes, dit papa en indiquant l'intérieur de l'église.

— J'y travaille encore, fit Chan en souriant.

— On peut dire qu'on est vraiment dans la maison de Dieu, ajouta papa.

— Chan n'a jamais rien compris, intervint Lilas. On aurait pu rester à Nankin s'il avait accusé publiquement Absalom. Je lui ai dit que ce n'était pas grave puisqu'il était déjà mort, mais mon entêté de mari n'a rien voulu entendre, et on nous a ramenés à Chinkiang. Est-ce que j'ai le droit de me plaindre ? *Épouse un chien et tu suivras le chien. Épouse un coq et tu suivras le coq.* Nous, les femmes, on a toujours vécu ainsi. En tout cas, l'avenir de nos enfants a été gâché. À Nankin, ils auraient pu avoir de meilleures écoles, de meilleures places. Ici, à Chinkiang, mes jumeaux travaillent comme coolies et mon plus jeune fils est journalier. Leur avenir n'a rien de radieux.

Sur ce, Lilas se mit à pleurer.

— C'est quoi, tout ce raffut ? dit une voix d'homme.

Je levai les yeux et vis trois personnages ramper hors de leurs alvéoles.

Un vieillard barbu descendit l'échelle de corde, suivi de deux autres hommes.

— Saleté de carcasse, grommela-t-il. Ce vieux corps tout pourri tombe en morceaux !

Cette voix m'était familière mais je ne savais à qui l'attribuer.

Le barbu s'approcha de moi et eut un sourire moqueur.

— Je parie que tu ne devineras jamais qui nous sommes.

— En tout cas, nous, on te connaît bien, ajoutèrent ses compagnons

Je fouillai dans ma mémoire mais ne trouvai rien qui corresponde aux individus qui se présentaient à moi.

Le barbu soupira.

— Vingt ans dans les prisons du pays ont dû changer mon apparence... Saule, regarde-moi bien. Je suis celui que tu appelais l'empereur Pécore. Et eux, ajouta-t-il en désignant ses amis, ce sont le général Crabe et le général Langouste !

— L'empereur Pécore ? Le général Crabe, le général Langouste ?

— Présents ! crièrent-ils à l'unisson.

Papa prit les hommes par les épaules.

— Ils sont avec nous désormais.

— Avec nous ? Il a failli tuer Absalom, Perle, Grâce et leurs enfants ! Le vieux maître l'aurait condamné à l'enfer !

— Bien au contraire, mon enfant, bien au contraire, dit papa. En fait, tel était son souhait. Il voulait que chaque membre de son église pardonne à l'empereur et à ses frères d'armes. N'oublions jamais que le Christ est mort pour nos péchés et que le Père nous a absous.

— Je n'arrive pas à y croire.

— Demande à Chan.

— Il dit vrai, répondit ce dernier. C'était vraiment son désir profond.

— Pardonner à l'empereur ce qu'il a fait ?

— Oui.

— Dieu est bon, Dieu est juste, Dieu est clément, murmura Pécore, les larmes aux yeux.

— Absalom est heureux au ciel ! s'écria papa. Je les ai convertis tous les trois !

*

Les bruits du service dominical me réveillèrent. Il me fallut un moment pour comprendre que je ne rêvais pas. J'étais dans mon alvéole. Je roulai sur le ventre et passai la tête pour voir ce qui se passait. Papa prononçait un sermon devant le fourneau recouvert d'un drap blanc. Il portait sa vieille tenue de diacre, si usée, si délavée qu'elle ressemblait plutôt à un haillon. Il était calme et solennel. Et quand il parlait, j'entendais Absalom dans sa voix.

Je lançai un coup d'œil en direction de la porte, inquiète, mais je vis qu'elle était fermée et bloquée par une grosse poutre.

Les cent neuf occupants de l'église écoutaient attentivement papa. Ils étaient assis sur des bancs ou par terre quand ils n'étaient pas restés dans leurs alvéoles.

Quand papa eut fini, tous chantèrent *Amazing Grace*. Le souvenir de Carie, assise au piano, s'imposa à moi. Avant aujourd'hui, je n'avais jamais compris les paroles de ce chant.

'Twas Grace that taught my heart to fear
And Grace my fears relieved
How precious did that Grace appear
The hour I first believed
Through many dangers, toils, and snares
I have already come
'Tis Grace that brought me safe thus far
And Grace will lead me home.

La Grâce a appris à mon cœur à redouter et la Grâce a apaisé mes craintes. Comme elle me fut précieuse cette Grâce, le jour où je crus pour la première fois. À travers les dangers et les épreuves que j'ai traversés, la Grâce m'a protégée jusqu'ici et la Grâce m'a ramenée dans mon foyer.

Je rentrai dans mon alvéole. Je n'avais pas pleuré le jour où Dick m'avait dit être tombé amoureux de sa secrétaire, avant de m'annoncer qu'il demandait le divorce mais, aujourd'hui, l'émotion s'abattait sur moi comme une vague gigantesque.

Rouge me serra contre elle et je sanglotai.

— Tu es revenue chez toi, maman, dit-elle en essuyant doucement mes larmes. Nous sommes chez nous.

29

LA PERSONNE CHARGÉE DE ME RÉFORMER fut le chef de la section du Parti communiste de Chinkiang, Avant-Garde, précédemment nommé Confucius et fils de la mendiante Sooching. D'âge mûr et ventripotent, il avait une face d'écureuil et louchait. Il prenait autant de plaisir à m'accuser publiquement qu'à ordonner aux autres d'en faire de même.

Avant-Garde faisait semblant de ne pas me connaître. Il parlait mandarin avec un accent de Chinkiang très prononcé et se déclarait fier d'être illettré. Depuis qu'il était à la tête de la section locale, il avait interdit d'adorer Dieu. Mentionner le nom d'Absalom, de Carie ou de Perle était devenu un crime.

En apprenant qu'elle avait reçu le prix Nobel, Avant-Garde comprit qu'il pouvait donner un coup de pouce à sa carrière politique. Il invita les journalistes préférés de Mao à Chinkiang et leur fit visiter les lieux où avait vécu l'impérialiste culturelle américaine tant honnie. Cette idée attira l'attention de madame Mao. Avant-Garde fut convoqué à la Cité interdite pour y être honoré du titre de « grand fantassin du président Mao ». Madame Mao lui offrit une calligraphie de sa propre main, *« L'espoir de lancer une bombe atomique culturelle sur le capitalisme mondial repose sur vos épaules ».*

Avant-Garde m'appelait « la sœur jumelle néfaste de Pearl Buck » et « la honte de Chinkiang ». Il encourageait les enfants à me mépriser. Il m'ordonna de nettoyer quotidiennement les égouts et les toilettes publiques. Chaque vendredi après-midi, j'allais confesser mes crimes à Avant-Garde. Selon ma réponse, il pouvait aggraver la peine en augmentant ma charge de travail. Il pouvait m'ordonner de nettoyer son bureau, celui de l'ancien ambassadeur de Grande-Bretagne. Pour m'humilier davantage, il exigeait que je traverse la ville en frappant un petit gong. Je devais crier : « Venez voir le chien de garde du capitalisme américain ! », « À bas, Saule Yee ! », ou encore : « Longue vie à la dictature du prolétariat ! » Avant-Garde détestait quand je me contentais de le regarder en silence.

— Je peux te faire torturer, tu sais ? me menaçait-il constamment.

Avant-Garde voulait que je lui raconte en détail mes relations avec Pearl Buck.

— Tu vas remonter jusqu'à ta petite enfance !

Papa m'enseignait à préserver ma dignité.

— Parle le langage du loup ! me conseillait-il.

À ma place, il se serait amusé avec Avant-Garde.

J'essayai bien mais cela ne donna rien. Avant-Garde ne songeait qu'à plaire à madame Mao. Il n'avait rien à faire de mes abstractions et de mes formules creuses.

— Comment oses-tu te moquer du Parti communiste ? hurlait-il.

Il organisait aussi des rassemblements sur la place centrale, où se dressait jadis le vieux théâtre. La foule répétait les mots qu'il lançait : « Avoue ou tu mourras sous la torture ! »

Quand il me tirait par les cheveux pour révéler à tous mon « visage mauvais », je repensais à l'opéra, *La Légende des amants papillons*. Je me rappelais dans le moindre détail le jour où nous étions allées au spectacle en compagnie de NaiNai. Quand il prenait le fouet pour me battre, je songeais aux abeilles, aux oiseaux et aux libellules voletant dans l'église d'Absalom. Et quand le sang me brûlait, j'entendais Carie chanter son cantique de Noël préféré, *Qui est ce petit enfant ?*

*

Dans mes rêves, je rendais visite à Perle dans sa maison américaine. Le mobilier que j'imaginais était en bois de santal rouge comme on le faisait sous la dynastie Ming. Je voyais les images accrochées aux murs, des peintures et des calligraphies à l'encre. Je rêvais aussi de Perle en train de sculpter. Enfants, nous regardions les artisans de Chinkiang modeler de petits gâteaux en forme de personnages ou d'animaux et nous en achetions pour quelques pièces. Un jour, dans les collines, Perle façonna une tête en terre en me prenant pour modèle. Je fis de même avec elle. Pour bien mettre en valeur nos caractéristiques individuelles, je lui fis un long nez et elle étira mes yeux. Les deux visages souriaient parce que nous n'avions pas arrêté de rire en les leur donnant vie.

Je rêvais aussi du fourneau miniature que lui avait fabriqué le jardinier. Nous pouvions y préparer vraiment à manger. Wang Ah-ma nous avait appris à faire cuire les ignames et griller les cacahuètes. Je nous entendais encore mâchonner les graines de soja.

*

Depuis mon retour à Chinkiang, je priais avec papa. Avant-Garde n'avait aucun ascendant sur ma spiritualité. Ma résistance aux communistes s'affirmait. Je décidai de lasser la foule avec mes confessions en les truffant de citations de Mao, de slogans et d'épithètes peu flatteuses à mon égard. Je commençais bien souvent par : « J'étais un chat égaré mais l'enseignement du président Mao m'a ramenée à la maison », et je continuais par : « Même si je n'ai jamais lu une ligne de *La Terre chinoise*, mon désir de connaître ce livre est absolument réactionnaire et criminel. »

Après les harangues et les critiques d'Avant-Garde, c'était à mon tour d'exciter la foule en hurlant : « Jetez Saule au bûcher si elle ne veut pas s'amender ! » Pour m'amuser, j'inventais des variantes. « À bas Saule Yee ! » devenait « À bas Saule Yee, chien de garde de l'Amérique ! » ou même « À bas Saule Yee, menteuse et traître, araignée putride, serpent venimeux, engeance de la bourgeoisie répugnante ! ». Je faisais tout pour que la foule s'époumone et j'imaginais des phrases de plus en plus longues. Et quand je lançais : « Longue vie à la ligne révolutionnaire glorieuse et à tout jamais correcte de notre grand dirigeant, grand maître et grand timonier vénéré, le président Mao ! », rares étaient ceux qui pouvaient me suivre.

En hiver, Avant-Garde organisa une réunion politique dans l'ancienne salle de bal de l'ambassade britannique. La foule dut rester assise par terre pendant des heures. Pendant ma confession, les hommes fumaient des cigarettes tandis que les femmes tricotaient ou faisaient de la couture. Les vieillards somnolaient et les bébés pleuraient. Avant-Garde disait que mes aveux n'étaient pas sincères. Je résistais à la réforme et devais donc être davantage punie.

Il fit de moi l'esclave de la ville.

À ceux qui me témoignaient de la sympathie, Avant-Garde lançait : « Le mot *pitié* n'existe pas dans notre vocabulaire révolutionnaire ! »

Quand Avant-Garde décida que Chinkiang entrerait « spontanément » dans le communisme, il commença par faire supprimer les pots de chambre. Tout le monde devait utiliser les toilettes publiques. Cependant, comme elles n'appartenaient à personne, personne ne les nettoyait. Vers blancs, mouches et moustiques y pullulaient. Il me revint de les entretenir.

Je travaillais nuit et jour. Rouge m'aidait quand elle le pouvait. Son poste à l'usine textile avait été confié à un parent de son chef et elle devait maintenant broyer du béton pour une société de construction. Peu avant le Nouvel An 1970, elle reçut l'ordre d'être présente vingt-quatre heures sur vingt-quatre. Je m'occupai donc seule des toilettes publiques. Mes mains s'acharnaient sur les murs constellés de souillures. Désemparée, épuisée, je me demandais souvent pourquoi continuer.

*

Je ne pouvais me permettre de pleurer, cela aurait réveillé tout le monde. Papa dormait et Rouge était au travail. L'ombre de la secrétaire-infirmière de Dick ne voulait pas me quitter. Je l'imaginais avec son visage de pleine lune, ses grands yeux et sa bouche cerise. Tous deux s'enlaçaient dans ce lit qui avait été le mien.

— Papa, appelai-je doucement.

Pas de réponse.

Je me levai, descendis à l'échelle et jetai un coup d'œil dans son alvéole. Il ne s'y trouvait pas.

Je partis à sa recherche. J'allai voir derrière les rideaux, dans la pièce réservée aux pots de chambre, puis dans la salle à manger. Je passai à côté des tas de bois et de charbon et j'arrivai dans la cuisine. J'entendis un bruit au-dessus de ma tête. Cela venait de l'entrepôt, à l'ancien emplacement de l'autel. Je tendis l'oreille et reconnus le bruit d'une radio. Quelqu'un cherchait une fréquence.

Comme un vieux singe, je repris l'échelle de corde. Mes jambes tremblaient et j'avais le souffle court. Je perdis l'équilibre et mon épaule heurta la porte de l'entrepôt.

La radio se tut.

Après un long silence, la porte s'entrouvrit.

Une bougie à la main, l'empereur Pécore passa la tête.

— Qu'est-ce que tu fais ici ?
— Je cherche papa.
— Il n'est pas là.
— J'ai entendu une radio. Qu'est-ce qui se passe ?
— Rien.
— Je peux entrer ?
— Non.
— Ne m'obligez pas à réveiller tout le monde, le menaçai-je.
— J'ai dit non.
— Je vous en prie.
— Non.
— Vous cachez quelque chose, n'est-ce pas ?
— Ne t'occupe pas…
— Je veux entrer !
— Attention, je vais te…
— Saule !

C'était la voix de papa. Pécore s'écarta et j'entrai.

*

Une bougie éclairait le visage de mon père. Il tenait une boîte de la taille d'une grosse brique, une radio, meilleure que celle de Dick, et tournait le bouton du réglage. L'électricité statique crachotait dans la pièce plongée dans la pénombre. Cette scène me rappelait un film de propagande où des criminels conspiraient contre le pays. Papa était en pyjama, calme et très concentré. Je ne l'avais jamais vu ainsi. Il penchait doucement la tête comme pour mieux repérer un signal. À côté de l'empereur et de ses frères d'armes, il y avait le charpentier Chan, ses fils et quelques autres. Tous semblaient très nerveux.

— Qu'est-ce que vous écoutez ? demandai-je.
— Chut ! me lança Pécore.

Papa continuait ses réglages, puis vint une voix humaine.

« Je l'ai, je l'ai ! » s'écria-t-il, mais le signal ne resta pas longtemps. À nouveau, l'électricité statique crépita. Il reprit ses réglages. Après un long moment, le signal revint. Une voix parlait le mandarin avec un léger accent étranger.

— Vous écoutez la Voix de l'Amérique !

30

La radio avait appartenu à l'empereur Pécore et c'était un cadeau de Tchang Kaï-chek à l'époque où il était encore seigneur de la guerre. Les deux hommes s'étaient alliés contre Mao. La radio avait d'autant plus de valeur qu'elle avait été fabriquée en Amérique pour un usage militaire. Pécore en avait fait don à l'église peu après sa conversion.

Papa ne se sentait plus isolé depuis qu'il maîtrisait la radio. Elle était devenue son obsession et il partageait les dernières nouvelles du monde avec des membres de l'église triés sur le volet. La vie devenait plus supportable sans toutefois s'améliorer. La Révolution culturelle était toujours en marche et le culte de Mao s'intensifiait. La pénurie alimentaire était au maximum depuis le Grand Bond en avant. Avant-Garde m'avait ordonné de dénoncer ceux qui vendaient les légumes provenant de leurs jardinets.

Un jour, un étranger vint me rendre visite. Il s'appelait Chu. Je ne le reconnus pas mais son nom me disait quelque chose. C'était le général de Beijing dont Dick avait obtenu la reddition en 1949. Mon mari avait été fier de sauver la

Cité impériale et d'éviter un bain de sang dans les rues de la capitale. Il avait négocié avec Chu à qui Mao avait promis un grade élevé dans l'Armée populaire de libération.

L'homme qui se tenait devant moi était maigre et malade. Il avait les yeux caves et la peau cireuse. Il parlait à voix basse et ses propos me surprirent. Il m'expliqua qu'il avait été compagnon de cellule de Dick et qu'on l'avait libéré pour raison médicale. Je lui rétorquai qu'il travaillait pour Mao, mais il me dit que ce n'était plus le cas.

— Que voulez-vous dire par compagnon de cellule ? lui demandai-je.

Depuis deux ans, j'ignorais tout de la vie de mon mari.

Le général Chu me tendit un morceau de papier froissé couvert de mots gros comme des fourmis.

*

Ma chère Saule,

Cette lettre me donnera la chance de tout t'expliquer et elle est pour moi une bénédiction.

Je t'écris de la colonie pénitentiaire du Sud-ouest, près du Tibet. Tu dois te demander ce que j'ai fait pour offenser Mao. Une fois encore, Pearl Buck est présente dans cette histoire, mais mon ambition est la seule coupable.

Mao m'a convoqué le 30 mai 1970. Madame Mao était là également et elle s'est montrée étonnamment charmante avec moi. Mao ne semblait pas avoir conscience qu'on était en pleine nuit. Pieds nus, il portait un peignoir de bain blanc et avait les cheveux mouillés.

Une fois que je fus assis, il me dit simplement : « Pearl Buck veut venir en Chine. Le Premier ministre Chou En-lai croit que nous devrions faire une exception et lui ouvrir la porte. Qu'en pensez-vous ? »

Du coin de l'œil, je voyais le visage de pierre de madame Mao. Un vague sourire faisait frémir ses lèvres.

Au vu de mon histoire personnelle avec Pearl Buck, je m'étonnai de l'audace de Mao. Avait-il oublié que toi, ma femme, tu étais allée en prison pour avoir refusé d'accuser publiquement ton amie ? Je savais aussi que son désir de reconnaissance internationale prenait de l'ampleur au fil des ans. Il était tout-puissant en Chine mais sa réputation ne le suivait pas à l'étranger. Il aurait fait n'importe quoi pour acquérir ce prestige qui lui échappait. Je compris tout de suite qu'il voulait réécrire l'histoire pour la conformer à ses vues. Je n'en aurais pas dit autant pour sa femme.

J'étais là à attendre sur ma chaise, en sueur. Mao me demanda alors d'approcher Pearl Buck et de la convaincre de changer d'avis à propos de la Chine. « Dites-lui que nous dirigeons à présent le quart de l'humanité », précisa-t-il.

Mao m'avoua que ses services secrets lui avaient récemment signalé que Pearl Buck avait servi de consultant au président John Kennedy. Il croyait qu'elle avait l'influence nécessaire pour jeter un pont entre les deux pays.

Mon destin était déjà scellé. Madame Mao était jalouse de toute femme à laquelle son mari s'intéressait. Pour retrouver son affection, elle avait recouru à l'arrestation, à la torture et au meurtre.

Ma propre ambition m'aveuglait, malheureusement. Établir un lien entre Mao et Pearl Buck ne pourrait que bénéficier à ma carrière. Tenir un tel rôle dans l'histoire me tentait tant que je jouais avec le feu. Le vent m'était favorable, pensais-je, et j'aurais été stupide de ne pas en profiter. J'irais dans le même sens que Chou En-lai.

Je traduisis les articles récents de Pearl sur la Chine en en supprimant tous les aspects négatifs. Le vent changea de direction avant même que je les soumette à Mao. Madame Mao se dressa devant moi.

Comme preuve à charge contre Pearl, elle me montra des extraits de son dernier roman, Les Trois Filles de madame Liang, *où l'auteur décrit des meurtres absurdes commis pendant la Révolution culturelle comme si elle en avait été témoin. Ce roman reflétait de façon surprenante la réalité.*

Dès cet instant, Mao se désintéressa de Pearl Buck, mais madame Mao n'en avait pas fini avec moi. Elle voyait en elle une menace personnelle et était bien décidée à châtier quiconque avait un lien avec elle. Elle m'accusa de mystifier son mari et me fit arrêter.

Je pensais que Mao m'offrirait sa protection, mais ce ne fut pas le cas.

J'ai retrouvé le général Chu en prison. Quel caprice du destin ! Je me sentais coupable parce que Mao n'avait pas honoré sa promesse en respectant les termes de la négociation. Après s'être rendu, Chu était devenu inutile et il avait été abandonné. Il reçut le titre ronflant de général de l'Armée populaire de libération, mais sur le papier seulement. Il n'avait aucune armée à commander. J'avais l'impression de l'avoir laissé tomber. Terminer ma vie en prison ne m'est pas trop pénible parce que au moins je suis loin de Mao.

Le climat tibétain est rude et l'air raréfié. Nous vivons comme des rats dans des trous que nous creusons nous-mêmes, comme si c'était notre propre tombe, mais les morts ne sont pas enterrés ici. La prison n'a pas assez de prisonniers pour creuser les fosses où les ensevelir. Les corps sont abandonnés dans la nature à quelques centaines de mètres de nos cellules. La puanteur nous arrive quand le vent souffle de notre côté. Les loups et les rapaces se repaissent des cadavres.

Je vis de feuilles, de vers de terre et de mulots. Avant la fin de l'été, les feuilles et les vers auront disparu. Nous avons arraché l'écorce des arbres et mangé jusqu'à la fibre. Ces arbres sont morts à présent. Nous n'avons pas assez d'énergie pour attraper des mulots. J'ai commencé à manger des « graines-suicide », une sorte de graminée qui procure une mort lente mais qui apaise la faim. Je suis constipé depuis des semaines. Mon ventre me fait si mal qu'il m'arrive de m'évanouir. Tu n'en croirais pas tes yeux : les détenus s'aident mutuellement à déféquer en s'enfonçant le doigt dans l'anus.

Chu était mon compagnon. Il n'avait pas fait depuis neuf jours. J'ai pris une baguette pour essayer de briser ses selles avant de les extraire avec une cuillère mais elles étaient dures comme de la pierre. Il souffrait terriblement et son estomac gonflait comme un ballon de baudruche. J'avais pour autre compagnon de cellule un médecin de Shanghai. Hier, il est mort de constipation. Il n'avait que trente-sept ans.

Les gens ici espèrent ne pas se réveiller quand ils vont se coucher. Curieusement, la plupart meurent paisiblement dans leur sommeil, comme une bougie en fin de course dont la flamme vacille et disparaît dans le néant. Chaque jour, je pense à toi. Je regrette de t'avoir abandonnée pour Pâquerette. Elle a fait part de mes plaintes à madame Mao. Je parlais dans mon sommeil ! Vers la fin, avant que j'aille en prison, elle m'avoua être une espionne de madame Mao. Je savais que Pâquerette tenait son journal mais j'ignorais qu'il servirait d'arme contre moi. Je me croyais intouchable quand je lui disais : « Les hommes font des erreurs, Mao est un homme, donc Mao fait des erreurs. » Pâquerette reçut une promotion pour sa dénonciation. Avant mon arrestation, Mao m'invita à l'accompagner en Russie. Il m'a fait croire que j'avais toute sa confiance.

Rien n'indiquait que je serais châtié. Soudain madame Mao me dit que son mari en avait assez de moi. On me nia toute appartenance au Parti. Je devais aller en prison parce que je n'étais plus un camarade mais un réactionnaire. Mao ne répondrait ni à mes lettres ni à mes appels.

Je sais que mon manque de loyauté t'a fait souffrir. Je suis resté loin de toi comme tu le souhaitais. Je t'écris cette lettre parce que je sens que je n'en ai plus pour très longtemps. Mon ventre est plus gros que celui d'une femme enceinte. Je suis torturé par la honte et le remords. Je mérite l'enfer. Je ne crois pas être encore de ce monde après le Nouvel An. Il n'y a pas de courrier ici et pratiquement personne n'en sort vivant. Au cas où Chu réussirait à te porter cette lettre, je veux que tu saches que je t'aime encore et que je t'ai toujours aimée même lorsque je me comportais comme un imbécile.

Dick.

*

Je ne songeais plus qu'à une chose, le voir avant qu'il soit trop tard. Je ne pris pas la peine de demander la permission de partir à Avant-Garde parce que je savais qu'il ne me l'accorderait pas. Rouge m'acheta un billet et je quittai Chinkiang par le train le lendemain matin. C'était un billet « debout » parce que je n'avais pas assez pour une place assise. Pendant soixante-douze heures, je restai debout dans la journée. Je m'accroupissais la nuit près d'un tas de journaux gorgés d'urine.

Après le train, je dus marcher. Il me fallut deux semaines pour arriver à la colonie pénitentiaire. On m'a fait attendre deux jours avant de me dire la vérité. Dick était déjà mort. Il avait été puni pour avoir volé de la nourriture. En réalité, il n'avait pas signalé la mort d'un compagnon de cellule pour avoir sa part. Il avait dormi près du cadavre jusqu'à ce que la puanteur de la chair en décomposition le trahisse. Ensuite, les gardiens de la prison l'avaient privé de toute alimentation et il en était mort.

Je pleurai en l'imaginant dormant à côté de ce cadavre. Je demandai qu'on me permette d'identifier ses restes, mais cela me fut refusé. Au quartier général de la prison, j'entamai une grève de la faim. Au bout d'une semaine, ils me conduisirent au charnier qu'il avait décrit dans sa lettre.

Personne n'était enterré. Les corps et les squelettes gisaient en tout lieu et l'odeur était épouvantable. J'allai d'un corps à l'autre pour tenter de retrouver mon mari. Je refusais d'abandonner. Je le vis au bout de plusieurs heures. Dick était nu. Je l'identifiai grâce à une cicatrice. Sa chair avait été arrachée par les vautours et les chiens sauvages.

Je m'évanouis. Quand je revins à moi, je m'efforçai de me rappeler son visage tel que je l'avais connu. Je ne voulais pas me souvenir de lui ainsi. J'allai trouver un paysan et lui donnai de l'argent pour qu'il me rapporte un bidon d'essence et du bois. J'empruntai une vieille pelle rouillée et creusai une fosse.

J'y jetai ce qui restait de Dick, l'arrosai d'essence et y mis le feu. Pour finir, je recueillis ses ossements. Ils étaient trop grands pour entrer dans mon sac et je dus en abandonner la plupart. Je n'aurais jamais imaginé que Dick puisse terminer sa vie ainsi.

*

Après mon retour à Chinkiang, papa organisa un service funèbre à la mémoire de Dick. Nous n'invitâmes que les gens de confiance qui l'avaient connu. Je voulais aussi convier le général Chu, mais il était introuvable. Il avait préféré se cacher. Papa me dit que la vie en prison l'avait rendu méfiant de tout.

— Nous nous souviendrons de lui comme d'un ami loyal de Dick.

— Oui, il a risqué sa vie pour porter la lettre de père, dit Rouge.

— Dieu a dû guider ses pas, conclut papa.

Les mots de Chu me revenaient à l'esprit. Il se sentait béni d'être le messager de Dick parce qu'il croyait devoir le rejoindre bientôt. Me retrouver, tel était le plus beau cadeau qu'il puisse faire à son ami.

Je brûlai les écrits de Dick que j'avais pourtant conservés toutes ces années. Il l'aurait voulu. Il avait adoré Mao et le communisme de tout son cœur. Il y croyait.

J'épargnai cependant son ultime lettre pour la donner à Perle, même si rien n'indiquait que nous nous reverrions un jour. Les retrouvailles avec mon amie étaient de plus en plus difficiles à imaginer. Alors, les enfants chinois prenaient tous les Américains pour des ennemis, et les choses ne s'amélioraient pas. Je me demandais si Perle serait amusée ou horrifiée d'apprendre que Mao avait songé faire d'elle une prolétaire.

31

PAPA ÉTAIT PASSÉ MAÎTRE dans l'art de flouer les autorités.

— Mao a mené une guerre de guérilla avant de remporter la Chine, disait-il à sa congrégation. En suivant son exemple, nous pourrons sauver des âmes et les apporter à Dieu.

Je prévins papa qu'il allait au-devant des ennuis.

— J'ai un avantage sur le Président, me répondit-il, sûr de lui. J'ai la radio.

— Tu vas finir en prison, oui.

— Et alors ? Trois fois, je suis rentré et ressorti de cet endroit pourri. Qu'est-ce que les autorités pourraient faire de plus à un homme qui est quasiment centenaire ?

Il me rappelait de plus en plus Absalom parce qu'il s'occupait des naissances, des mariages et des enterrements. Il se servait d'un langage bien à lui pour se payer la tête des espions du gouvernement. Il débutait chaque cérémonie de manière traditionnelle avant d'en faire un événement chrétien sans que personne s'en aperçoive, même quand il y avait un agent communiste parmi la foule. Il entamait chaque sermon avec à la main « le Petit Livre rouge » des citations du président Mao. « *Nous sommes issus de tous les horizons* », commençait-il, avant de conclure par la Bible : « *Celui qui avait beaucoup recueilli n'avait pas trop, et celui qui avait peu recueilli ne manquait de rien.* »

Papa avait inventé un langage codé que seule sa congrégation comprenait. Dieu était alors « Celui qui marche sur les nuages », le châtiment en enfer « la sélection par Karl Marx », la Bible « le Petit Livre rouge » et le salut « la mission révolutionnaire ».

Pendant les fêtes du vingt-deuxième anniversaire de l'indépendance nationale, papa fut arrêté et incarcéré pour la quatrième fois. Il s'empressa de confesser ses fautes pour échapper à la torture, s'accusa publiquement et fit des promesses aux autorités, mais il n'avait pas la moindre intention de les tenir.

Il rentra en citant un proverbe chinois : « Un héros ne nage pas à contre-courant. »

Il se pardonna au nom du Seigneur et qualifia ses mensonges de stratégies pour éviter les sacrifices superflus. Se prenant en exemple, il enseigna à la congrégation l'art de traiter avec les autorités. Il prétendait souffrir de souvenirs de l'époque où le pasteur « l'empoisonnait ». Dans les réunions publiques, il se montrait du doigt en hurlant : « Mort au chien de garde d'Absalom ! » Bien entendu, la foule ne pouvait qu'éclater de rire.

Quand on lui ordonna de faire son autocritique, il déclara : « Mes mains seraient occupées dans vos poches s'il ne m'avait présenté à Jésus-Christ. »

Avant-Garde essaya bien de l'arrêter.

— Comment peux-tu encenser cet impérialiste culturel américain ? hurla-t-il.

— À mort Absalom ! répliquait papa, le poing brandi. Je te salue, camarade Avant-Garde !

Puis il se tourna vers le portrait de Mao accroché au mur.

— Mon autocritique n'est pas achevée, président Mao !

— Encore, encore ! criait la foule.

— Le président Mao nous apprend qu'on doit éduquer les masses en dévoilant ce qu'a fait l'ennemi, poursuivit-il. Eh bien, je vais vous dire ce qu'a fait Jésus-Christ !

J'appris de mon père à ne pas « nager à contre-courant ». J'étais toujours blessée d'entendre les enfants me dire que j'étais mauvaise, mais je ne me sentais plus coupable. Ma vraie guérison a débuté le jour où je l'ai aidé à mener son église de guérilla.

À son grand étonnement, il commença à entendre de surprenantes confessions qu'il ne tarda pas à partager avec moi. Chan lui avoua qu'il avait été un membre secret du Parti communiste et qu'Avant-Garde était son chef. Il était entré au Parti en 1949, persuadé que Mao et les communistes représentaient les pauvres. Sa mission consistait à rapporter les propos de papa ; mais il commença à douter quand il vit que son supérieur était assoiffé de pouvoir. Au fil des ans, il comprit qu'il n'était qu'un faux prophète et Mao, un faux dieu.

*

Mes souvenirs d'enfance ressemblaient à de splendides palais impériaux où j'aimais me prélasser. Je nous imaginais réunies, Perle et moi. C'était ma rêverie préférée. Je me sentais plus près de Dieu quand je pensais à elle. En de tels instants, le ciel déversait sur moi ses félicités.

Contrairement à moi, ma fille, Rouge, était très réaliste, surtout après la mort de son père. Elle n'avait pas la même notion du souvenir et choisissait souvent l'oubli à la mémoire.

Je vécus avec elle jusqu'à son mariage. Elle avait près de quarante ans. Mon gendre était un technicien d'usine dont la femme avait été emportée par la maladie. L'homme avait du mal à élever ses deux petites filles. Je me réjouis de la voir l'épouser et adopter ses deux enfants. Un an plus tard, elle fut à son tour mère d'une fillette. Mon activité favorite était d'emmener mes trois petites-filles voir les endroits où Perle et moi nous amusions à jouer à cache-cache. Quand le vent me caressait le visage, j'oubliais mon âge. L'enfance me revenait. Et puis, un jour, j'entendis une des petites-filles chanter une chanson de Carie et je compris que ce n'était pas mon amie. Je me suis alors demandé si elle était encore en vie.

*

En 1971, la veille du Nouvel An chinois, papa arriva avec une surprise.

— Pearl Buck va parler sur la Voix de l'Amérique !

Il avait du mal à cacher sa joie.

Elle était vivante ! Je tombai à genoux et remerciai Dieu. Je ne l'avais pas vue depuis trente-huit ans. J'avais les cheveux blancs et elle devait être comme moi.

Papa conseilla aux gens de ne pas venir mais cela ne servit à rien.

— Vous serez considérés comme traîtres si vous écoutez cette station de radio ennemie, les prévenait-il. On vous arrêtera et vous irez en prison !

L'événement fut préparé avec le plus grand soin. La réunion secrète prendrait l'apparence d'un banquet de Nouvel An.

Je m'étonnai de voir Avant-Garde et son adjoint, surnommé Poisson-Chat, entrer dans l'église quelques instants avant la radiodiffusion.

— Secrétaire Avant-Garde, soyez le bienvenu, venez vous joindre à nous, dit papa avec un grand sourire.

Je tirai papa par la manche.

— Tu as perdu la tête ou quoi ?

Papa m'ignora. Il sortit sa radio et entreprit de l'installer.

— Le meilleur vin pour notre chef ! lança papa.

Les gens sortirent de leurs alvéoles et empruntèrent les échelles de corde. Chan et Lilas prirent place près de papa. Derrière eux venaient l'empereur Pécore et ses frères d'armes.

La salle à manger fut bientôt pleine de monde.

Papa versait le vin et s'assurait qu'Avant-Garde et Poisson-Chat aient la meilleure part. Il remplissait à peine les autres verres mais faisait pratiquement déborder les leurs.

— Buvons pour démontrer notre loyauté au président Mao !

Avant-Garde dut boire son verre jusqu'au bout. Papa attendit qu'il fût vide pour le remplir et trinquer à la santé du Président. Sans cesse, les verres se vidaient et se remplissaient. Le quatrième toast fut porté au succès d'Avant-Garde qui avait réussi à amener Chinkiang vers le communisme.

Quand Avant-Garde tomba de sa chaise et s'écroula à terre, son visage était aussi rouge que la crête d'un coq. Poisson-Chat tenait encore le coup mais papa ne s'en préoccupa pas et régla sa radio. L'église fut bientôt pleine de la Voix de l'Amérique.

Sans un mot, nous tendîmes l'oreille.

En mandarin, l'animateur présenta Pearl S. Buck.

J'en eus le souffle coupé quand j'entendis une voix lancer en mandarin avec l'accent de Chinkiang : « Bon Nouvel An chinois ! Je suis Pearl Sydenstricker Buck. »

Personne n'en croyait ses oreilles, tout le monde croyait que son imagination lui jouait des tours.

— Écoutez ! C'est notre Perle !

Nous sautions de joie en criant et nous nous prenions par le cou.

— Bon Nouvel An à toi aussi, Perle ! dit papa.

Il souriait mais ses joues étaient baignées de larmes.

C'était comme si elle n'avait jamais quitté la Chine. Son accent n'avait pas changé. Sa voix était douce et claire. Elle nous parla de sa vie. Nous ne comprenions pas grand-chose à tous ces événements qu'elle évoquait, la crise économique ou la guerre du Vietnam, par exemple, mais cela importait peu. Nous étions là pour l'entendre et qu'elle fût en vie m'emplissait de bonheur.

Elle parla de ses livres, y compris sa traduction de *Au bord de l'eau*. Elle ajouta que *La Terre chinoise* avait été adaptée au cinéma sous le titre *Visages d'Orient*. « Le film est très beau mais je ne crois pas qu'il vous plairait parce que tous les personnages chinois y sont joués par des acteurs occidentaux. Ils ont tous de longs nez et parlent anglais. »[1] Elle expliqua ensuite qu'elle vivait en Pennsylvanie et qu'elle avait adopté huit enfants, d'origine asiatique pour la plupart.

Nous nous sommes tous mis à pleurer quand Perle dit qu'elle voudrait revenir en Chine.

« Les détails de ma jeunesse me reviennent avec d'autant plus de précision que je prends de l'âge, dit-elle la voix pleine d'émotion. Quand je ferme les yeux, je revois Chinkiang, ses collines et ses champs, à l'aube comme au crépuscule, en plein soleil comme à la lueur de la lune, dans le vert de l'été et le blanc de l'hiver. » Elle dit qu'elle regrettait surtout le Nouvel An chinois. « Je ferais un banquet avec mes amis si j'étais là-bas. Nous savons tous que, pour un Chinois, il faut vivre pour manger ! »

L'animateur demanda à Perle de décrire une scène typique de Chinkiang.

Elle réfléchit un instant. « Une scène typique, ce serait la brume sur l'étang près des saules pleureurs. Il y aurait de minces nuages dans le ciel et l'eau aurait des reflets argentés. J'y verrais aussi un grand héron perché sur une patte. »

Je laissais mes larmes couler. J'imaginais le sourire de mon amie.

« Mes amis américains admirent souvent l'imagination très vive des artistes chinois, poursuivit-elle, mais en fait l'artiste ne représente que ce qu'il voit. J'ai passé quarante ans de ma

1. L'acteur principal était Paul Muni. Le code d'éthique du cinéma interdisant les gestes « intimes » entre races différentes, l'actrice sino-américaine Anna May Wong ne fut pas retenue. Luise Rainer fut donc maquillée pour prendre une apparence « orientale ».

vie à admirer de tels paysages. Voilà la Chine que je connais, le pays où je continue de vivre par la pensée. »

Poisson-Chat était épouvanté. Il n'était pas ivre et par conséquent pleinement conscient des conséquences. Il gifla Avant-Garde et lui versa de l'eau sur la tête.

— Chef ! Réveillez-vous ! Il faut y aller !

Avant-Garde était incapable du moindre mouvement.

— On s'est fait avoir !

Poisson-Chat devenait hystérique. Il se tourna vers papa, l'air menaçant.

— Je vais tous vous dénoncer !

— Mais oui, vas-y, lui dit papa. N'oublie pas de mentionner qu'Avant-Garde nous a soutenus et qu'il a tout fait pour être là parmi nous. Il était si enthousiasmé d'entendre Pearl Buck et la Voix de l'Amérique qu'il s'est saoulé. Tous ceux qui sont réunis ici pourront le jurer !

32

AVANT-GARDE CONFISQUA LA RADIO de papa mais cela ne l'empêcha pas de perdre sa place à la tête du Parti communiste de Chinkiang. Il fut remplacé par Chan, promu secrétaire de la section locale. Il ne voulait pas de ce poste mais mon père le pressa d'accepter : selon lui, l'œuvre de Dieu avait besoin d'informations et de renseignements.

— J'apprécierais que tu m'apportes le bulletin mensuel du Parti communiste, lui expliqua-t-il.

Papa aimait beaucoup lire ce bulletin, reflet des futurs changements de climat politique de la Chine. Il en dévorait chaque numéro et s'intéressait surtout à l'attitude de Mao à l'égard des États-Unis.

En juillet 1971, il remarqua un entrefilet signalant que Mao allait recevoir un hôte spécial venu d'Amérique, un certain Henry Kissinger.

— La cuisine se prépare ! dit-il à Chan.

Trois mois plus tard, il apprit que la Chine était devenue membre des Nations unies.

— On va bientôt passer à table ! annonça-t-il.

Papa et Chan furent les premiers en ville à envisager la

visite en Chine du président américain Nixon. Dans le bulletin, ils apprirent aussi que le Parti communiste chinois était scindé en deux grandes factions rivales. La première était surnommée « le Parti de l'épouse » : c'était la faction de madame Mao, et son mari lui faisait confiance pour poursuivre sa Révolution culturelle. La seconde était le Parti du Premier ministre, conduit par Chou En-lai, à qui il faisait confiance pour la gestion du pays. Les deux factions faisaient tout pour s'attirer les bonnes grâces du maître de la Chine.

Les rivalités s'intensifièrent avec l'annonce officielle de la visite de Nixon. Un groupe d'inspecteurs débarqua à Chinkiang. Nous ignorions complètement que le chef d'État américain avait demandé à Pearl Buck de l'accompagner dans notre pays.

*

À la lueur des bougies, papa discutait avec les membres de son église de guérilla. Toutes les rides de son visage semblaient danser.

— L'attention du monde sera concentrée sur Nixon, dit-il, les yeux brillants. Imaginez Perle en train de le présenter à Mao dans un mandarin parfait puis Mao à Nixon en anglais américain !

Une question était dans l'air : madame Mao accepterait-elle cela ? Laisserait-elle une autre femme jouer le rôle qu'elle croyait écrit pour elle ?

— Des centaines d'appareils photo et de caméras vont immortaliser la scène, poursuivit papa. Madame Mao sera jalouse de Perle quand elle la verra s'interposer entre Nixon et son mari.

— Il y a une autre possibilité, dit Chan. Mao pourrait s'intéresser de près à Perle comme il l'a fait avec la femme du président philippin Marcos. J'ai vu un documentaire où il lui baisait la main.

Je n'aurais pas été surprise de voir Mao tomber sous le charme des yeux bleus de Perle. J'imaginais la scène. Perle ferait songer à Carie, aussi belle et élégante qu'elle. Mao poserait des questions avec son accent du Hunan si particulier, et elle y répondrait avec les mêmes intonations. Elle parlait couramment plusieurs dialectes chinois en plus du mandarin. Logiquement, Mao lui proposerait un entretien particulier, comme il l'avait fait avec plusieurs poétesses, romancières et actrices de son pays.

— Peut-être que Mao l'invitera à une visite privée de la Cité interdite... Je les vois parcourir les pièces du palais de la Suprême Exaltation que l'impératrice Tseu-hi avait elle-même décorées de quelques rouleaux de calligraphie. Il partagerait avec elle sa connaissance de l'histoire de la Chine.

— Il pourrait aussi l'emmener à la Grande Muraille, ajouta le charpentier. J'imagine les porteurs de palanquins...

— Il lui proposera certainement de dîner au palais d'Été, ajouta Lilas.

— Oui, acquiesça papa. Les plats évoqueront des poèmes de Mao. Le crabe au gingembre s'appellera « Prise de la capitale de Nankin », le canard laqué aux crêpes à l'oseille, « Triomphe de la venue de l'automne »...

— Les cuisses de grenouille frites au piment, ce sera « Naissance de la République populaire », dirent en salivant l'empereur Pécore et ses généraux.

Les images continuaient de défiler dans ma tête. Perle gagnerait le cœur de Mao en lui offrant sa traduction d'*Au bord de l'eau*, un de ses livres de chevet, et il comprendrait qu'elle partage sa passion pour les héros paysans.

J'entendais déjà le Président l'appeler « Camarade Perle ». Il en oublierait son âge, ses problèmes de dents, ses yeux irrités et son rhumatisme. Il la prendrait par la main pour lui confier qu'*Au bord de l'eau* lui avait inspiré sa passion pour la révolution. Il voudrait qu'elle apprenne comment il était devenu l'empereur moderne de la Chine, avec le secret espoir qu'elle partage ces révélations avec Nixon.

— *« Le peuple, le peuple seul est la force motrice, le créateur de l'histoire universelle »*, dit Chan en reprenant une phrase célèbre de Mao. Perle sera flattée.

— Je ne crois pas, dit Lilas. Elle n'aimera pas Mao.

— Elle a de la chance qu'il n'ait pas encore lu *La Terre chinoise*, dis-je à mon tour, parce que autrement, il comprendra qu'elle ne sera jamais une « camarade ». Rien de ce qu'il fera ou dira ne pourra la faire changer d'avis. Inversement, je crois bien qu'elle le décevra. Même si elle parle sa langue et connaît sa culture, elle ne l'adulera jamais comme le reste de la Chine. Elle remarquera tout de suite les défauts de Mao, elle pourrait même être son cauchemar.

— Bah, nous verrons bien, fit papa. Le vin ravivera peut-être le poète qui dort en lui. Peut-être qu'il prendra un pinceau et calligraphiera quelques vers. Elle montrera qu'elle apprécie son sens du rythme en lisant les mots en chinois ancien.

— Il la priera alors de passer la soirée avec lui, fit Pécore d'un air entendu.

— Elle refusera, intervint Rouge, et elle lui dira : « Le président Nixon m'attend. »

— Ce serait pire qu'une bombe atomique envoyée sur la Chine, en convint chacun.

*

La ville de Chinkiang allait revêtir une importance nationale. En tant que chef du Parti, Chan reçut une série d'ordres de ses supérieurs. L'un d'eux émanait du Premier ministre, Chou En-lai, qui lui enjoignait de préparer le retour de Pearl Buck. « Vous montrerez la ville au président américain Nixon », disait le message.

Le second ordre venait contredire le premier. La ville devrait coopérer avec les inspecteurs de madame Mao : « Il est temps de révéler au grand jour les crimes de Pearl Buck et de ses parents à l'encontre de la Chine et du peuple chinois. »

Voyant là l'occasion de revenir au premier plan, Avant-Garde dévoila l'existence de l'église chrétienne.

— Le fantôme d'Absalom n'est pas seulement revenu, il s'ingénie à dresser le peuple contre Mao et le communisme, proclama-t-il.

Le Quotidien du Peuple, organe officiel du Parti communiste, publia un article intitulé « La lauréate du prix Nobel gagne sa vie en insultant la Chine ». Chan nous apprit que madame Mao avait interdit à Chinkiang d'accueillir les invités américains.

En secret, il récupéra la radio confisquée. Papa et lui la réglèrent pour écouter les dernières nouvelles de la Voix de l'Amérique. Ils apprirent ainsi au début de l'année 1972 que la délégation de Nixon quitterait l'Amérique une semaine plus tard et que les autorités chinoises avaient refusé son visa d'entrée à Pearl Buck.

*

Chan rédigea une pétition que signèrent tous les habitants de Chinkiang, puis il l'envoya à Chou En-lai.

« Pearl Buck a grandi à Chinkiang, était-il écrit. *Elle a le droit de se rendre sur la tombe de sa mère, et notre devoir de voisins et d'amis nous oblige à veiller à ce que ce droit soit respecté. »*

C'était bien la première fois que la ville tout entière se liguait pour une cause commune. Ce n'était pas seulement pour la visite de Perle que nous nous battions, mais pour notre propre existence et l'avenir de nos enfants. Depuis le début de la Révolution culturelle, ceux qui avaient croisé la route d'Absalom et de Carie avaient été dénoncés et condamnés. Les principaux événements s'étaient déroulés six années plus tôt mais nos souvenirs étaient encore vivaces. Certaines personnes avaient été plus touchées que d'autres, mais toutes avaient une histoire à raconter. Les hordes d'adolescents qui se donnaient le nom de Gardes rouges étaient même venues à Beijing pour mettre un terme à « l'influence néfaste de Pearl Buck ». Ils savaient que j'avais transmis des lettres de Perle à Xu Zhimo. Ils m'ont sortie de prison et exhibée dans une réunion publique où je portais au cou une planchette de bois marquée « entremetteuse ». La foule exigea que j'étale au grand jour leurs relations. Les anciens étudiants de Perle étaient terrorisés. Ils étaient contraints de dire tout ce qu'ils savaient de moi. L'un d'eux révéla à la foule que j'étais la meilleure amie de Perle et la deuxième fille de Carie. D'autres étudiants racontèrent que j'avais essayé de voler Xu Zhimo à Pearl Buck.

Les Gardes rouges avaient localisé la tombe d'Absalom aux abords de Chinkiang et l'avaient saccagée. Ils brisèrent la tablette de pierre rappelant son engagement de toujours envers le Seigneur. Ils cherchèrent aussi la tombe de Carie, mais Lilas l'avait secrètement déplacée. Celle qu'ils profanèrent n'était pas la sienne.

Les fils de Lilas reçurent l'ordre de changer de nom. Les frères Double-Chance s'appelaient désormais À bas Jésus et Guerre à Dieu. Le nouveau nom de Salomon fut Fidèle à Mao.

Quand les Gardes rouges forcèrent l'empereur Pécore et ses compagnons à casser une statue en céramique de Jésus-Christ, les anciens seigneurs de la guerre se rebellèrent. Ils ôtèrent les planchettes anti-Christ qu'ils avaient au cou et les brisèrent. Ils furent jetés en prison mais réussirent à s'enfuir dans les montagnes.

Papa prit le risque de protéger les images de Jésus-Christ qu'Absalom avait tracées de sa propre main. Il les dissimula derrière le grand portrait mural du président Mao. Quand le charpentier Chan et ses ouvriers apprirent que les Gardes rouges avaient l'intention d'incendier l'église, ils transformèrent celle-ci en un « musée éducatif ». La tête de Mao était peinte sur chaque mur. Les statues du Christ et des saints furent enfermées dans des boîtes grillagées et appelées « les maîtres négatifs ». Pour qu'elles ne soient pas renversées, les ouvriers les entourèrent de rubans de couleur rouge sur lesquels étaient inscrits des slogans, « Longue vie au président Mao ! » ou encore « Salut à madame Mao ! ».

Ce qui le peina le plus fut de voir les membres de la congrégation se retirer l'un après l'autre. Il savait bien qu'ils agissaient ainsi par peur mais il ne pouvait s'empêcher de se sentir vaincu. Il les menaça d'aller en enfer mais leur réponse le désarma : « Mieux vaut l'enfer que vivre ici ! »

Pendant des années, Chinkiang passa pour une ville gravement infectée par la « peste chrétienne » et il fut décidé qu'elle avait besoin d'être purgée en profondeur. Avant-Garde donna l'exemple en dénonçant le christianisme mais ils furent rares à le suivre. La police découvrit que des Bibles se cachaient sous des couvertures de livres de Mao et que des statues en terre du Christ étaient dissimulées dans des sacs de riz. Les cantiques de Noël étaient entonnés à l'occasion du Nouvel An et la tombe de Carie ne manqua jamais de fleurs fraîches. Les enfants qui se réveillaient la nuit pour aller au pot de chambre se cognaient à leurs parents, agenouillés dans le noir. Bien que centenaire, papa faisait ses tournées de prédication, qu'il pleuve ou qu'il vente.

*

Le poids des ans fut finalement le plus fort. Papa s'effondra un jour qu'il allait de maison en maison pour rendre visite aux membres de sa congrégation. Rouge et moi nous précipitâmes à ses côtés. Il revint à lui pour me dire qu'il avait rencontré Absalom.

— Le vieux maître était toujours sur son âne…

— Tu lui as demandé s'il était content de ton travail ? dis-je sur le ton de la plaisanterie.

— Oui.

— Et il a réagi comment ? dit Rouge, intriguée.

Papa prit plusieurs fois son souffle avant de répondre.

— Il s'est mis à pleurer, ce qui ne lui ressemblait pas. C'était à cause de Perle.

— De Perle ?

— Absalom regrettait de n'avoir jamais eu le temps d'être un bon père.

— Et tu as répondu quoi ? fîmes-nous d'une même voix.

— Qu'il pouvait être fier d'elle parce qu'elle avait repris son œuvre… que nous l'avions entendue sur la Voix de l'Amérique.

Une semaine plus tard, papa rendit l'âme. Il était allé s'asseoir sous un arbre, juste à côté du bâtiment de l'église, et son menton s'était affaissé sur sa poitrine, comme s'il dormait.

Cinquième partie

33

En une nuit, les slogans « À bas l'impérialisme américain ! » furent remplacés par « Bienvenue au président américain Nixon ! ». Les écoles de tout le pays firent disparaître les mannequins porteurs d'uniformes américains servant à l'entraînement au maniement de la baïonnette, et les écoliers durent apprendre quelques mots d'anglais, « Bienvenue » ou encore « Comment allez-vous ? ».

Le jour de l'arrivée de Nixon à Shanghai, les enfants envahirent les rues entre l'aéroport et l'hôtel où le président devait descendre. Chacun d'eux avait reçu des fleurs en papier et l'ordre de sourire de toutes ses dents.

Chan nous montra une dépêche importante : Nixon allait se rendre en visite à Chinkiang et Pearl Buck l'accompagnerait.

La ville mourait d'impatience.

J'aurais tant aimé que papa fût encore là pour vivre un tel événement. Il aurait été aux anges d'accueillir le président américain, et encore plus la fille de son bien-aimé Absalom.

Les membres de l'église de guérilla comptèrent les heures puis les minutes. Le matin du jour dit, la police vint sécuriser la ville. Chacun avait l'ordre de rester chez soi tant qu'on ne lui dirait pas de se montrer. Pendant que les hommes s'échangeaient des informations, les femmes cuisinaient les plats préférés de Perle. Chaque famille apporta sa contribution. Nous avons fait cuire du riz et du soja, préparé du pain et des ignames à la vapeur, sorti les viandes séchées et les radis en saumure habituellement servis à l'occasion du Nouvel An. Toute la journée, on discerna le bruit des légumes qu'on tranchait.

— Perle va sentir notre cuisine à des kilomètres quand elle arrivera, dit Lilas.

Quand je perçus des roulements de tambour et entendis l'hymne national, je sus que les hôtes américains étaient là. Je me rinçai les mains, peignai mes cheveux et enfilai ma veste bleue. Rouge aurait voulu se joindre à moi mais son chef ne lui en accorda pas la permission. En tant que fille de Dick, elle était plutôt maltraitée.

J'étais nerveuse, tendue. Je m'étais mise à douter en découvrant que le visage de mon amie n'était nulle part dans les journaux. Il y avait des photos de Mao et de Nixon en train de se serrer la main. De madame Mao, aussi, tout sourire. Mais pas de Perle. Étais-je assez folle pour croire qu'on l'avait autorisée à venir ?

— Perle est avec Nixon, oui ou non ? demandai-je à Chan.

— Je n'en sais rien, me répondit-il.

J'attendais cet instant comme si ma vie en dépendait et maintenant j'avais peur. J'imaginais ce que madame Mao aurait pu faire pour l'empêcher de revenir en Chine. Le triste destin de mon mari était là pour me rappeler qu'il ne fallait jamais sous-estimer son pouvoir.

Je ne pouvais malgré tout m'empêcher d'espérer. Je me levai avant l'aube pour grimper dans les collines. Une fois arrivée au sommet de celle où Perle et moi avions coutume de jouer, je m'allongeai sur l'herbe et fermai les yeux. L'odeur du jasmin ravivait mes souvenirs. Mon amie me regardait sans parler.

Les larmes me vinrent aux yeux à l'idée que nous serions deux étrangères. Peut-être ne me reconnaîtrait-elle pas. Elle m'avait peut-être tout simplement oubliée. Pourtant une petite voix ne cessait de me répéter le contraire. Nous reprendrions les choses là où nous les avions laissées. Je lui dirais tout ce qu'elle aurait envie de savoir sur la Chine.

« Raconte-moi ce qui s'est passé avec Dick », me demanderait-elle. Elle savait qu'il avait été très proche de Mao, son homme de confiance.

Peut-être aussi ne me le demanderait-elle pas. Elle aurait déjà compris. Elle avait certainement entendu parler des persécutions et elle s'était inquiétée pour lui. Comparé à Xu Zhimo, mon mari avait un tempérament assez vif et un caractère mieux affirmé. Il avait essayé de chevaucher le tigre, mais il était trop honnête. Les habitants de Chinkiang pensaient qu'il avait mérité son tragique destin parce qu'il avait suivi Mao. Papa et Chan ne l'avaient jamais compris. Son rejet du christianisme l'avait rendu suspect à leurs yeux. Il était hostile à toute religion et, comme le Président, il se disait athée.

Perle était la seule à nous comprendre tous les deux, Dick et moi, de la même façon qu'elle comprenait la Chine. Peut-être était-ce pour cette raison que Nixon lui avait demandé de l'accompagner.

Elle n'aurait pas oublié Xu Zhimo. J'en étais persuadée. Je devrais lui dire qu'il avait eu de la chance de mourir avant la Révolution culturelle. Il aurait trop souffert de voir un tel déferlement et sa fin aurait été pire que celle de Dick.

*

Nous commencions à nous endormir à force d'attendre quand la voix du charpentier retentit.

— Ils sont partis !

— Qui donc ?

— Les Américains !

— Nixon était là ? demanda Rouge.

Chan acquiesça et reprit son souffle.

— Nous avons vu les étrangers, dit Double-Chance David, mais les autorités les ont éloignés le plus rapidement possible.

— Où est Perle ? fis-je.

— Je crains qu'elle ne soit pas venue, dit Chan en secouant la tête.

Je m'efforçai de ne pas laisser la déception prendre le dessus et composai mon visage.

— Tu veux dire qu'elle n'est pas entrée en Chine ou qu'elle n'est pas venue à Chinkiang ?

— Regarde, dit-il en sortant un papier de sa poche. Il y a la signature de madame Mao.

*

Miss Pearl Buck,

Nous avons bien reçu votre demande de visa. Vu que vos œuvres font depuis longtemps preuve de déformation, de mépris et de diffamation à l'encontre du peuple de la Chine nouvelle et de ses dirigeants, je suis autorisée à vous informer que nous ne pouvons accepter votre demande d'entrée en Chine.

*

Dans le passé, chaque famille choisissait des distiques différents pour décorer le chambranle de sa porte à l'occasion du Nouvel An. Ils évoquaient la plupart du temps la chance, la santé ou la fortune. Cette année, cependant, toutes les familles de Chinkiang voulurent les mots que j'avais accrochés à ma porte.

*

Sur le montant de droite, *La montagne est dressée vers le ciel.*

Sur celui de gauche, *Il y aura toujours du bois à brûler.*
Et sur le linteau, *Le temps n'est rien.*

*

Ce fut la protestation silencieuse de la ville : elle exprimait nos sentiments à l'égard de notre amie en exil.

Le lendemain matin, un message inattendu arriva : les hôtes américains avaient demandé à revenir dans la ville de Pearl Buck ! Chan avait reçu l'ordre de faire supprimer au plus vite tous les distiques.

Les habitants furent longs à réagir et, quand les Américains arrivèrent, les familles étaient encore grimpées à l'échelle pour retirer les inscriptions.

Oublieuse des règles, des avertissements et de la menace d'un nouvel emprisonnement, je me dirigeai vers le centre-ville.

La foule me suivit.

Nous n'avons pas vu Perle, rien qu'un étranger au long nez entouré de gardes. Ce devait être Nixon. Il parlait aux gens et leur demandait ce qu'ils faisaient. Tous semblaient abasourdis. Avec un grand sourire, il demanda à son interprète chinoise, une jeune femme, le sens de ces distiques.

L'interprète parut effrayée et évita de lui en fournir le sens véritable.

Ne sachant trop quoi penser, il déclara qu'il avait beaucoup à apprendre de la culture chinoise.

Entouré des autorités chinoises, de la police et de ses gardes américains, il continua sa visite.

Nous le suivions à distance. Rouge s'était jointe à moi et la foule grossissait.

Nixon s'approcha de sa voiture. Avant d'y monter, il s'arrêta comme s'il avait changé d'avis et se tourna vers l'interprète.

— Par hasard, est-ce que vous connaissez Pearl Buck ? lui demanda-t-il.

— Non, non, je ne la connais pas, s'empressa de répondre la jeune femme.

— Voulez-vous demander à la population si quelqu'un connaît Pearl Buck ?

— Je suis désolée, je... je ne crois pas.

— Je vous en prie, posez-leur la question, insista Nixon.

L'interprète mordilla nerveusement l'extrémité de sa natte. Elle était terrorisée.

Il répéta sa question.

L'interprète éclata en sanglots. Elle consulta son carnet de notes.

— Mes fonctions ne me permettent pas... balbutia-t-elle.

— Pearl Buck est une amie personnelle, expliqua le président américain. Elle a grandi ici, à Chinkiang, et elle m'a demandé de transmettre le bonjour à ses amis. Elle voulait tant revenir...

J'étais à quelques mètres de lui et j'entendais chacun de ses mots. J'avais l'impression que mon cœur allait éclater dans ma poitrine.

Comme l'interprète ne lui apportait aucune réponse, Nixon s'adressa directement à la population.

— Quelqu'un parmi vous connaît-il Pearl Buck ?

Il régnait un silence de mort. L'ombre du gouvernement planait sur nos têtes comme un nuage noir.

— Je suis désolé, fit Nixon.

Il s'apprêta à monter en voiture.

— Monsieur le président, un instant ! lança Rouge. Ma mère la connaît.

— Votre mère ? dit Nixon, l'air réjoui.

— Oui, ma mère. Elle connaissait bien Pearl Buck et elle est là.

Sur ce, elle me poussa vers Nixon.

Le président passa entre les gardes chinois et s'arrêta devant moi avant même que je puisse réagir. Les gardes semblaient perdus. Il était évident qu'ils ne savaient comment réagir, comment l'arrêter. Les agents des services secrets américains serraient de près leur président de sorte que les gardes chinois ne pouvaient l'approcher.

— Ainsi vous connaissez Pearl Buck ? me demanda Nixon.

— Comme tout le monde ici, répondis-je en anglais. Nous connaissions non seulement Pearl mais aussi son père, Absalom, sa mère, Carie... Nous avons grandi ensemble.

J'avais du mal à retenir mes larmes.

— Vous parlez un anglais parfait ! dit Nixon, radieux. Comment vous appelez-vous ?

— Ma mère s'appelle Saule Yee, intervint Rouge.

— Richard Nixon, dit le président en me tendant la main. Je suis enchanté de faire votre connaissance, madame Yee.

À l'instant même où je touchai sa main, mes larmes se mirent à couler. J'avais compris que je ne reverrais peut-être plus jamais Perle.

— Que signifient ces inscriptions ? demanda Nixon en désignant les distiques. Et pourquoi est-ce qu'on les enlève ?

— *La montagne est dressée vers le ciel*, cela veut dire que nos cœurs continueront à prier pour le retour de Perle, lui répondis-je. *Il y aura toujours du bois à brûler*, que nous ne sommes pas inquiets parce que d'autres occasions se présenteront à nous. Et *Le temps n'est rien*, que nous avons foi en Dieu.

— Je comprends tout à présent, dit Nixon en hochant la tête.

— Monsieur le président, pourquoi Perle n'est pas avec vous ? demandèrent des voix dans la foule. Pourquoi est-ce qu'elle n'est pas venue ?

— Mes amis, je peux vous assurer d'une chose : miss Buck tenait absolument à venir. Elle a tout fait pour, croyez-moi, absolument tout !

— Aidez-la à venir, monsieur le président Nixon, le suppliai-je. Pour elle et pour nous tous.

— Oui, monsieur le président américain, aidez-la ! répéta la foule.

— Je vous le promets, dit Nixon avec une sincérité qui ne nous échappa pas.

Sachant exactement ce qui m'attendait après son départ, je m'adressai une dernière fois à lui :

— Monsieur le président américain, voulez-vous dire à Perle qu'elle manque beaucoup à son amie Saule et à toute la population de Chinkiang ?

— Je n'y manquerai pas, répondit Nixon avec gravité.

À l'instant même où sa voiture démarrait, les agents du gouvernement m'arrêtèrent.

— Madame Mao m'a confié la responsabilité de cette affaire, dit Avant-Garde. Tes jours sont comptés !

*

On m'accusa de quatre crimes. Un, d'avoir insulté madame Mao. Deux, d'avoir révélé des secrets d'État à Nixon. Trois, de dégrader la Chine avec mes distiques. Et quatre, le pire de tous, d'être la « taupe » de Pearl Buck.

*

« Le cul de l'âne », voilà comment les détenus surnommaient la prison. L'endroit était désolé, rocheux, enneigé toute l'année. Les détenus devaient travailler dur avant leur exécution. Vu mon grand âge, je confectionnais des nattes en paille qui faisaient office de linceuls. Il n'y avait pas assez de cercueils et on économisait du bois. Les nattes manquaient et je devais travailler de longues heures. Il fallait que j'en fasse dix par jour sinon on ne me donnait pas à manger. C'était impossible, je n'avais donc rien à manger. La prison limitait l'eau. Chaque détenu pouvait en boire une demi-tasse par jour, mais il n'y en avait pas pour se laver.

J'ignorais complètement comment Nixon avait été mis au courant de mon emprisonnement. Perle avait dû insister pour qu'il prenne de mes nouvelles. Elle savait quelle pouvait être la cruauté de madame Mao et avait certainement mis Nixon en garde contre les informations « officielles » susceptibles de lui parvenir. Ses agents avaient dû enquêter sur mon compte et apprendre par la bouche de Rouge qu'on m'avait jetée en prison. Le Premier ministre Chou En-lai avait dû transmettre à Mao la demande de libération formulée par Nixon, et il avait dû recevoir de Mao l'autorisation de me laisser sortir. Madame Mao se moquait peut-être de Chou En-lai, mais elle ne pouvait désobéir à son mari. Une seule chose comptait : qu'il ait Nixon et les Américains avec lui pour empêcher la Russie de déclarer la guerre à la Chine.

Au bout de neuf mois de prison, je fus libre de rentrer chez moi.

34

PHOTOGRAPHES ET CAMERAMEN LA SUIVAIENT comme si elle était une actrice célèbre. Vers la fin des années soixante, madame Mao avait tout l'éclat d'une superstar. Elle portait un uniforme vert de l'armée parfaitement empesé avec deux petits drapeaux rouges sur chaque pointe du col. Sa casquette verte assortie retenait ses cheveux. Entre son mari et Nixon, elle arborait un large sourire. Quand elle riait, elle tournait la tête à droite et à gauche pour être bien vue de tous. N'importe quel spectateur de cette bande d'actualités aurait pu croire que madame Mao et non pas son mari avait invité Nixon en Chine. Point culminant de ce petit film, elle conduisait les Américains au grand théâtre national, où elle leur présentait son spectacle de propagande, un ballet intitulé *Le Détachement féminin rouge*. La foule hurlait son nom.

Pendant quatre ans, la population de Chinkiang fut contrainte de voir ce film dans le seul but de se « réformer ». Chinkiang était coupé du monde et je ne me doutais pas que l'histoire allait changer.

Le Premier ministre Chou En-lai mourut en janvier 1976. La rumeur prétendait qu'il avait passé ses derniers jours à supplier Mao de mettre un terme à la Révolution culturelle. Il tenta de le convaincre que sauver l'économie revenait à sauver le respect du public pour le Parti communiste. Chou En-lai proposa d'être remplacé par l'ancien vice-Premier ministre, Deng Xiaoping, en exil depuis douze ans. Mao ne l'écouta pas et poursuivit la révolution. Personne ne se doutait qu'il arrivait au terme de sa vie. En revanche, son épouse voyait venir son heure et se préparait à s'emparer du pouvoir après la mort de son mari.

Comme tout le monde, je dus assister aux séances d'autocritique. J'avais quatre-vingt-quatre ans. Je suivais la foule et lançais des slogans, mais en mon for intérieur, je continuais à chérir mes rêves. Je ne désirais pas la longévité, elle me permettait seulement de me replonger dans le passé. J'ignorais que Perle s'était éteinte en 1973, un an après que son visa d'entrée en Chine lui fut refusé.

*

Un matin d'octobre, en 1976, on vit l'empereur Pécore courir dans les rues en faisant sonner son gong.

— À bas madame Mao et sa clique ! hurlait-il.

Nous croyions tous qu'il était devenu fou.

Curieusement, Avant-Garde ne sortit pas pour l'arrêter sur-le-champ.

— Madame Mao a été renversée ! Hua Guofeng a pris le pouvoir !

Il s'efforçait de nous convaincre qu'il n'était pas fou mais personne ne le croyait.

Une semaine plus tard, la nouvelle arriva officiellement de Beijing. Pécore avait dit vrai. Madame Mao et ses partisans, la fameuse Bande des Quatre, avaient été arrêtés et jetés en prison. Toutes ses victimes, dont la population de Chinkiang, étaient libres désormais.

Avant-Garde fut mis au rebut comme s'il n'était que le seau d'ordures de madame Mao. Rouge fut chargée par le nouveau régime de le remplacer et on lui offrit d'entrer aussitôt au Parti communiste, désireux de nous dédommager de la mort de Dick. Rouge mit une seule condition à son adhésion : pouvoir conserver sa foi chrétienne. Papa aurait été fier de sa petite-fille.

L'enthousiasme né de la chute de madame Mao eut cependant une circonstance tragique. Chan eut une attaque après s'être enivré pendant la fête. Il riait et puis son sourire s'est figé sur son visage. Ses petits-enfants croyaient qu'il faisait le mort et n'arrêtaient pas de lui pincer le nez. Quand le médecin arriva, il était trop tard.

La première chose que fit Rouge en tant que nouveau chef de la ville fut d'organiser les funérailles du charpentier. La cérémonie eut lieu dans l'église qu'il avait bâtie pour Absalom, un demi-siècle plus tôt. Dans son testament, il avait demandé que l'empereur Pécore soit le nouveau pasteur de l'église chrétienne de Chinkiang.

Assise derrière les rangées de bancs, je voyais les enfants écarquiller les yeux. Leurs parents étaient depuis des années membres de l'église de guérilla, mais pour la première fois, nous pouvions prier librement comme la famille chrétienne que nous étions. C'était aussi la première fois depuis plusieurs décennies que l'église ouvrait officiellement ses portes. Certains étaient là juste par curiosité.

Au fil des ans, nous avions perdu le piano de Carie, mais les enfants étaient fascinés par le magnétophone que Lilas avait acheté à un touriste de Hong Kong. Il jouait des chants de Noël : *Amazing Grace* était le préféré de tous.

Je fermai les yeux et suivis les paroles. Je sentais près de moi l'esprit de Perle et de ses parents. Je me rappelais le jour où les poutres s'étaient couvertes de feuilles. Je nous revoyais, elle et moi, guetter les papillons qui entraient et sortaient par les vitraux pendant les prêches d'Absalom.

Pécore n'était pas très à l'aise quand il s'agissait de parler devant la communauté.

— Je ne peux trouver les mots pour décrire le bonheur que j'éprouve à servir le Seigneur, dit-il. Pouvoir lire dans la Bible traduite par le père fondateur de cette église, M. Sydenstricker, est pour moi un grand honneur.

*

Le nouveau régime chercha à ouvrir la Chine au monde extérieur. Du jour au lendemain, notre ville de Chinkiang passionna les médias parce qu'elle avait vu grandir mon amie.

En 1981, le gouvernement débloqua des fonds destinés à la restauration de la « Résidence Pearl Buck », même si sa famille n'y avait que fort peu vécu. L'humble maison d'origine, celle où Perle avait grandi, était rasée depuis longtemps. Au cours des années soixante-dix, des bâtiments de style soviétique étaient venus salir le paysage. Malgré l'opposition de certains, Rouge se battit pour rendre hommage à Absalom et Carie, fondateurs du collège et du dispensaire de Chinkiang.

Ma vie changea du tout au tout. Je fus protégée par le gouvernement qui voyait en moi une « histoire vivante ». Je fus respectée comme « trésor national » et on m'accorda autant de privilèges qu'à un bébé panda. J'emménageai dans une maison de retraite réservée aux cadres supérieurs du Parti. Des médecins pouvaient intervenir vingt-quatre heures sur vingt-quatre. Pour m'être encore plus agréable, le gouvernement commanda directement en Amérique les livres de Pearl Buck. On m'offrit de nouvelles lunettes ainsi qu'une loupe pour me permettre de mieux lire. Je sanglotai à la lecture de *La Terre chinoise, L'Exilée*, consacré à sa mère, et *L'Ange combattant*, à son père. L'affection de Perle pour la Chine était là, à chaque page. J'imaginais sa frustration et sa solitude quand elle disait : « Mes racines chinoises doivent mourir ! » Elle avait plus d'argent qu'elle n'en pouvait dépenser, mais elle n'avait pu acheter une once de pitié auprès de madame Mao.

— Mère, me dit Rouge, ma position au sein du Parti m'autorise à t'accorder une faveur pour tes derniers jours.

Je connaissais déjà la réponse.

— Je voudrais voir la tombe de Perle, en Amérique.

— Je m'y attendais, fit-elle en souriant.

*

Rouge avait hérité le sens pratique de son grand-père. Elle ne s'intéressait pas au pouvoir mais savait ce qu'il pouvait lui apporter. Rouge rédigea donc une proposition relative à mon désir d'aller en Amérique en insistant sur le fait que cela ne pourrait que bénéficier au Parti communiste.

J'avais peur de voir rejeter ma demande de passeport. Comme tout un chacun en Chine, j'étais bien consciente d'une chose : le gouvernement parlait de porte ouverte, mais cela ne voulait pas dire que les gens du peuple pourraient se rendre librement à l'étranger, en Amérique qui plus est. Sur mon esprit planait toujours l'ombre de la persécution pour avoir eu des contacts avec l'étranger.

Rouge avait confiance. Elle écrivit à des personnalités importantes et se rendit en personne aux bureaux du gouverneur, à la police et au service des passeports. Elle n'hésita pas à jouer le rôle de responsable du Parti communiste qu'elle était.

— Le voyage de Saule Yee en Amérique jettera un pont entre nos deux pays, déclara Rouge. Chinkiang s'efforce d'être une ville moderne qui met en œuvre la nouvelle politique étrangère de Hun Guofeng. Saule Yee est une citoyenne modèle dont le seul désir est de servir son pays. En tant que chef de la section locale du Parti, je suggère que nous utilisions sa bonne volonté.

*

Je me rendis sur la tombe de Carie et en ramenai un peu de terre avant de partir en Amérique. Je rangeai le sachet à côté de mes médicaments dans ma valise. Je n'avais que des maux liés à la vieillesse mais les médecins étaient tout de même inquiets. Ils ne me voyaient pas voyager aussi loin.

Je savais que cela ne me serait pas pénible. Je n'avais survécu que pour voir Perle une dernière fois. Rouge était inquiète parce que le consulat américain risquait de me refuser un visa à cause de mon grand âge. Elle avait raison. Le consul nous demanda de fournir une assurance-maladie. Nous ignorions ce qu'était une « assurance », une chose dont nous n'avions jamais entendu parler. Le consulat nous suggéra alors d'acheter une « police » provisoire pour voyager en Amérique. Ma fille n'en crut pas ses yeux quand elle reçut le devis.

— Une police d'assurance pour trois mois coûte plus cher que ce qu'un Chinois gagne en dix ans !

Comme papa, elle ne craignait pas de prendre des risques. Elle redoubla d'efforts et contacta ainsi l'ancien compagnon de cellule de Dick, le général Chu, qui était désormais à la tête du congrès national mais aussi une relation du consul général des États-Unis. Mon visa fut instantanément accordé. Tandis qu'elle me confirmait les derniers détails de mon voyage, je partis dans les collines, accompagnée de mes petits-enfants, vers l'endroit où, petites filles, Perle et moi-même avions coutume de jouer. Mes jambes flageolaient mais j'étais heureuse.

Je n'avais pas à imaginer la demeure américaine de Perle parce que Rouge m'avait montré des photos envoyées par l'Association pour l'amitié sino-américaine. C'était très beau. Un ensemble de petites demeures se détachait sur fond de ciel bleu. J'avais hâte de découvrir l'intérieur. Je voyais déjà les pièces meublées avec goût et décorées d'œuvres d'art orientales. Perle avait certainement une bibliothèque, elle qui avait toujours été amoureuse des livres. J'imaginais aussi qu'elle avait un jardin. Elle avait hérité de Carie la passion de la nature. Ce jardin serait plein de plantes dont je ne connaîtrais pas le nom, mais il serait splendide.

Où reposerait-elle ? Pour avoir grandi à Chinkiang, les principes du *feng shui* lui étaient familiers, mais les appliquerait-elle à sa propre sépulture ? Elle avait vécu aussi longtemps en Amérique qu'en Chine, après tout. Je me demandais à quoi sa tombe pouvait ressembler. Que trouverais-je autour ? Y aurait-il une pierre ? Porterait-elle des inscriptions ?

J'avais l'intention d'accomplir une petite cérémonie une fois sur place. Je ferais brûler des bâtonnets d'encens fabriqués par ses amis de Chinkiang, puis je répandrais sur sa tombe la terre prise sur celle de sa mère. Je voulais voir réunis leurs esprits. Cela suffirait à me rendre heureuse.

35

À WASHINGTON, LE CONSUL DE CHINE, un beau jeune homme vêtu à l'occidentale, n'appréciait pas mon attitude. Une équipe de télévision était prête à me suivre à tout instant et moi, j'insistais pour être seule.

Il lui fallut plusieurs jours pour accepter enfin mes conditions. Il m'acheta un billet de train pour Philadelphie et dit m'avoir réservé une chambre dans un petit hôtel. J'avais du mal à rester assise sur ma banquette une fois le train parti. Le paysage qui défilait sous mes yeux me fascinait. En Amérique, le printemps avait l'air plus masculin, plus *yang*, qu'en Chine du sud où il était plus féminin, plus *yin*. Les montagnes et les arbres d'Amérique formaient un contraste très fort avec les collines couvertes de bambou et les saules agités par le vent de Chinkiang. Si je devais représenter le paysage à l'aide d'un pinceau, ce serait de larges traits et des taches d'encre pour l'Amérique, des lignes ténues et d'innombrables détails pour la Chine.

Je ne cessais de repenser au récit qu'elle m'avait fait de son premier voyage en Amérique. Elle avait découvert avec surprise que tout le monde n'avait pas les cheveux noirs. Elle était fascinée par les populations de couleur différente. Jusqu'à cet instant, elle ne s'était jamais considérée autrement que chinoise.

Je me demandais ce qu'avait pu être son retour en Amérique pour se retrouver avec des gens de son propre peuple. Excepté son visage et la couleur de ses cheveux, elle était une complète étrangère. Sous sa peau, elle était chinoise. Je me demandais aussi en quoi la Perle que j'avais connue avait changé, à quoi elle avait pu ressembler une fois devenue vieille.

La vieille dame assise en face de moi était toute menue. Elle avait la peau blanche et des cheveux blonds. Perle lui ressemblait-elle ? Que lui avait-il fallu pour changer son moi chinois afin de s'adapter à la société américaine ? Le ton de sa voix avait peut-être évolué, mais qu'en était-il des goûts et des opinions qu'elle s'était forgés en Chine pendant son enfance, son adolescence, son âge adulte ? Un jour, elle m'avait écrit qu'elle se sentait plus riche, comme si elle possédait plus d'un univers. Cette idée me plaisait bien et je l'enviais.

*

À l'instant même où j'arrivai à l'hôtel, je reçus un coup de téléphone du consul de Chine. Il voulait s'assurer que tout allait bien. Il me suggérait aussi de me reposer et d'attendre le lendemain pour visiter la Pearl Buck House, comme l'on disait ici. Je le remerciai mais lui fis comprendre que je ne pouvais patienter. Il me proposa alors de laisser mes bagages à l'hôtel. Au téléphone, le consul reconnut qu'il était un admirateur du grand écrivain qui avait honoré le peuple chinois. Il regrettait sincèrement que madame Mao ait pu user de son influence pour faire rejeter sa demande de visa. « Madame Mao est un chien enragé », conclut-il.

Il me dit enfin avoir appris par des livres et des journaux américains que Perle portait une robe chinoise brodée aux couleurs chatoyantes peu de temps avant sa mort.

— On raconte que pendant des semaines, Pearl Buck resta assise dans un grand fauteuil à contempler l'est par sa fenêtre, précisa-t-il.

À quoi pensait-elle ? J'aurais tant aimé le savoir. À son enfance ? Est-ce que j'en faisais partie ? Pour survivre, je m'étais pendant des décennies réfugiée dans mon passé. Je me rappelais souvent le vendeur de pop-corn, la façon dont Perle actionnait le soufflet pendant que je faisais tourner le canon. Il m'était facile de fermer les yeux et de voir le bonhomme poser son sac en coton sur le canon tandis que nous nous bouchions les oreilles. La détonation était aussi réelle dans mon souvenir que dans la réalité. Et je sentais la délicieuse odeur du pop-corn dont nous nous emplissions la bouche en riant, Perle et moi.

*

En fin d'après-midi, je pénétrai pour la première fois dans la Pearl Buck House. Je franchis la porte et observai la pièce qui était exactement telle que je l'avais imaginée. D'aimables femmes de race blanche m'accueillirent. Elles semblaient avoir l'habitude de recevoir des étrangers et me proposèrent de participer à la dernière visite de la journée, à ce qu'elles appelaient « le tour chinois ».

Je retins mon souffle, craignant de voir mes souvenirs s'effacer.

Je n'entendais plus ce que disait la guide. Ce que je voyais de l'autre côté d'une cloison vitrée ressemblait en tout point à Chinkiang. J'avais l'impression d'être entrée dans l'un de mes propres rêves.

Un petit étang était entouré de collines basses. Des nuages blancs dérivaient dans le ciel bleu. Près du bassin poussaient des érables pareils à des champignons géants. Des canards mandarins se dandinaient, suivis de leurs petits.

Comme Carie, qui s'était créé un jardin américain au cœur de Chinkiang, Perle avait donné naissance à un jardin chinois autour de sa maison américaine. Je me rappelais le mal que sa mère avait eu à faire pousser des roses de son pays et des cornouillers. Elle avait aidé les plantes à s'adapter au sol chinois, mais il lui fallait encore combattre les parasites et les maladies. Ses roses donnaient des boutons mais pas de fleurs. Avec de l'eau savonneuse et du vinaigre, elle tuait les insectes nuisibles, et elle fabriquait du compost avec des copeaux de bois. Son jardin était un enchantement, une fois les roses épanouies.

Jusqu'à quel point Perle avait-elle vécu dans ses souvenirs de Chine ? Ses efforts étaient partout visibles. La façon de disposer plantes et rochers était fidèle à celle des peintures chinoises. Je l'imaginais expliquant l'esthétique orientale à ses jardiniers et je souris à l'idée de la confusion qu'ils avaient dû éprouver.

La visite se poursuivit par la serre où abondaient les camélias. Elle était assez grande, mais il y avait tant d'arbrisseaux qu'on se serait cru dans une pépinière. La guide expliqua que Pearl Buck tenait à voir des camélias fleurir en plein hiver pennsylvanien et précisa qu'elle en avait vu s'épanouir en Chine pendant les mois les plus froids.

Effectivement, les camélias donnaient des fleurs en hiver dans le sud de mon pays, que ce soit dans les collines ou dans les rues des villes. Les familles chinoises adoraient en décorer leurs maisons et c'était, avec la pivoine, la fleur préférée des artistes.

— Le jardinier a proposé de remplacer les camélias mourants par des vivaces américaines, mais Pearl a refusé, nous dit la guide. Elle tenait à s'entourer de camélias parce qu'ils lui donnaient l'inspiration pour écrire.

J'appris qu'elle avait cherché à faire pousser des arbres à thé, des lotus et des nymphéas mais qu'ils étaient tous morts. Elle retrouvait ainsi la maison de son enfance, mais qui l'avait comprise ?

Les camélias formaient de petits arbustes, entassés dans la serre parce que plantés à une soixantaine de centimètres les uns des autres au lieu de trois mètres. Elle les aimait tant qu'il y en avait de toutes les couleurs, de toutes les variétés. Vu la taille des troncs, les arbustes avaient plus de vingt ans. J'imaginais mon amie les arrosant le matin, s'affairant à ôter les mauvaises herbes, à aérer la terre, à répandre de l'engrais. Ses ongles devaient être aussi sales que ceux d'un paysan chinois.

*

La guide indiqua aux visiteurs que Pearl Buck ne cessait de faire des travaux dans sa maison. Pour créer une cuisine de style chinois, elle avait dû abattre des cloisons et réorganiser les poutres. Une grande table en bois était jouxtée de longs bancs.

— À la place de cette cuisine, il y avait quatre chambres, dit la guide en indiquant l'endroit où les cloisons se dressaient. Elle tenait absolument à avoir une cuisine très spacieuse.

C'était dans la cuisine de son bungalow qu'elle jouait étant enfant. Là, elle écoutait les histoires que lui racontaient Wang Ah-ma et les autres servantes. Nous y jouions aussi à cache-cache.

Je fus impressionnée par le motif de la porte, décorée de caractères chinois correspondant à son prénom. Dans toute la maison, je ne vis aucun objet américain ; je ne vis pas non plus d'images de Jésus-Christ, mais toutes sortes d'ustensiles ou de meubles chinois. De beaux tapis indigo, des flacons de verre ornés de symboles porte-bonheur. Des pinceaux chinois et des calligraphies. Sur l'une d'elles, un lotus s'accompagnait d'un vers tiré d'un poème classique : *« Surgie de la terre, elle demeure pure et noble. »* La guide montra la galerie couverte reliant le corps de bâtiment principal à une maisonnette et dit : « Pearl avait indiqué aux ouvriers que l'impératrice douairière de Chine en avait une semblable dans son palais d'été. »

Je me demandais ce qu'elle avait pu éprouver en recevant les petits pondoirs, cadeau de Nixon après son retour de

Chine. Elle avait dû être comblée de bonheur mais avoir aussi le cœur brisé. Lui donnaient-ils l'espoir de revenir un jour au pays de ses rêves ou lui faisaient-ils comprendre qu'une telle chance ne lui serait jamais donnée ?

Mon regard se posa sur la bibliothèque. Il y avait parmi les livres le roman de Dickens qu'elle tenait sous son bras le jour où nous nous sommes rencontrées. Je l'aurais bien pris pour en embrasser la couverture s'il n'y avait eu cette petite pancarte, « Ne pas toucher, merci ».

*

Dans la chambre, je vis la boîte à couture de Carie posée sur la table. Cela me procura un tel choc que mon être tout entier se trouva projeté dans le passé.

« Le terrain est prêt et tu ne plantes pas ! » criait Absalom à sa femme. Il voulait qu'elle l'aide à convertir les gens venus la remercier d'avoir guéri leurs enfants avec des remèdes occidentaux. Personne ne l'écoutait parce que tout le monde à Chinkiang le prenait pour un fou. Il reprochait à sa fille et à son épouse de ne pas faire d'efforts. « Les chrétiens ne sont pas le Christ ! » leur répétait-il constamment. Coudre permettait à Carie d'échapper aux foudres de son mari.

Perle défendait son père en public mais à moi, elle me confiait qu'il méritait ses échecs. Elle ne supportait pas la tristesse de sa mère, surtout quand elle voyait ses larmes tomber sur le vêtement qu'elle recousait.

36

SANS LE SAC DE VOYAGE que j'avais emporté, je ne me serais jamais crue en terre américaine. Le soir tombait. La visite était terminée et les autres visiteurs étaient partis. L'air était vif et le ciel s'assombrissait. Les arbres et le sol se fondaient en une masse grisâtre. Je ne pouvais plus en douter, Perle avait acheté cette maison et le terrain environnant parce qu'ils lui rappelaient Chinkiang. Jusqu'à la fin de ses jours, elle avait vécu dans cette Chine recomposée.

Combien de fois avait-elle suivi ce chemin que je foulais ?

Je sortis de la maison et continuai de chercher la tombe de Perle. J'errais tel un fantôme. Une petite route me ramena malgré moi à l'hôtel où j'étais descendue.

La patronne, une femme d'âge mûr, me demanda si la visite m'avait plu.

— Je n'ai pas vu la tombe de Pearl, dis-je.

— Oh, ce n'est pas étonnant, vous avez dû passer juste à côté. Elle est difficile à trouver.

— Il n'y a pas de pancarte ?

Depuis mon arrivée aux États-Unis, j'avais remarqué une profusion de panneaux indicateurs.

— Non, Pearl Buck n'en voulait pas, dit la femme en prenant la clef pour me conduire à ma chambre. Vous voulez que je vous réserve un taxi pour demain matin ? À quelle heure est votre train ?

— Je ne partirai pas tant que je n'aurai pas vu sa tombe.

Elle me regarda et je vis qu'elle mourait d'envie de me poser une question.

— J'ai quelque chose à faire, c'est important.

La voyant vaguement inquiète, j'ouvris mon sac de voyage pour en sortir l'encens et le petit sachet contenant de la terre. Je ne parlai pas mais fis le geste de la répandre sur le sol.

Elle ne parut pas comprendre.

— Je vais vous faire un plan, dit-elle tout de même.

*

J'étais réveillée depuis longtemps et, quand le jour se leva, je quittai mon lit. Je suivis scrupuleusement la carte que m'avait dessinée la patronne de l'hôtel et abandonnai la route principale pour emprunter un petit chemin de terre.

Le soleil détourait les montagnes et les arbres dont il couvrait d'or les feuilles. Ce paysage m'était inconnu, pourtant j'avais l'impression d'être déjà venue. J'entendais le bruit de mes pas sur la terre. Je crus percevoir le murmure d'un ruisseau. Mon imagination me jouait-elle des tours ? Regrettais-je déjà mon pays natal et les innombrables cours d'eau de Chinkiang ? Non, ce n'était pas une illusion. Il y avait bien un ruisseau que suivait le petit chemin.

Je remontai vers une colline en pente douce. Des pins géants se dressaient devant moi, puis je découvris une bambouseraie.

La tombe de mon amie était là, dissimulée parmi les bambous dorés, les mêmes qu'à Chinkiang.

Mes forces m'abandonnèrent et je tombai à genoux.

Sur la pierre, il n'y avait pas un mot d'anglais mais trois

caractères chinois dont le sens n'était autre que Pearl Sydenstricker.

Mes yeux s'emplirent de larmes de bonheur que je ne cherchai pas à refouler. Je comprenais l'intention de Perle. Ses racines chinoises n'étaient pas mortes et la Chine l'avait habitée jusqu'au bout. Ce pays, elle l'emporterait dans l'éternité. Elle ne pouvait oublier un tel attachement, elle qui, ainsi qu'elle l'avait écrit, « avait connu la plénitude d'un tel amour, absolu dans son intensité et sa profondeur ». Un Occidental ne pouvait comprendre la signification de ses caractères, mais elle s'en moquait bien. Pas étonnant que la patronne de l'hôtel m'ait dit que la tombe était difficile à trouver, qu'on pouvait facilement passer à côté.

J'avais l'impression que Perle m'accueillait. J'entendais sa voix : « Tu as fait bon voyage ? »

Les trois caractères chinois étaient ceux du sceau que lui avait offert monsieur Kung, son professeur. Nous nous connaissions depuis peu quand elle m'en avait expliqué la signification. Le premier caractère se prononçait *sy*, comme dans Sydenstricker. Parmi les nombreux caractères ayant le même son, monsieur Kung avait choisi celui représentant « une maison avec un grand toit », et un « bébé » jouant en dessous.

— En chinois, mon nom veut dire « petite poupée dans la maison », m'expliqua-t-elle avec fierté. C'est beau, non ?

— Oui, avais-je répondu même si je ne savais pas lire.

J'essayai de cacher mon ignorance en examinant la forme du premier caractère.

— Cette maison n'est pas ordinaire, dis-je. Là, il y a le symbole de l'argent.

— Pas du tout. Tu ne vois pas les gens ?

— Quatre sous un même toit ?

— Quatre artisans. Mon père dit que nous sommes tous les artisans du Seigneur.

— Le bébé a un gros ventre.

— Parce qu'il a toujours faim ! dit mon amie en riant.

Le deuxième caractère chinois représentait une huître mais, combiné au troisième caractère, le sens devenait *« perle »*.

Mon amie avait judicieusement choisi le lieu où elle reposerait pour toujours. La tombe faisait face à l'est comme le voulaient les principes du *feng shui*. Le jardin environnant était bordé de pins et de cyprès. Au-delà des bambous, poussaient des érables, des conifères et des fleurs. Des lis sauvages fleurissaient çà et là le long du ruisseau. Un vieil arbre qui semblait mort était tombé en travers de l'eau. Son tronc était pourri et creux à l'intérieur mais son feuillage vert me surprit. Au cœur de la pourriture, une jeune branche était saine et robuste. Perle aurait aimé un tel arbre qui m'évoquait un poème chinois, *« Le printemps montre sa force dans le bois pourri et les arbres mourants »*.

Je touchai la pierre froide et y posai ma joue.

*

Ma chère Perle,

Tu ne peux revenir en Chine, mais je l'amène à toi.

Ces retrouvailles ne sont pas celles dont j'avais rêvé mais je me sens bénie d'avoir la chance d'être ici. Ma mémoire me fait parfois défaut et, comme je ne voulais rien oublier, j'ai rédigé une note en six points que je ferai brûler avec l'encens sur ta tombe.

Le premier a trait à madame Mao. Quand elle t'a refusé ton visa, elle était sûre de son pouvoir. Elle croyait régner sur la Chine après son mari mais cela ne dura pas longtemps. Elle fut arrêtée puis condamnée à mort. Quatre années s'étaient écoulées depuis la visite de Nixon.

Deuxièmement, cela concerne la tombe de ta mère. Elle a failli ne pas survivre à la Révolution culturelle. Les Gardes rouges de Mao sont venus la détruire. Lilas les a dupés en enlevant la tablette de pierre. En d'autres termes, la tombe que les Gardes rouges ont saccagée n'était pas celle de ta mère. La ville de Chinkiang reconnaît aujourd'hui toute l'importance de Carie.

Elle porte le titre officiel de fondatrice du collège. Son esprit est célébré et honoré lors de la fête du printemps.

Troisième point, la maison où ta mère a fini ses jours porte désormais le nom de Résidence Pearl Buck. Je t'entends déjà dire : « Mais ce n'est pas ma maison ! » Je sais, mais il importe que cette résidence à laquelle on a donné ton nom soit très présentable. Tu sais comme moi que la bâtisse qui abrite l'esprit doit être pareille à un temple. Des copies de tes photos, de tes lettres et de tes livres sont exposées en permanence. La présentation de tes calligraphies ne m'a pas plu. Ton écriture a été imitée par un professeur d'art et de calligraphie de l'université de Beijing. Le but ? Te transformer en déesse que le peuple adore ! Je n'ai pas protesté parce que cela vaut tout de même mieux que te traiter d'impérialiste culturelle américaine.

Quatrièmement, tous les gens que tu connaissais se sont jusqu'au bout demandé comment tu vivais en Amérique. J'aimerais commencer par Dick parce qu'il a connu le pire destin. Il était trop proche de Mao et il a eu une mort atroce. Pardonne-moi, mais je n'arrive pas à en dire plus à son sujet. Il savait à quel point Xu Zhimo t'aimait. Il voulait te féliciter en personne quand il a appris qu'on t'avait décerné le prix Nobel, mais nous n'avions pas le droit d'envoyer de télégramme en Amérique. Il disait que Xu Zhimo aurait été si fier de toi. Tu seras contente de savoir que ses poèmes sont aujourd'hui très prisés. Les jeunes voient en lui un poète dont la voix est celle de la nouvelle génération. Les journaux publient toujours des articles sur ses aventures sentimentales comme s'il était encore vivant. Ils racontent toujours n'importe quoi.

Papa s'est occupé de l'église jusqu'à son dernier jour. Comme ton père, il est devenu un ange combattant, sauf que son style rappelait plutôt la guérilla. Je suis certaine que Lilas et le charpentier Chan t'ont manqué. Tu savais qu'il était devenu chrétien à l'exemple d'Absalom, en revanche tu ignores certainement qu'il est entré au Parti communiste après la prise du pouvoir par Mao. Plus tard, il est revenu à Dieu et a travaillé pour papa. Je ne crois pas les Américains capables de comprendre une telle vie, mais toi, si. Tu as vécu en Chine et tu sais comment les choses se passent chez nous.

Tu manques tellement à Lilas qu'elle n'arrête pas de parler de toi. Elle a plus de quatre-vingt-dix ans à présent. Ses trois fils ont repris les affaires de leur père. Quel dommage que tu ne puisses voir comment ils ont reconstruit l'église ! Lilas se dispute toujours avec Avant-Garde, le fils de Sooching, celui qu'on appelait Confucius. Tu te rappelles ? Ce sont la mère et l'enfant que tu as trouvés dans ton jardin. Il a trahi tout le monde pour plaire à madame Mao. Sooching voulait maudire son fils mais papa l'a convaincue de lui pardonner si elle voulait aller au Ciel.

Tu ne connais pas ma fille, Rouge, mais elle sait tout de toi. Elle est maire de Chinkiang et elle s'occupe de la bourse d'études Pearl Buck ainsi que de la bourse Xu Zhimo. Elle a eu une fille et adopté les deux filles de la précédente union de son mari. Elles portent toutes « Perle » dans leur nom. Il y a Perle Félicité, Perle Lumière et Perle Envol.

Tu te souviens de l'empereur Pécore, le seigneur de la guerre ? C'est devenu un chrétien fervent et il est maintenant pasteur de notre église. Incroyable, non ? Comme ton père, il n'a qu'une obsession, convertir les gens. Il tente de les sauver comme le faisait Absalom. Il se rappelle la petite fille maigre aux cheveux de paille que tu étais et ne se lasse pas de raconter comment tu t'es payé sa tête avec ton visage couvert d'encre. Les Éditions du Peuple l'ont contacté avec le projet d'adapter sa mésaventure en bandes dessinées pour enfants.

Le cinquième point concerne la terre que je t'ai apportée. Elle vient de la tombe de ta mère. Je vais la répandre autour de la tienne. Ensuite, si je le peux, je ramasserai un peu de sol américain, de quoi remplir mon petit sac. Je l'apporterai à la tombe de ta mère et le mélangerai à la terre chinoise. Je serai heureuse que vos esprits se retrouvent.

En dernier lieu, il y a une chose dont j'ai envie. Si tu n'y vois pas d'inconvénient, je ramasserai des graines provenant de tes arbres. Je ne sais pas leurs noms, seulement qu'ils sont américains.

Si j'en crois la forme de leurs coques, ce sont des arbres à fleurs. Ils ont de l'importance pour moi parce qu'ils poussent là où tu es enterrée. Je ne serais pas étonnée que tu les aies plantés toi-même. Tu as compris que les esprits se retrouvent dans la nature. J'entends ta voix qui me parle dans le ruisseau, les pins et les érables, dans les bambous, les mouches et les abeilles. Quelqu'un plantera ces graines près de ma tombe quand mon heure sera venue. Nous nous tiendrons à tout jamais compagnie. Je t'ai apporté l'un de tes poèmes préférés. « Yangtsé » devrait peut-être être remplacé par « océan Pacifique », mais je le laisse tel quel. Et puis je sais que tu as toujours préféré la version Qing des Amants papillons.

Je vis au bord du Yangtsé, près de sa source,
Et toi bien loin en aval.
Toi et moi buvons l'eau du même courant.
Je ne t'ai pas vue, mais chaque jour je rêve de toi.
Quand cette eau cessera-t-elle de couler ?
Quand ne t'aimerai-je plus comme je le fais aujourd'hui ?
Je souhaite seulement que les battements de nos cœurs ne fassent qu'un
Et que ne te déçoive pas l'amour que je te porte.

Joie, gratitude et sentiment de paix, voilà ce que j'éprouve en cet instant. Je remercie Dieu de m'avoir accordé le bonheur de te connaître.

Le ruisseau chante son chant joyeux. Le vent chuchote dans les feuilles qui tremblent à l'instar de nos vieilles conversations. L'air est pur et le soleil est chaud. Une fois encore, je te vois courir vers moi, le visage baigné de soleil. Tu ressembles à un nuage bondissant avec ta robe chinoise à fleurs et tes cheveux blonds qui dansent.

Et je t'entends m'appeler : « Saule, dépêche-toi, le marchand de pop-corn est arrivé ! »

À propos de l'auteur

Anchee Min a vécu vingt-sept ans en Chine. Née à Shanghai en 1957, elle a grandi pendant la Révolution culturelle de Mao (1964-1976). Adolescente, elle se vit demander de dénoncer publiquement l'impérialisme culturel de Pearl S. Buck. À l'âge de dix-sept ans, Min fut envoyée dans un camp de travail. Séduit par son aspect « prolétarien », un chercheur de talents à la solde de madame Mao la repéra et lui proposa de jouer dans des films de propagande.

Min est arrivée aux États-Unis en 1984 et a appris l'anglais avec les émissions radiophoniques ainsi que les talk-shows et les programmes télévisés pour la jeunesse. Tout en suivant des cours du soir, elle a gagné sa vie en exerçant divers métiers comme femme de ménage, serveuse, employée du bâtiment ou plombier. Son livre de mémoires, *L'Azalée rouge*, est sorti aux États-Unis en 1994 avant d'être traduit dans une vingtaine de langues. Après *Katherine*, publié en France en 1999, Min a consacré un diptyque à Tseu-hi, sous le titre : *La Dernière Impératrice : La concubine* et *La souveraine*.

PERLE DE CHINE

Pearl S. Buck a créé en Pennsylvanie une association caritative pour l'adoption des enfants abandonnés. Elle y a consacré beaucoup d'énergie et une grande partie de ses ressources financières. On peut la retrouver sur le site suivant (en anglais uniquement) : www.pearlsbuck.org

DANS LA MÊME COLLECTION

La Reine vénitienne
par Sylvia Alberti de Mazzeri

Les Quatre Saisons
par Laurel Corona

Le Grand Jeu
par Claude Cueni

L'Oiseau
par Martin Davies

Souffle jaune
par Armand Herscovici

À l'enseigne du Grand-Coq
par Gérard Hubert-Richou

Complots à la Corderie royale
par Gérard Hubert-Richou

L'impératrice Orchidée
La Concubine*
La Souveraine**
par Anchee Min

Le Sang des Hauteville
Les Chevaliers de Proie*
Le Royaume sur la mer**
Les Jardins de Palerme***
Les Flammes noires de l'Etna****
par Michel Subiela

Mise en page
PCA
44400 Rezé

CET OUVRAGE
A ÉTÉ ACHEVÉ D'IMPRIMER
SUR CAMERON
PAR L'IMPRIMERIE NIIAG
À BERGAME (ITALIE)
EN MARS 2010

N° d'édition : L.01EUCN000325. N001
Dépôt légal : mai 2010